HERAUSGABEANSPRÜCHE

Hemmer/Wüst/Verse/Tyroller

Juristisches Repetitorium hemmer

UNSERE HAUPTKURSE ZIVILRECHT - ÖFFENTLICHES RECHT - STRAFRECHT

Ab dem 5. - 6. Semester werden Sie sich erfahrungsgemäß für unsere Examensvorbereitungskurse interessieren. Hören Sie kostenlos Probe und besuchen Sie unsere Infoveranstaltungen.

IM REPETITORIUM GILT DANN: LERNEN AM EXAMENS-TYPISCHEN FALL!
WIR ORIENTIEREN UNS AM NIVEAU DES EXAMENSFALLS!

Gemäß unserem Berufsverständnis als Repetitoren vermitteln wir Ihnen nur das, worauf es ankommt: Wie gehe ich bestmöglich mit dem großen Fall, dem Examensfall, um. Aus diesem Grund konzentrieren wir uns nicht auf Probleme in einzelnen juristischen Teilbereichen. Bei uns lernen Sie, mit der Vielzahl von Rechtsproblemen fertig zu werden, die im Examensfall erkannt und zu einem einheitlichen Ganzen zusammengesetzt werden müssen ("Struktur der Klausur"). Verständnis für das Ineinandergreifen der Rechtsinstitute und die Entwicklung eines Problembewusstseins sind aber zur Lösung typischer Examensfälle notwendig.

Ausgangspunkt unseres erfolgreichen Konzepts ist die generelle Problematik der Klausur oder Hausarbeit: Der Bearbeiter steht bei der Falllösung zunächst vor einer Dekodierungs- (Entschlüsselungs-) und dann vor einer (Ein-) Ordnungsaufgabe: Der Examensfall kann nur mit juristischem Verständnis und dem entsprechenden Begriffsapparat gelöst werden. Damit muss Wissen von vornherein unter Anwendungsgesichtspunkten erworben werden. Abstraktes, anwendungsunspezifisches Lernen genügt nicht.

Man hofft auf die leichten Rezepte, die Schemata und den einfachen Rechtsprechungsfall. Die unnatürlich klare Zielsetzung der Schemata lässt aber keine Frage offen und suggeriert eine Einfachheit, die im Examen nicht besteht. Auch bleibt die der Falllösung zugrunde liegende juristische Argumentation auf der Strecke. Mit einer solchen Einstellung wird aber die korrekte, sachgerechte Lösung von Klausur und Hausarbeit verfehlt.

ERSTELLER ALS "IMAGINÄRER GEGNER"

Der Ersteller des Examensfalls hat auf verschiedene Problemkreise und ihre Verbindung geachtet. Diesen Ersteller muss der Student als imaginären Gegner bei seiner Falllösung berücksichtigen. Er muss also versuchen, sich in die Gedankengänge, Annahmen und Ideen des Erstellers hineinzudenken und dessen Lösungsvorstellung wie im Dialog möglichst

nahe zu kommen. Dazu gehört auch der Erwerb von Überzeugungssystemen, Denkmustern und ethischen Standards, die typischerweise und immer wieder von Klausurenerstellern den Examensfällen zugrunde gelegt werden.

Wir fragen daher konsequent bei der Falllösung:

Was will der Ersteller des Falls ("Sound")?

Welcher "rote Faden" liegt der Klausur zugrunde ("mainstreet")?

Welche Fallen gilt es zu erkennen?

Wie wird bestmöglicher Konsens mit dem Korrektor erreicht?

Wer sich überwiegend mit Grundfällen und dem Auswendiglernen von Meinungen beschäftigt, dem fehlt zum Schluss die Zeit, Examenstypik einzutrainieren. Es droht das Schreckgespenst des "Subsumtionsautomaten". Examensfälle zu lösen ist eine praktische und keine theoretische Aufgabe.

SPEZIELLE AUSRICHTUNG AUF EXAMENSTYPIK

Die Thematik der Examensfälle ist bei uns auffällig häufig vorher im Kurs behandelt worden. Auch in Zukunft ist damit zu rechnen, dass wir mit Ihnen innerhalb unseres Kurses die examenstypischen Kontexte besprechen, die in den nächsten Prüfungsterminen zu erwarten sind.

Schon beim alten Seneca galt: "Wer den Hafen nicht kennt, für den ist kein Wind günstig". Vertrauen Sie auf unsere Expertenkniffe. Seit 1976 analysieren wir Examensfälle und die damit einhergehenden wiederkehrenden Problemfelder. Problem erkannt, Gefahr gebannt. Die "hemmer-Methode" setzt richtungsweisende Maßstäbe und ist Gebrauchsanweisung für Ihr Examen.

Das Repetitorium hemmer ist bekannt für seine Spitzenergebnisse. Sehen Sie dieses Niveau als Anreiz für Ihr Examen. Orientieren Sie sich nach oben, nicht nach unten.

Unsere Hauptaufgabe sehen wir aber nicht darin, nur Spitzennoten zu produzieren: Wir streben auch für Sie ein solides Prädikatsexamen an. Regelmäßiges Training an examenstypischem Material zahlt sich also aus.

GEHEN SIE MIT DEM SICHEREN GEFÜHL INS EXAMEN, SICH RICHTIG VORBEREITET ZU HABEN. GEWINNEN SIE MIT DER "HEMMER-METHODE".

www.hemmer.de

Juristisches Repetitorium hemmer

Mergentheimer Str. 44 / 97082 Würzburg
Tel.: 0931-7 97 82 30 / Fax: 0931-7 97 82 34

Juristisches Repetitorium hemmer

VORBEREITUNG AUF DAS ERSTE STAATSEXAMEN

KURSORTE IM ÜBERBLICK

AUGSBURG
Wüst
Mergentheimer Str. 44
97082 Würzburg
Tel.: (0931) 79 78 230
Fax: (0931) 79 78 234
Mail: augsburg@hemmer.de

BAYREUTH
Daxhammer/d´Alquen
Parkweg 7
97944 Boxberg
Tel.: (07930) 99 23 38
Fax: (07930) 99 22 51
Mail: bayreuth@hemmer.de

BERLIN-DAHLEM
Gast
Schumannstraße 18
10117 Berlin
Tel.: (030) 240 45 738
Fax: (030) 240 47 671
Mail: mitte@hemmer-berlin.de

BERLIN-MITTE
Gast
Schumannstraße 18
10117 Berlin
Tel.: (030) 240 45 738
Fax: (030) 240 47 671
Mail: mitte@hemmer-berlin.de

BIELEFELD
Lück
Salzstr. 14/15
48143 Münster
Tel.: (0251) 67 49 89 70
Fax.: (0251) 67 49 89 71
Mail: bielefeld@hemmer.de

BOCHUM
Schlömer/Sperl
Salzstr. 14/15
48143 Münster
Tel.: (0251) 67 49 89 70
Fax: (0251) 67 49 89 71
Mail: bochum@hemmer.de

BONN
Ronneberg/Clobes/Geron
Simrockstr. 5
53113 Bonn
Tel.: (0228) 91 14 125
Fax: (0228) 91 14 141
Mail: bonn@hemmer.de

BREMEN
Kulke/Hermann
Mergentheimer Str. 44
97082 Würzburg
Tel.: (0931) 79 78 257
Fax: (0931) 79 78 240
Mail: bremen@hemmer.de

DRESDEN
Stock
Zweinaundorfer Str. 2
04318 Leipzig
Tel.: (0341) 6 88 44 90
Fax: (0341) 6 88 44 96
Mail: dresden@hemmer.de

DÜSSELDORF
Ronneberg/Clobes/Geron
Simrockstr. 5
53113 Bonn
Tel.: (0228) 91 14 125
Fax: (0228) 91 14 141
Mail: duesseldorf@hemmer.de

ERLANGEN
Grieger/Tyroller
Mergentheimer Str. 44
97082 Würzburg
Tel.: (0931) 79 78 230
Fax: (0931) 79 78 234
Mail: erlangen@hemmer.de

FRANKFURT/M.
Geron
Dreifaltigkeitsweg 49
53489 Sinzig
Tel.: (02642) 61 44
Fax: (02642) 61 44
Mail: frankfurt.main@hemmer.de

FRANKFURT/O.
Gast
Schumannstraße 18
10117 Berlin
Tel.: (030) 240 45 738
Fax: (030) 240 47 671
Mail: mitte@hemmer-berlin.de

FREIBURG
Behler/Rausch
Rohrbacher Str. 3
69115 Heidelberg
Tel.: (06221) 65 33 66
Fax: (06221) 65 33 30
Mail: freiburg@hemmer.de

GIEßEN
Sperl
Parkweg 7
97944 Boxberg
Tel.: (07930) 99 23 38
Fax: (07930) 99 22 51
Mail: giessen@hemmer.de

GÖTTINGEN
Schlömer/Sperl
Kirchhofgärten 22
74635 Kupferzell
Tel.: (07944) 94 11 05
Fax: (07944) 94 11 08
Mail: goettingen@hemmer.de

GREIFSWALD
Burke/Lück
Buchbinderstr. 17
18055 Rostock
Tel.: (0381) 3 77 74 00
Fax: (0381) 3 77 74 01
Mail: greifswald@hemmer.de

HALLE
Ra. J. Luke
Rödelstr. 13
04229 Leipzig
Tel.: (0341) 49 25 54 70
Fax: (0341) 49 25 54 71
Mail: halle@hemmer.de

HAMBURG
Schlömer/Sperl
Steinhöft 5-7
20459 Hamburg
Tel.: (040) 317 669 17
Fax: (040) 317 669 20
Mail: hamburg@hemmer.de

HANNOVER
Daxhammer/Sperl
Matzenhecke 23
97204 Höchberg
Tel.: (0931) 400 337
Fax: (0931) 404 3109
Mail: hannover@hemmer.de

HEIDELBERG
Behler/Rausch
Rohrbacher Str. 3
69115 Heidelberg
Tel.: (06221) 65 33 66
Fax: (06221) 65 33 30
Mail: heidelberg@hemmer.de

JENA
Hemmer/Wüst
Mergentheimer Str. 44
97082 Würzburg
Tel.: (0931) 79 78 257
Fax: (0931) 79 78 240
Mail: jena@hemmer.de

KIEL
Schlömer/Sperl
Kirchhofgärten 22
74635 Kupferzell
Tel.: (07944) 94 11 05
Fax: (07944) 94 11 08
Mail: kiel@hemmer.de

KÖLN
Ronneberg/Clobes/Geron
Simrockstr. 5
53113 Bonn
Tel.: (0228) 91 14 125
Fax: (0228) 91 14 141
Mail: koeln@hemmer.de

KONSTANZ
Guldin/Kaiser
Hindenburgstr. 15
78467 Konstanz
Tel.: (07531) 69 63 63
Fax: (07531) 69 63 64
Mail: konstanz@hemmer.de

LEIPZIG
Ra. J. Luke
Rödelstr. 13
04229 Leipzig
Tel.: (0341) 49 25 54 70
Fax: (0341) 49 25 54 71
Mail: leipzig@hemmer.de

MAINZ
Geron
Dreifaltigkeitsweg 49
53489 Sinzig
Tel.: (02642) 61 44
Fax: (02642) 61 44
Mail: mainz@hemmer.de

MANNHEIM
Behler/Rausch
Rohrbacher Str. 3
69115 Heidelberg
Tel.: (06221) 65 33 66
Fax: (06221) 65 33 30
Mail: mannheim@hemmer.de

MARBURG
Sperl
Parkweg 7
97944 Boxberg
Tel.: (07930) 99 23 38
Fax: (07930) 99 22 51
Mail: marburg@hemmer.de

MÜNCHEN
Wüst
Mergentheimer Str. 44
97082 Würzburg
Tel.: (0931) 79 78 230
Fax: (0931) 79 78 234
Mail: muenchen@hemmer.de

MÜNSTER
Schlömer/Sperl
Salzstr. 14/15
48143 Münster
Tel.: (0251) 67 49 89 70
Fax.: (0251) 67 49 89 71
Mail: muenster@hemmer.de

OSNABRÜCK
Fethke
Liebknechtstr. 35
99086 Erfurt
Tel.: (0541) 18 55 21 79
Fax.: ---
Mail: osnabrueck@hemmer.de

PASSAU
Köhn/Rath
Mergentheimer Str. 44
97082 Würzburg
Tel.: (0931) 79 78 230
Fax: (0931) 79 78 234
Mail: passau@hemmer.de

POTSDAM
Gast
Schumannstraße 18
10117 Berlin
Tel.: (030) 240 45 738
Fax: (030) 240 47 671
Mail: mitte@hemmer-berlin.de

REGENSBURG
Daxhammer/d´Alquen
Parkweg 7
97944 Boxberg
Tel.: (07930) 99 23 38
Fax: (07930) 99 22 51
Mail: regensburg@hemmer.de

ROSTOCK
Burke/Lück
Buchbinderstr. 17
18055 Rostock
Tel.: (0381) 3777 400
Fax: (0381) 3777 401
Mail: rostock@hemmer.de

SAARBRÜCKEN
Bold
Preslesstraße 2
66987 Thaleischweiler-Fröschen
Tel.: (06334) 98 42 83
Fax: (06334) 98 42 83
Mail: saarbruecken@hemmer.de

TRIER
Geron
Dreifaltigkeitsweg 49
53489 Sinzig
Tel.: (02642) 61 44
Fax: (02642) 61 44
Mail: trier@hemmer.de

TÜBINGEN
Guldin/Kaiser
Hindenburgstr. 15
78465 Konstanz
Tel.: (07531) 69 63 63
Fax: (07531) 69 63 64
Mail: tuebingen@hemmer.de

WÜRZBURG
- ZENTRALE -
Mergentheimer Str. 44
97082 Würzburg
Tel.: (0931) 79 78 230
Fax: (0931) 79 78 234
Mail: wuerzburg@hemmer.de

VORBEREITUNG AUF DAS ZWEITE STAATSEXAMEN

ASSESSORKURSORTE IM ÜBERBLICK

BAYERN
WÜRZBURG/MÜNCHEN/NÜRNBERG/REGENSBURG/POSTVERSAND
RA I. Gold
Mergentheimer Str. 44
97082 Würzburg
Tel.: (0931) 79 78 2-50
Fax: (0931) 79 78 2-51
Mail: assessor@hemmer.de

BADEN-WÜRTTEMBERG
KONSTANZ/TÜBINGEN/STUTTGART/POSTVERSAND
Rae F. Guldin/B. Kaiser
Hindenburgstr. 15
78467 Konstanz
Tel.: (07531) 69 63 63
Fax: (07531) 69 63 64
Mail: konstanz@hemmer.de

HEIDELBERG/FREIBURG
RAe Behler/Rausch
Rohrbacherstr. 3
69115 Heidelberg
Tel.: (06221) 65 33 66
Fax: (06221) 65 33 30
Mail: heidelberg@hemmer.de

BERLIN/POTSDAM/BRANDENBURG
BERLIN
RA L. Gast
Schumannstr. 18
10117 Berlin
Tel.: (030) 24 04 57 38
Fax: (030) 24 04 76 71
Mail: mitte@hemmer-berlin.de

BREMEN/HAMBURG
HAMBURG/POSTVERSAND
Rae M. Sperl/Clobes/Dr.Schlömer
Kirchhofgärten 22
74635 Kupferzell
Tel.: (07944) 94 11 05
Fax: (07944) 94 11 08
Mail: assessor-nord@hemmer.de

HESSEN
FRANKFURT
RA A. Geron
Dreifaltigkeitsweg 49
53489 Sinzig
Tel.: (02642) 61 44
Fax: (02642) 61 44
Mail: frankfurt.main@hemmer.de

MECKLENBURG-VORPOMMERN
POSTVERSAND
Ludger Burke/Johannes Lück
Buchbinderstr. 17
18055 Rostock
Tel.: (0381) 37 77 40 0
Fax: (0381) 37 77 40 1
Mail: rostock@hemmer.de

RHEINLAND-PFALZ
POSTVERSAND
RA A. Geron
Dreifaltigkeitsweg 49
53489 Sinzig
Tel.: (02642) 61 44
Fax: (02642) 61 44
Mail: trier@hemmer.de

NIEDERSACHSEN
HANNOVER
RAe M. Sperl/Dr. Schlömer
Steinhöft 5 - 7
20459 Hamburg
Tel.: (040) 317 669 17
Fax: (040) 317 669 20
Mail: assessor-nord@hemmer.de

HANNOVER POSTVERSAND
RAe M. Sperl/Clobes/Dr. Schlömer
Kirchhofgärten 22
74635 Kupferzell
Tel.: (07944) 94 11 05
Fax: (07944) 94 11 08
Mail: assessor-nord@hemmer.de

NORDRHEIN-WESTFALEN
KÖLN/BONN/DORTMUND/DÜSSELDORF/POSTVERSAND
Dr. A. Ronneberg
Simrockstr. 5
53113 Bonn
Tel.: (0228) 91 14 125
Fax: (0228) 91 14 141
Mail: koeln@hemmer.de

SCHLESWIG-HOLSTEIN
POSTVERSAND
RAe M. Sperl/Clobes/Dr. Schlömer
Kirchhofgärten 22
74635 Kupferzell
Tel.: (07944) 94 11 05
Fax: (07944) 94 11 08
Mail: assessor-nord@hemmer.de

THÜRINGEN
POSTVERSAND
RA Stock, RA Hunger & Kollegen
Zweinaundorfer Str. 2
04318 Leipzig
Tel.: (0341) 6 88 44 90 oder -93
Fax: (0341) 6 88 44 96
Mail: dresden@hemmer.de

SACHSEN
DRESDEN/LEIPZIG/POSTVERSAND
RA Stock, RA Hunger & Kollegen
Zweinaundorfer Str. 2
04318 Leipzig
Tel.: (0341) 6 88 44 90 oder -93
Fax: (0341) 6 88 44 96
Mail: dresden@hemmer.de

SACHSEN-ANHALT
POSTVERSAND
RA Stock, RA Hunger & Kollegen
Zweinaundorfer Str. 2
04318 Leipzig
Tel.: (0341) 6 88 44 90 oder -93
Fax: (0341) 6 88 44 96
Mail: dresden@hemmer.de

Herausgabeansprüche mit der hemmer-Methode

Wer in vier Jahren sein Studium abschließen will, kann sich einen Irrtum in Bezug auf Stoffauswahl und -aneignung nicht leisten. Hoffen Sie nicht auf leichte Rezepte und den einfachen Rechtsprechungsfall. Hüten Sie sich vor Übervereinfachung beim Lernen. Stellen Sie deswegen frühzeitig die Weichen richtig.

Entsprechend dem Rechtsfolgesystem unserer Skriptenreihe und der Bedeutung im Examen sowie im Prozess haben wir den **Herausgabeansprüchen** ein eigenes Skript gewidmet. Zu unterscheiden sind insbesondere vertragliche Herausgabeansprüche (z.B. nach Vertragsbeendigung, bei Beauftragung, GoA), von vertragsähnlichen Herausgabeansprüchen (z.B. c.i.c. i.V.m. § 249 I BGB) und von sachenrechtlichen Herausgabeansprüchen. Es handelt sich hierbei um ein klassisches Examensproblem, das insbesondere deshalb so bedeutsam ist, weil aus verschiedenen Rechtsgebieten Anspruchsgrundlagen auf Herausgabe in Betracht kommen.

Wenn Sie im Grundsätzlichen sicher sind, werden Ihnen Herausgabeansprüche im Examen keinen Schrecken mehr bereiten.

Die **hemmer-Methode** vermittelt Ihnen die **erste richtige Einordnung** und das **Problembewusstsein**, welches Sie brauchen, um an einer Klausur bzw. dem Ersteller nicht vorbeizuschreiben. Häufig ist dem Studenten nicht klar, warum er schlechte Klausuren schreibt. Wir geben Ihnen **gezielte Tipps**! Vertrauen Sie auf unsere **Expertenkniffe**.

Durch die ständige Diskussion mit unseren Kursteilnehmern ist uns als erfahrenen Repetitoren klar geworden, welche **Probleme** der Student hat, sein **Wissen anzuwenden**. Wir haben aber auch von unseren Kursteilnehmern profitiert und von ihnen erfahren, welche **Argumentationsketten** in der Prüfung zum Erfolg geführt haben.

Die **hemmer-Methode** gibt **jahrelange Erfahrung** weiter, erspart Ihnen viele schmerzliche Irrtümer, setzt richtungsweisende Maßstäbe und begleitet Sie als **Gebrauchsanweisung** in Ihrer Ausbildung:

1. Grundwissen:

Die **Grundwissenskripten** sind für den Studenten in den ersten Semestern gedacht. In den Theoriebänden Grundwissen werden leicht verständlich und kurz die wichtigsten Rechtsinstitute vorgestellt und das notwendige Grundwissen vermittelt. Die Skripten werden durch den jeweiligen Band unserer **Reihe „Die wichtigsten Fälle"** ergänzt.

2. Basics:

Das Grundwerk für Studium und Examen. Es schafft schnell **Einordnungswissen** und mittels der hemmer-Methode richtiges Problembewusstsein für Klausur und Hausarbeit. Wichtig ist, **wann und wie** Wissen in der Klausur angewendet wird.

3. Skriptenreihe:

Vertiefendes Prüfungswissen: Über 1.000 Klausuren wurden auf ihre „essentials" abgeklopft.

Anwendungsorientiert werden die für die Prüfung nötigen Zusammenhänge umfassend aufgezeigt und wiederkehrende Argumentationsketten eingeübt.

Gleichzeitig wird durch die **hemmer-Methode** auf **anspruchsvollem Niveau** vermittelt, nach welchen Kriterien Prüfungsfälle beurteilt werden. Mit dem Verstehen wächst die Zustimmung zu Ihrem Studium. Spaß und Motivation beim Lernen entstehen erst durch Verständnis.

Lernen Sie, durch Verstehen am juristischen Sprachspiel teilzunehmen. Wir schaffen den „background", mit dem Sie die innere Struktur von Klausur und Hausarbeit erkennen: **„Problem erkannt, Gefahr gebannt"**. Profitieren Sie von unserem **strategischen Wissen**. Wir werden Sie mit unserem know-how auf das Anforderungsprofil einstimmen, das Sie in Klausur und Hausarbeit erwartet. Die Theoriebände Grundwissen, die Basics, die Skriptenreihe und der Hauptkurs sind als **modernes, offenes und flexibles Lernsystem** aufeinander abgestimmt und ergänzen sich ideal. Die **studentenfreundliche Preisgestaltung** ermöglicht den **Erwerb als Gesamtwerk**.

4. Hauptkurs:

Schulung am examenstypischen Fall mit der Assoziationsmethode. Trainieren Sie unter professioneller Anleitung, was Sie im Examen erwartet und wie Sie bestmöglich mit dem Examensfall umgehen.

Nur wer die Dramaturgie eines Falles verstanden hat, ist in Klausur und Hausarbeit auf der sicheren Seite! Häufig hören wir von unseren Kursteilnehmern: **„Erst jetzt hat Jura richtig Spaß gemacht"**.

Die Ergebnisse unserer Kursteilnehmer geben uns Recht. Maßstab ist der Erfolg. Die Examensergebnisse zeigen, dass unsere Kursteilnehmer überdurchschnittlich abschneiden.

Die Examensergebnisse unserer Kursteilnehmer können auch Ansporn für Sie sein, intelligent zu lernen: Wer nur auf vier Punkte lernt, landet leicht bei drei.
Lassen Sie sich aber nicht von diesen Supernoten verschrecken, sehen Sie dieses Niveau als Ansporn für Ihre Ausbildung.

Wir hoffen, als Repetitoren mit unserem Gesamtangebot bei der Konkretisierung des Rechts mitzuwirken und wünschen Ihnen **viel Spaß beim Durcharbeiten** unserer Skripten.

Wir würden uns freuen, mit Ihnen als Hauptkursteilnehmer mit der **hemmer-Methode** gemeinsam Verständnis an der Juristerei zu trainieren. Nur wer erlernt, was ihn im Examen erwartet, lernt richtig!

So leicht ist es, uns kennenzulernen: Probehören ist jederzeit in den jeweiligen Kursorten möglich.

Karl-Edmund Hemmer & Achim Wüst

HERAUSGABEANSPRÜCHE

Hemmer/Wüst/Verse/Tyroller

Hemmer/Wüst Verlagsgesellschaft
Hemmer/Wüst/Verse/Tyroller, Herausgabeansprüche

ISBN 978-3-86193-450-9
7. Auflage 2016

gedruckt auf chlorfrei gebleichtem Papier
von Schleunungdruck GmbH, Marktheidenfeld

Kommentare

Baumbach/Hopt	Kommentar zum HGB
Erman	Kommentar zum BGB Band 1: §§ 1 - 853 BGB
Jauernig	Kommentar zum BGB
Münchener Kommentar	Kommentar zum BGB Band 3: §§ 433 - 606 BGB Band 4: §§ 607-704
Palandt	Kommentar zum BGB
Soergel	Kommentar zum BGB Band 4/1: §§ 516- 651 BGB

Lehrbücher

Brox/Walker	Besonderes Schuldrecht
Brox	Handelsrecht
Larenz/Canaris	Lehrbuch des Schuldrechts Besonderer Teil 2. Band 2. Halbband
Medicus	Bürgerliches Recht Schuldrecht II Besonderer Teil

Weitere Literatur siehe Fußnoten

§ 1 EINLEITUNG

A. Standort der Ansprüche im Gesetz

Herausgabeansprüche finden sich über das gesamte BGB verteilt

Ansprüche auf Herausgabe finden sich über das gesamte BGB verstreut. Sie können sich aus Vertrag, vertragsähnlichen Schuldverhältnissen, aus Sachenrecht, Bereicherung oder Delikt ergeben; dazu treten einige Normen aus dem Familien- und Erbrecht.

Dementsprechend werden Herausgabeansprüche auch in der Literatur an ganz unterschiedlichen Stellen diskutiert, zusammenhängende Darstellungen gibt es kaum.

Für den Examenskandidaten ist dies besonders misslich, da von ihm in dem im Rahmen des im Ersten Staatsexamen anzufertigenden Gutachten verlangt wird, *alle* einschlägigen oder auch nur nahe liegenden Anspruchsgrundlagen (wenn auch möglicherweise nur kurz) zu erörtern.

Mit Einzelwissen zu einer bestimmten Anspruchsgrundlage erreicht man also nicht viel. Wesentlich wichtiger ist es, das komplette System der Herausgabeansprüche vor Augen zu haben. Hier will das vorliegende Skriptum eine Hilfestellung bieten.

hemmer-Methode: Lernen Sie nicht abstrakte Details zu bestimmten Anspruchsgrundlagen, sondern vergegenwärtigen Sie sich stets, wie und in welchem Zusammenhang diese in einem konkreten Examensfall auftauchen können.

Ein einfaches Beispiel mag das Gesagte illustrieren:

> *Bsp.: B nimmt dem E dessen aktuelle Auflage des PALANDT, KOMMENTAR ZUM BGB weg, um ihn bis zum Examen zu benutzen.*

1. Dass E einen Herausgabeanspruch aus § 985 BGB hat, liegt auf der Hand.

2. Aber oft werden die weiteren in Betracht kommenden Anspruchsgrundlagen vernachlässigt, so im vorliegenden Fall:

   a) § 861 I BGB (verbotene Eigenmacht),

   b) § 1007 I und II BGB (Anspruch des früheren Besitzers),

   c) § 812 I S. 1 Alt. 2 BGB (Eingriff in ein Recht zum Besitz[1])

   d) sowie - jeweils i.V.m. § 249 I BGB - § 823 I BGB (Sachentziehung als Eigentumsverletzung), § 823 II i.V.m. § 858 BGB als Schutzgesetz[2] und § 826 BGB.

Diese Ansprüche können (und müssen!) in einem solch einfachen Fall natürlich rasch abgehandelt werden. Wer sie aber vergisst, verschenkt unnötig Punkte.

1

---

1   Zu der Frage, inwieweit der Besitz als Gegenstand der Eingriffskondiktion in Betracht kommt, vgl. unten Rn. 130.

2   Str., vgl. unten Rn. 135 ff.

B. Anspruchsinhalt bzw. Gegenstand der Herausgabe

Was bedeutet Herausgabe?

Wenn das Gesetz einen Anspruch auf Herausgabe gibt, so kann der Gegenstand der Herausgabe ganz verschieden sein.

I. Herausgabe von *Sachen*

Sachen im Sinne des § 90 BGB sind körperliche Gegenstände, gleich ob beweglich oder unbeweglich und unabhängig vom Aggregatszustand.

Der Inhalt des Herausgabeanspruchs hängt oft davon ab, in wessen Eigentum die Sache steht. Ist der Anspruchsberechtigte Eigentümer, kann Herausgabe nur Übertragung des unmittelbaren bzw. mittelbaren Besitzes bedeuten (z.B. bei der Vindikation gem. § 985 BGB).

Gehört die Sache bereits dem Herausgabeschuldner, ist dagegen unter Herausgabe die Übereignung der Sache an den Gläubiger zu verstehen; so etwa, wenn eine Sache in Erfüllung eines Kaufvertrags übereignet worden ist und nun lediglich das Verpflichtungsgeschäft angefochten wird. Der Herausgabeanspruch aus § 812 I S. 2 Alt. 1 BGB (ebenso vertretbar wegen der ex-tunc-Wirkung der Anfechtung gem. § 142 I BGB ist § 812 I S. 1 Alt. 1 BGB) ist dann gerichtet auf Übertragung von Besitz und Eigentum.

hemmer-Methode: In der Fallbearbeitung sollte man daher nicht lediglich von einem Anspruch auf Heraus- oder Rückgabe der Sache sprechen, sondern konkret bezeichnen, was genau geschuldet ist: Anspruch auf Rückübereignung; Besitzverschaffung etc.

II. Herausgabe von sonstigen Gegenständen

Gegenstand der Herausgabe können aber nicht nur Sachen und Sachgesamtheiten sein, sondern auch Rechte, Leistungen und *jedes "etwas" im Sinne des § 812 I BGB bzw. jeder Gegenstand i.S.d. § 292 BGB.*

Dementsprechend kann auch der Begriff "Herausgabe" völlig verschiedene Bedeutungen haben. Bei Forderungen geschieht die "Herausgabe" durch Abtretung (§ 398 BGB), bei erlangten Buchpositionen durch die Einwilligung in die Grundbuchberichtigung (§ 894 BGB) usw.

C. Aufbau dieses Skriptums „Herausgabeansprüche"

Aufbau des Skriptums

Die meisten Ansprüche richten sich dabei auf Herausgabe einzelner Vorteile. Es gibt aber auch Gesamtansprüche, die auf die Herausgabe von Sondervermögen gerichtet sind (insbesondere der Erbschaftsanspruch gemäß § 2018 BGB).

> **Der Aufbau des Skriptums folgt dieser Unterscheidung:**
>
> 1. Zunächst werden (in §§ 2-7) die Einzel-, dann (in § 8) die Gesamtansprüche auf Herausgabe besprochen.
>
> 2. Anschließend werden (in § 9) jene Ansprüche erörtert, die speziell für die Herausgabe von Nutzungen gelten.
>
> 3. Den Abschluss bildet (in § 10) eine Betrachtung der prozessualen Besonderheiten, die sich im Zusammenhang mit Herausgabeansprüchen ergeben.

2

3

D. Kurzübersicht über die verschiedenen Herausgabe-ansprüche

Eine Übersicht über die verschiedenen Herausgabeansprüche gibt folgendes Prüfungsschema. Für die Nutzungsansprüche findet sich eine entsprechende Übersicht bei Rn. 176 dieses Skriptums.

4

Übersicht

I. Vertragliche Herausgabeansprüche
1. Rückgabepflicht nach Vertragsbeendigung
2. Rückgabepflicht bei Rückabwicklung des Vertrags (§§ 346 I, 355 ff., 312 I S. 1, 312 d, 485, 495 I; 506, 510 BGB)
3. Herausgabeanspruch auf das stellvertretende commodum (§ 285 I BGB)
4. § 280 I BGB i.V.m. § 249 I BGB

II. Vertragsähnliche Herausgabeansprüche
1. Schadensersatz in Form der Naturalrestitution gem. § 249 I i.V.m. §§ 280 I, 311 II, 241 II BGB
2. Herausgabeansprüche aus echter und unechter GoA
3. Herausgabeansprüche aus unechter GoA (Geschäftsanmaßung)

III. Sachenrechtliche Herausgabeansprüche
1. Herausgabeanspruch aus dem Eigentum (§ 985 BGB)
2. Vindikation anderer dinglicher Berechtigter
3. Ansprüche aus früherem Besitz (§§ 861 I, 1007 I, II BGB)

IV. Herausgabeansprüche aus ungerechtfertigter Bereicherung

V. Herausgabeansprüche aus unerlaubter Handlung
Schadensersatz in Form der Naturalrestitution gem. § 249 I i.V.m. §§ 823 ff. BGB

VI. Spezielle Herausgabeansprüche (Vollmachtsurkunden, Schuld- und Erbscheine)

VII. Gesamtansprüche auf Herausgabe von Sondervermögen
1. Herausgabeanspruch des Kindes bei Ende der elterlichen Sorge (§ 1698 I BGB)
2. Herausgabeanspruch des Mündels/Betreuten bei Ende der Vormundschaft/Betreuung (§§ 1890 S. 1, 1908i I S. 1 BGB)
3. Herausgabeanspruch des Nacherben gegen den Vorerben (§ 2130 BGB)
4. **Wichtig**: Erbschaftsanspruch (§ 2018 BGB)

§ 2 VERTRAGLICHE HERAUSGABEANSPRÜCHE

A. Rückgabepflicht nach Vertragsbeendigung

Vertragliche Ansprüche auf Herausgabe einer zeitweise überlassenen Sache entstehen, wenn ein zum Besitz berechtigendes Vertragsverhältnis endet.   5

I. Überblick

Dies gilt für

⇨ Miete, Pacht (§§ 546 I, 581 II BGB)

⇨ Leihe (§ 604 I BGB)

⇨ Verwahrung (§ 695 BGB)

⇨ Auftrag (§ 667 BGB),

⇨ Geschäftsbesorgung (§§ 675 I, 667 BGB)

⇨ Sonstige Verweisungen auf § 667 BGB: §§ 27 III, 713 BGB

⇨ Kommission (§ 384 II 2. Hs. HGB)

⇨ Dienst-/Arbeitsvertrag (Herausgabe der überlassenen Arbeitsmittel aufgrund vertraglicher Nebenpflicht; Rechtsgrundlage also § 611 i.V.m. § 242 BGB bzw. § 667 BGB analog)

⇨ Werkvertrag (Herausgabe der bearbeiteten Sache; Rechtsgrundlage § 631 I BGB - weil die Ablieferung ein Teil der Herstellung des Werkes ist).

⇨ Gesellschaft bürgerlichen Rechts, OHG, KG (§ 732 BGB, §§ 105 II, 161 II HGB; Herausgabe der Gegenstände, die der ausscheidende Gesellschafter der Gesellschaft zur Benutzung überlassen hat) bzw. Anspruch der Gesellschaft auf Herausgabe der Gegenstände, die der Gesellschafter im Auftrag der Gesellschaft erlangt hat, §§ 161 II, 105 III HGB, 713, 667 BGB.

II. Leistungsstörungen

Rückgabepflicht i.d.R. nicht im Synallagma

Die vertraglichen Rückgabeansprüche stehen zwar regelmäßig nicht im Gegenseitigkeitsverhältnis zu den Hauptpflichten gegenseitiger Gebrauchsüberlassungsverträge.   6

Ausnahme: Ablieferungspflicht beim Werkvertrag nach h.M. Hauptpflicht

Eine Ausnahme gilt nach h.M. für die Ablieferungspflicht beim Werkvertrag. Hier soll die Ablieferung im Synallagma mit der Zahlung des Werklohns stehen, wie § 641 BGB zeige. Folgt man dem, so sind bei Leistungsstörungen die §§ 320 ff. BGB anwendbar.   7

Angesichts der Parallelen zu den übrigen vertraglichen Rückgabeansprüchen lässt sich allerdings ebenso gut die Gegenauffassung vertreten, die auch in der Herausgabepflicht beim Werkvertrag eine Nebenleistungspflicht sieht.

Bei Leistungsstörungen kommt es jedoch nur auf die Unterscheidung leistungsbezogen / nicht leistungsbezogen an. Somit gelten die §§ 275 ff., 280 ff., 323 ff. BGB.

III. Verhältnis zu § 985 BGB

Anspruchskonkurrenz, falls Vermieter/Verleiher = Eigentümer

Ist der Vermieter, Verleiher usw. zugleich Eigentümer der Sache, besteht zwischen dem vertraglichen Herausgabeanspruch und der Vindikation gem. § 985 BGB Anspruchskonkurrenz.[3]

8

Kollision von vertraglichem Herausgabeanspruch und § 985 BGB

Sind Vermieter usw. und Eigentümer dagegen personenverschieden, können vertraglicher Herausgabeanspruch und Vindikation kollidieren.

9

> **Bsp.:** *V hat B einen Computer geliehen, der dem E gehört. Nach einer Woche verlangt V den Computer, wie vereinbart, zurück (aufgrund § 604 I BGB). Kurz darauf ruft E bei B an und fordert unter Hinweis auf sein Eigentum ebenfalls Herausgabe des Computers (aufgrund § 985 BGB). B ist ratlos, wem er den Computer herausgeben soll.*

Es sind bei der Lösung dieses Falls drei Konstellationen zu unterscheiden, von denen die ersten beiden unproblematisch sind.

1. V hatte gegenüber E ein Besitzrecht an dem Computer, hatte ihn also etwa seinerseits von E gemietet, und war auch befugt, den Besitz an einen Dritten, den B, zu übertragen.

In diesem Fall hat B ein abgeleitetes Besitzrecht gem. § 986 I S. 1 Alt. 2 BGB. E steht dann gar kein Anspruch aus § 985 BGB zu, und B ist nur dem V zur Herausgabe verpflichtet.

2. V hatte zwar gegenüber E ein Besitzrecht, durfte den Computer aber nach seiner Vereinbarung mit E nicht an B weitergeben. In diesem Fall kann V gem. § 604 I BGB Herausgabe an sich und der E nach §§ 985, 986 I S. 2 BGB ebenfalls nur Herausgabe an den V verlangen. Wenn B also den Computer an V zurückgibt, sind beide Ansprüche erfüllt.

3. Nun kommt die problematische Variante, in der B in eine Zwickmühle zu geraten scheint: V hat gegenüber E kein Besitzrecht.

Der Anspruch des V aus § 604 I BGB geht auf Herausgabe an V, der des E aus § 985 BGB auf Herausgabe an E. Dass der Anspruch des E aus § 985 BGB einredefrei besteht, ist unbestritten. Teile der Literatur wollen aber B aus dem Dilemma helfen, indem sie ihm eine Einrede gegen den Herausgabeanspruch des V aus § 604 I BGB gewähren, nämlich die Einrede der unzulässigen Rechtsausübung (§ 242 BGB). Denn B sei der Gefahr von Schadensersatzansprüchen des E gem. §§ 989, 990 BGB ausgesetzt, wenn er die Sache an den V herausgebe. Nach Treu und Glauben könne V von B eine solche Selbstgefährdung nicht verlangen, weil er selbst den B durch die unerlaubte Leihe in diese Konfliktsituation gebracht und kein schützenswertes Interesse an der Wiedererlangung des Besitzes habe (er müsste diesen ja sogleich an E weiter übertragen). B schuldet danach also nur Herausgabe an E.

Anders entscheidet zu Recht die h.M.:[4] B hat in der Regel keinen Einblick in das Verhältnis V-E, kann also die Frage des Besitzrechts des V gar nicht beurteilen. Wenn er die Sache an seinen Vertragspartner zurückgibt, obwohl sie eigentlich dem E zusteht, trifft ihn deshalb kein Verschulden. Er ist also nicht dem Anspruch des E aus §§ 989, 990 BGB ausgesetzt; folglich besteht kein Grund, die Herausgabe an V als dem B unzumutbar anzusehen. B kann dem V somit nach h.M. *nicht* die Einrede des § 242 BGB entgegenhalten.[5]

---

3   Fast allgemeine Meinung; anders nur die Lehre vom Vorrang des Vertragsverhältnisses, dazu unten bei § 985 BGB, Rn. 50.

4   BGHZ 73, 317-323 (321 ff.) = jurisbyhemmer.

5   B ist also tatsächlich Ansprüchen sowohl des E als auch des V ausgesetzt. Um eine echte Zwickmühle handelt es sich gleichwohl nicht: Denn B kann getrost einen der beiden Ansprüche erfüllen, ohne sich dem jeweils anderen schadensersatzpflichtig zu machen.

Anders verhält es sich nur, wenn B weiß, dass V gegenüber E nicht besitzberechtigt ist. Denn hier würden dem B tatsächlich Schadensersatzansprüche aus §§ 989, 990 BGB und ggf. § 826 BGB (vom EBV nicht gesperrt!) drohen.

> **hemmer-Methode:** Natürlich wird eine Kenntnis dieses Streitstands in der Examensklausur nicht verlangt. Aber das Problem (die Kollision der Herausgabeansprüche) muss erkannt und argumentativ behandelt werden. Schärfen Sie Ihr Problembewusstsein. Denn anders als im "normalen" Leben gilt bekanntlich: Probleme schaffen, nicht wegschaffen!

IV. Vertragliche Herausgabeansprüche gegen Dritte?

grds. nur relative Wirkung

Vertragliche Herausgabeansprüche verpflichten naturgemäß grundsätzlich nur den Vertragspartner. Doch bestimmt § 546 II BGB, dass der Vermieter die Sache nach der Beendigung des Mietverhältnisses auch von einem Dritten zurückfordern kann, dem der Mieter den Gebrauch der Sache überlassen hat.

Dasselbe normiert § 604 IV BGB für die Leihe; in Rechtsanalogie zu den §§ 546 II, 604 IV BGB gilt Entsprechendes auch für den Rückgabeanspruch bei der Verwahrung (§ 695 BGB).[6]

Wie man diese Ansprüche einordnet, ob als gesetzliche oder als vertragliche Ansprüche besonderer Art, ist müßig. Im Gutachten sollten sie jedenfalls grundsätzlich[7] vor den sachenrechtlichen Ansprüchen geprüft werden.

Problem: Der Dritte ist Eigentümer geworden

In diesem Zusammenhang stellt sich ein auch in Examensklausuren beliebtes Problem.

> **Fall:** V hat B sein Mountainbike geliehen. D, der das Rad bei B sieht und diesen für den Eigentümer hält, findet an dem Rad Gefallen und macht B ein gutes Kaufangebot. B geht auf das Geschäft ein und veräußert dem D das Rad.
>
> Hat V gegen D Ansprüche auf Herausgabe des Fahrrads?
>
> **1. Anspruch auf Herausgabe gem. § 604 IV BGB**
>
> Fraglich ist, ob die Voraussetzungen des § 604 IV BGB vorliegen. Dazu müsste der Entleiher B das Rad einem Dritten D **den Gebrauch überlassen**.
>
> Unter Gebrauchsüberlassung versteht aber grundsätzlich das gleiche wie bei § 546 BGB, nämlich die Einräumung des Besitzes[8]. Die komplette Veräußerung fällt nach umstrittener, aber ganz h.M., nicht darunter.
>
> Dieses Problem könnte jedoch dahinstehen, wenn ein Anspruch aus § 604 IV BGB jedenfalls aus anderen Gründen ausscheidet. Es ist nämlich zu berücksichtigen, dass D gem. §§ 929 S. 1, 932 I S. 1, II BGB gutgläubig Eigentum an dem Rad erworben hat. Gäbe D das Rad an V heraus, müsste dieser es dem D aufgrund § 985 BGB sofort wieder zurückgeben. Dem Anspruch aus § 604 IV BGB steht daher die Einrede der unzulässigen Rechtsausübung (§ 242 BGB) entgegen ("dolo agit, qui petit, quod statim redditurus est").

10

11

---

6   Allgemeine Meinung.

7   Vgl. aber das Folgende.

8   Vgl. Palandt, § 604 Rn. 8; § 603, Rn. 1; § 540 Rn. 4

2. V kann auch nicht aus sonstigen Rechtsgründen von D Herausgabe verlangen.

a) § 985 BGB scheitert, weil V nicht mehr Eigentümer ist.

b) § 861 I BGB scheidet ebenfalls aus, da keine verbotene Eigenmacht vorliegt.

c) § 1007 I BGB entfällt wegen der Gutgläubigkeit des D.

d) Für **§ 1007 II BGB** fehlt es am Abhandenkommen der Sache; der unmittelbare Besitzer B hat den Besitz an dem Rad nicht unfreiwillig aufgegeben.

d) Ein Anspruch aus **§ 812 I S. 1 Alt. 2 BGB** besteht ebenfalls nicht. Zwar hat D das Eigentum des V erlangt. Doch geschah dies durch eine Leistung des B, weshalb ein Rückgriff auf die Nichtleistungskondiktion gesperrt ist (Vorrang der Leistungsbeziehung). Ansonsten wäre der gutgläubige Erwerb nicht kondiktionsfest.

d) Schließlich liegt auch kein Anspruch aus **§ 823 I i.V.m. § 249 I BGB** vor. Zwar hat D dem V das Eigentum entzogen, doch ist der gutgläubige Erwerb nicht rechtswidrig.

hemmer-Methode: Die Eigentumslage wurde unter (1) inzident im Rahmen des Anspruchs aus § 604 IV BGB geprüft. Das entspricht unserer Empfehlung, die §§ 546 II, 604 IV BGB grundsätzlich vor den sachenrechtlichen Ansprüchen zu prüfen. Die Inzidentprüfung kann aber misslich sein, wenn die Eigentumslage (anders als im Fall) kompliziert ist. In einem solchen Fall erscheint es ratsam, eine umfangreiche Inzidentprüfung zu vermeiden und ausnahmsweise die Prüfung mit § 985 BGB zu beginnen, bevor auf § 546 II BGB oder § 604 IV BGB eingegangen wird.

V. Besonderheiten bei der Herausgabe durch den Beauftragten (§ 667 BGB) und ähnlichen Fällen

1. Auftrag

Herausgabepflicht der Beauftragten

Eine gesonderte Betrachtung verdient schließlich noch die Herausgabepflicht des Beauftragten gem. § 667 BGB. Diese Vorschrift ist eine Folge des unentgeltlichen (vgl. § 662 BGB) Charakters des Auftrags: Der Beauftragte soll durch die Geschäftsbesorgung keinen Nachteil erleiden (daher erhält er nach § 670 BGB Aufwendungsersatz), aus ihr aber auch keinen Vorteil ziehen.   *12*

§ 667 BGB ist vor allem dann anwendbar, wenn der Auftrag dadurch endet, dass das betreffende Geschäft ausgeführt worden ist. Die Vorschrift greift aber auch ein, wenn der Auftrag durch Widerruf nach § 671 BGB beendet wird.[9]

§ 667 BGB unterscheidet zwei Alternativen. Zum einen muss der Beauftragte das zur Ausführung des Auftrags Erhaltene herausgeben, § 667 Alt. 1 BGB. Zum anderen schuldet er Herausgabe des aus der Geschäftsbesorgung Erlangten, § 667 Alt. 2 BGB.

a) Das zur Ausführung des Auftrags Erhaltene

Herausgabe des zur Geschäftsbesorgung Erhaltenen

Zur Ausführung des Auftrags erhalten i.S.d. § 667 Alt. 1 BGB hat der Beauftragte etwa Werkzeuge, Kundenadressen, Geschäftsunterlagen, vorschussweise gezahltes Geld (vgl. § 669 BGB), Urkunden usw.   *13*

---

9   Palandt, § 671, Rn. 2.

Diese Sachen wird der Auftraggeber in der Regel zu Besitz überlassen, so dass der Herausgabeanspruch nur auf Rückverschaffung des unmittelbaren Besitzes gerichtet ist.

Herausgabe von vorschussweise bezahltem Geld

Anders kann es bei vorschussweise gezahltem Geld liegen: Soweit dieses dem Beauftragten übereignet worden ist (nur bei Bargeld denkbar), muss der nicht verbrauchte Bargeldbetrag zurückübereignet werden.

hemmer-Methode: Zu beachten ist, dass der Anspruch aus § 667 Alt. 1 BGB bei Geld grds. auf Rückzahlung einer entsprechenden Geldsumme und nur bei besonderer Abrede auf Rückgabe gerade der hingegebenen Geldzeichen gerichtet ist. Es handelt sich also regelmäßig um einen echten Zahlungsanspruch. Dies bedeutet, dass sich die Vollstreckung nach §§ 803 ff. ZPOw und nicht nach § 883 ZPO richtet![10]

Sondervorschrift für Vollmachtsurkunden: § 175 BGB

In Bezug auf Vollmachtsurkunden sollte man sich die Vorschrift des § 175 BGB merken.

14

> *Bsp.: A beauftragt B, für ihn ein bestimmtes Geschäft abzuschließen, erteilt ihm Vollmacht und händigt ihm eine entsprechende Vollmachtsurkunde aus. B schließt das Geschäft tatsächlich wie geplant im Namen des A ab. A verlangt nun Herausgabe der Vollmachtsurkunde, da die Vollmacht nach ihrem Inhalt (sie galt nur für das eine Geschäft) erloschen ist. B weigert sich, weil A ihm noch nicht die Telefonkosten ersetzt hat, die B für den Vertragsabschluss aufwenden musste.*

Für das Verlangen des A stehen drei Anspruchsgrundlagen bereit, nämlich § 175, 1.Hs. BGB, § 667 Alt. 1 BGB [11] und § 985 BGB, da A Eigentümer der Vollmachtsurkunde geblieben ist. Doch scheint B auf den ersten Blick gem. § 273 I BGB wegen seines Aufwendungsersatzanspruchs (§ 670 BGB) zur Zurückbehaltung berechtigt zu sein.

§ 175, 2.Hs. BGB schließt aber entgegen § 273 I BGB das Zurückbehaltungsrecht aus. Sinn dieser Regelung: Der Vollmachtgeber muss davor geschützt werden, dass der Bevollmächtigte die Urkunde nach Erlöschen der Vollmacht missbraucht.

Dieser Zweck wird nur erreicht, wenn der Ausschluss des Zurückbehaltungsrechts nicht nur auf den Anspruch aus § 175, 1.Hs. BGB, sondern auch auf andere Anspruchsgrundlagen (hier § 667 Alt. 1 BGB und § 985 BGB) bezogen wird, die fast immer mit dem Anspruch aus § 175, 1.Hs. BGB konkurrieren werden.

Ergebnis: B steht also wegen § 175, 2.Hs. BGB gegenüber keinem der drei Ansprüche ein Zurückbehaltungsrecht aus § 273 I BGB zu.

b) Das aus der Geschäftsbesorgung Erlangte

aa) Inhalt des Herausgabeanspruchs

Herausgabe des aus der Geschäftsbesorgung Erlangten

Die Gegenstände, die der Herausgabepflicht nach § 667 Alt. 2 BGB unterliegen, sind Sachen und Rechte, die der Beauftragte in Ausführung des Auftrags von Dritten erworben hat.

15

Welche Rechtsposition der Beauftragte erlangt hat, hängt davon ab, wie er bei seinem Erwerb nach außen aufgetreten ist:

---

10   Vgl. näher dazu unten Rn. 207.

11   Man kann auch die Auffassung vertreten, dass § 667 Alt. 1 BGB durch § 175, 1. Hs. BGB als lex specialis verdrängt wird; so Belke, Prüfungstraining I, S. 125 (Fn. 184), wo aber aufgrund eines Schreibfehlers statt § 667 BGB irrtümlich der § 670 BGB genannt wird. Jedenfalls sollte man § 175 BGB als speziell für Vollmachtsurkunden geltenden Anspruch vor § 667 BGB prüfen.

⇨ Ist er in eigenem Namen (also in mittelbarer Stellvertretung) tätig geworden, wird er selbst Rechtsinhaber, also z.B. Berechtigter eines Anspruchs nach § 433 BGB oder Eigentümer der zu erwerbenden Ware.

hemmer-Methode: Es findet also ein Durchgangserwerb beim Beauftragten statt; dessen Gläubiger können folglich auf die Sache zugreifen. Beachte aber § 392 II HGB, dazu unter Rn. 22.

Der Herausgabeanspruch richtet sich dann auf Abtretung des erworbenen Anspruchs (§ 398 BGB) bzw. auf Übereignung der erworbenen Ware (§ 929 BGB). Daneben wird aber nach § 667 Alt. 2 BGB noch Verschaffung des unmittelbaren Besitzes geschuldet.

hemmer-Methode: Die Übereignung geschieht in diesen Kommissionsfällen oft durch antizipierte Einigung und antizipiertes Besitzkonstitut (§§ 929, 930 BGB) oder Insichgeschäft (§§ 929, 930, 181 BGB).[12]

⇨ Ist der Beauftragte dagegen im Namen des Geschäftsherrn (in unmittelbarer Stellvertretung, § 164 I BGB) aufgetreten, wird letzterer Rechtsinhaber.

hemmer-Methode: Die Einigung zu seinen Gunsten (§ 929 S. 1 BGB bzw. §§ 873, 925 BGB bzw. § 398 BGB) ist wegen § 164 I BGB unproblematisch. Beim Mobiliarerwerb ist mit Besitzerlangung durch den Beauftragten auch das Übergabeerfordernis des § 929 S. 1 BGB erfüllt; denn der Geschäftsherr erlangt sogleich mittelbaren Besitz (Auftrag als Besitzmittlungsverhältnis i.S.d. § 868 BGB). Bei Immobilien muss statt der Übergabe die Eintragung hinzukommen.

Der Beauftragte kann in diesem Fall allenfalls unmittelbaren Besitz an der für den Geschäftsherrn erworbenen Sache erlangt haben.

Herausgabe von erlangtem Geld

Ist Geld herauszugeben, muss beachtet werden, dass wie bei § 667 Alt. 1 BGB grundsätzlich nicht konkrete Geldzeichen, sondern der Betrag geschuldet wird.[13]

bb) Aus der Geschäftsbesorgung erlangt

Problem: Schmiergelder aus der Geschäftsbesorgung erlangt?

Der Vorteil ist aus der Geschäftsbesorgung erlangt, wenn er nicht nur bei Gelegenheit der Ausführung des Auftrags erzielt wurde, sondern dazu in einem inneren Zusammenhang steht.[14]

16

Schwierigkeiten bereitet dieser Prüfungspunkt lediglich bei *Schmiergeldern* und Geschenken, die der Dritte dem Beauftragten zuwendet. Heute besteht weitgehend Einigkeit, dass auch dies "aus der Geschäftsbesorgung erlangt" ist.[15] In der Tat lässt sich ein innerer Zusammenhang mit der Geschäftsbesorgung nicht leugnen; er ergibt sich aus der Gefahr, dass das Schmiergeld den Beauftragten veranlasst haben kann, die Interessen des Auftraggebers zu verletzen.

---

12   naher dazu Hemmer/Wüst, Sachenrecht II, Rn. 41 ff.

13   Vgl. oben Rn. 13; § 270 I BGB ist gleichwohl wiederum nicht anwendbar; Medicus, JuS 1983, 897 (902).

14   Vgl. Palandt, § 667, Rn. 3.

15   Vgl. zuletzt BGH, NJW-RR 1992, 560-561 = **juris**byhemmer; ferner Palandt, § 667, Rn. 3; Medicus, JuS 1985, 657-664 (662).

Anders bei Trinkgeldern

Dagegen ist diese Gefahr bei den üblichen Trinkgeldern nicht gegeben; sie sind nur bei Gelegenheit der Geschäftsbesorgung erlangt und daher nicht gem. § 667 Alt. 2 BGB an den Geschäftsherrn abzuführen.

2. Erweiterungen des § 667 BGB

Verweisungen auf § 667 BGB

Auf § 667 BGB wird in zahlreichen Vorschriften des BGB verwiesen, vor allem in § 681 S. 2 BGB für die Geschäftsführung ohne Auftrag.[16] Im Rahmen der *vertraglichen* Ansprüche sind die §§ 27 III, 675 BGB und § 713 BGB klausurrelevant.

17

a) Geschäftsführung des Vereinsvorstands, § 27 III BGB

§ 27 III BGB

Gemäß § 27 III BGB finden auf die Geschäftsführung des Vereinsvorstands die §§ 664 - 670 BGB über den Beauftragten entsprechende Anwendung.

18

Problematisch ist die Anwendung der §§ 27 III, 667 BGB z.B. in folgendem Fall:

G ist alleinvertretungsberechtigter Vorstandsvorsitzender des Tennisclubs Blau-Weiß e.V. Bei einem Turnier, das der Verein ausrichtet, erhält G von dem Vorstandsvorsitzenden eines anderen Tennisclubs einen Geschenkkarton mit der Aufschrift: "Dem TC Blau-Weiß in Freundschaft". G sieht den Karton, in dem sich 12 Flaschen Champagner befinden, als Dank für seine persönliche Organisationsarbeit an und nimmt die Flaschen nach dem Turnier mit nach Hause, wo er sie in seinen Weinkeller legt.

Kann der TC Blau-Weiß (T) von G Herausgabe der Champagnerflaschen verlangen?

a) Ein Anspruch des T gegen G auf Herausgabe der Champagnerflaschen könnte sich zunächst aus **§ 985 BGB** ergeben.

hemmer-Methode: § 985 BGB wird hier vor den vertraglichen Anspruchsgrundlagen geprüft, um die nicht unproblematische Eigentumslage vorab zu klären. So wird eine Inzidentprüfung der Eigentumslage bei den vertraglichen Ansprüchen vermieden. Ein anderer Aufbau ist aber sicher vertretbar.

Ein Anspruch aus § 985 BGB setzt voraus, dass T Eigentümer und G unrechtmäßiger Besitzer der Flaschen ist.

aa) Ursprünglich war der schenkende Verein Eigentümer.

bb) Mit der Aushändigung des Geschenkkartons an G könnte aber eine Übereignung gem. § 929 S. 1 BGB an T erfolgt sein.

(1) In der Aushändigung des Kartons liegt, wie sich aus den Umständen, nämlich aus der Aufschrift "Dem TC Blau-Weiß in Freundschaft", ergibt, das Angebot einer (schenkweisen) Übereignung i.S. von § 929 S. 1 BGB an den T.

Zweifelhaft ist, ob eine entsprechende Annahmeerklärung seitens des Vereins T vorliegt. Denn möglicherweise verstand G tatsächlich die Erklärung als Angebot einer schenkweisen Übereignung an sich selbst und wollte dementsprechend eine Annahmeerklärung nicht im Namen des Vereins, sondern im eigenen Namen abgeben.

---

16   Dazu Rn. 38 ff.

Die Annahmeerklärung ist eine Willenserklärung, für die die §§ 104 ff. BGB gelten. Es kommt daher nicht darauf an, was G innerlich wollte, sondern was er objektiv erklärt hat (§§ 133, 157 BGB) und wie der Empfänger die Erklärung verstehen konnte (Empfängersicht).

Da G den Karton lediglich entgegengenommen hat, war sein Verhalten vom Schenker (Tennisclub Radebeul) nur so zu verstehen, als wolle der G die Erklärung in seiner Eigenschaft als Vorstandsvorsitzender, also als Vertreter des Vereins abgeben (vgl. auch § 164 I S. 2 BGB, wollte also der G nicht im fremden Namen handeln, ist dieser Wille unbeachtlich, da er nicht objektiv erkennbar war). Eine dingliche Einigung zwischen dem Schenker und T, vertreten durch G, liegt somit vor.

hemmer-Methode: Dass G das Angebot auf sich bezog, ist unerheblich. Entscheidend ist, dass aus der Sicht eines verständigen Empfängers angesichts der Aufschrift "Dem TC Blau-Weiß in Freundschaft" kein Zweifel daran bestehen konnte, dass sich das Einigungsangebot an T richtete.

(2) Auch eine Annahmeerklärung des T, vertreten durch G, liegt vor. Wiederum kommt es nicht darauf an, ob G möglicherweise innerlich für sich handeln wollte.

Maßgeblich ist das objektiv Erklärte. Nach den Umständen, vgl. § 164 I S. 2 BGB, war das Verhalten des G so zu deuten, als wolle er die Annahmeerklärung in seiner Eigenschaft als Vorstandsvorsitzender, also als Vertreter des Vereins abgeben.

hemmer-Methode: Nach umstrittener Ansicht kann G die Einigungserklärung auch nicht mit der Begründung anfechten, er habe für sich selbst handeln wollen, da § 164 II BGB, der den umgekehrten Fall betrifft, analog anzuwenden sei.[17]
Dem G würde im vorliegenden Fall eine Anfechtung auch letztlich gar nicht nutzen, da er nicht darauf hoffen kann, dass nach erfolgreicher Anfechtung der schenkende Verein nunmehr an ihn übereignen würde.

cc) Liegt somit eine Einigung zugunsten des T vor, so muss noch eine Übergabe an T hinzukommen. Auch dies ist mit der Aushändigung des Kartons an G erfolgt.

Denn den Besitz an den Flaschen erlangte G in seiner Funktion als Organ des T (sog. Organbesitz[18]). Erneut ist ein möglicherweise entgegenstehender Wille des G unbeachtlich, da dieser jedenfalls nicht nach außen getreten ist.[19]

T ist also gem. § 929 S. 1 BGB Eigentümer der Champagnerflaschen geworden. G ist auch gegenwärtiger Besitzer; ein Besitzrecht (§ 986 I BGB) steht ihm nicht zu.

dd) Er hat dieses Eigentum auch nicht dadurch verloren, dass G den Karton "für sich behielt", d.h. in sein privates Vermögen überführt hat.

Denn selbst wenn man eine Übereignung vom Verein auf G annehmen wollte, wäre sie gemäß § 181 BGB (schwebend) unwirksam und die Verweigerung der Genehmigung wäre jedenfalls im Verlangen der Herausgabe zu erblicken gewesen.

T kann also nach § 985 BGB die Flaschen herausverlangen.

---

17   vgl. Hemmer/Wüst, BGB-AT I, Rn. 214; Palandt, § 164, Rn. 16.
18   Zu den Besitzverhältnissen bei juristischen Personen unten Rn. 92 ff.
19   Palandt, § 855, Rn. 5.

b) Daneben könnte sich ein Anspruch des T gegen G aus §§ 27 III, 667 Alt. 2 BGB ergeben.

G war Vorstandsvorsitzender eines eingetragenen Vereins. Auf seine Geschäftsführung findet über § 27 III BGB die Vorschrift des § 667 BGB entsprechende Anwendung.

Fraglich ist aber, ob G die Champagnerflaschen "aus der Geschäftsbesorgung erlangt" hat.

Das zu besorgende Geschäft lag hier zunächst darin, das Einigungsangebot zugunsten des T zu akzeptieren und den Geschenkkarton entgegenzunehmen. Allein aus diesem Geschäft hat G zunächst nichts erlangt. Besitz und Eigentum waren ja auf den T übergegangen.

Allerdings gehörte es zu den weiteren Geschäftsführungspflichten des G, die entgegengenommenen Flaschen für den Verein als Organbesitzer zu verwahren. Das Verbringen der Flaschen in seinen privaten Weinkeller steht mit dieser Geschäftsführung für den Verein in einem inneren Zusammenhang.

G hat die Flaschen gerade in Ausführung seiner Geschäftsführungspflichten in Eigenbesitz gebracht. Voraussetzung für § 667 Alt. 2 BGB ist es nämlich nicht, dass es sich zwingend um eine *ordnungsgemäße* Geschäftsführung handeln muss.[20] Somit ist auch ein Anspruch aus §§ 27 III, 667 Alt. 2 BGB gegeben.

hemmer-Methode: Hier erscheint auch die Auffassung vertretbar, dass T die Flaschen nur bei Gelegenheit der Geschäftsführung in Eigenbesitz gebracht hat, so dass es an dem für § 667 Alt. 2 BGB erforderlichen inneren Zusammenhang fehlen würde.
Da der Karton zunächst in Besitz und Eigentum des T übergegangen war und damit die Geschäftsbesorgung beendet war, als G den Karton zu sich nach Hause nahm, führte er kein Geschäft des T mehr. Es handelte sich hierbei um eine sachlich und zeitlich von der Geschäftsführung getrennte Maßnahme, die allein dem eigenen Interesse diente.
Hier war alles vertretbar, sofern die Problematik als solche nur erkannt wurde.

c) Ein „**Herausgabeanspruch**" des T ergibt sich auch unter dem Gesichtspunkt des Schadensersatzes in Form der Naturalrestitution **gem. § 280 I i.V.m. § 249 I BGB.**

Das Mitnehmen des Kartons stellt eine schuldhafte Pflichtverletzung gegenüber T dar. G hätte erkennen müssen, dass die Flaschen nicht für ihn bestimmt waren. Er handelte daher fahrlässig (§§ 280 I S. 2, 276 II BGB). Seine „Rückgabepflicht" ergibt sich aus § 249 I BGB.

d) T kann zudem möglicherweise aus **§ 861 I BGB** Herausgabe verlangen.

Dann müsste T der Besitz an den Flaschen durch verbotene Eigenmacht des G entzogen worden sein. Die Besitzentziehung müsste also ohne den Willen des unmittelbaren Besitzers geschehen sein.[21]

Unmittelbaren Besitz hatte hier zunächst allein der T, ausgeübt durch sein Organ G. G selbst hatte keinerlei besitzrechtliche Stellung inne; er war weder unmittelbarer Besitzer noch Besitzdiener.[22] Zweifelhaft ist nun, ob man sagen kann, dass T den unmittelbaren Besitz "ohne seinen Willen" verloren hat.

aa) Man könnte zunächst wie folgt argumentieren: Der Wille der vertretungsberechtigten Organperson (G) repräsentiert den Willen der juristischen Person (T). Wenn die Organperson den Organbesitz in Eigenbesitz umwandle, so geschehe dies folglich nicht ohne Willen der juristischen Person.

---

20   Palandt, § 667, Rn. 3.

21   Näher zu den Anspruchsvoraussetzungen bei § 861 I BGB unten Rn. 86 ff.

22   Vgl. zur besitzrechtlichen Stellung der Organperson Palandt, § 854, Rn. 12; näher unten Rn. 92 ff.

hemmer-Methode: Mit dieser Begründung verneint die ganz h.M. auch ein Abhandenkommen im Sinne des § 935 I BGB, wenn eine vertretungsberechtigte Organperson eine im Besitz der juristischen Person befindliche Sache *an einen Dritten* weggibt.[23]

bb) Dagegen wird eine verbotene Eigenmacht der Organperson, die *sich selbst* Eigenbesitz verschafft, zumeist bejaht. Begründen lässt sich das damit, dass insoweit die Organperson gar nicht vertretungsberechtigt ist (vgl. § 181 BGB), den Willen der juristischen Person also auch nicht repräsentieren kann.

Diese andere Auffassung würde nämlich die juristische Person schutzlos gegenüber „selbstherrlichem" Handeln ihrer Organe stellen.

Hinzukommt, dass eine Besitzentziehung "ohne" den Willen des Besitzers voraussetzt, dass sie "ohne eine irgendwie kundgegebene Zustimmung des Besitzers" erfolgt ist.

Die Kundgabe einer Zustimmung durch T, vertreten durch G, liegt hier nicht vor, da G diese Zustimmung zum einen nicht wirksam erklären konnte (§ 181 BGB oder Missbrauch der Vertretungsmacht) und zum anderen das Fortschaffen des Kartons in die eigene Wohnung nicht als Kundgabe einer Zustimmung zu werten ist.

Verbotene Eigenmacht ist daher zu bejahen[24].

Somit ist der Besitz des G gem. § 858 II S. 1 BGB fehlerhaft. Damit ist der Anspruch aus § 861 I BGB gegeben.

e) Zudem besteht ein **Herausgabeanspruch nach § 1007 I BGB**.

Die Annahme des G, er sei zum Eigenbesitz der Flaschen berechtigt, muss man als grob fahrlässig ansehen. Hier ist nach den Umständen des Sachverhalts – Aufschrift auf dem Karton "dem TC Grün-Weiß in Freundschaft" - grobe Fahrlässigkeit des G im Hinblick auf den Erwerb des Eigentums und damit der Besitzberechtigung am Karton anzunehmen.

Er war daher bösgläubig im Sinne des § 932 II BGB analog (nicht direkt, da hier die Gutgläubigkeit nicht auf das Eigentum, sondern auf das Besitzrecht zu beziehen ist).

f) Gleichfalls erfüllt sind die Anspruchsvoraussetzungen des **§ 1007 II BGB**. Denn bei der Begründung des Eigenbesitzes konnte G den Willen des T nicht repräsentieren (vgl. oben *d)*), so dass T den unmittelbaren Besitz ohne seinen Willen verloren hat. Damit liegt ein Abhandenkommen vor (a.A. vertretbar; s.o.).

g) T kann auch aus **§ 812 I S. 1 Alt. 2 BGB** den Besitz an den Flaschen von G kondizieren.

aa) Jedenfalls der *berechtigte* Besitz, den T zunächst innehatte, hat einen Zuweisungsgehalt;[25] in diesen hat G eingegriffen.

bb) Die NLK ist vorliegend auch nicht subsidiär, da G den Besitz am Karton mit den Flaschen nicht durch eine Leistung des T erlangt hat. G ging subjektiv davon aus, dass das Geschenk für ihn bestimmt war, also T überhaupt nicht Eigentum und Besitz erworben hat.

Sein Handeln ist außerdem weder objektiv noch subjektiv als Übertragung von Eigentum und Besitz vom Verein lauf ihn anzusehen.

---

23   Vgl. BHGZ 57, 166-170 (169) = **juris**byhemmer; Palandt, § 935, Rn. 9; Erman, § 935, Rn. 6.

24   A.A. vertretbar.

25   Näher zum Besitz als Gegenstand der Eingriffskondiktion unten Rn. 130.

cc) Die Eingriffskondiktion wird auch nicht durch § 861 BGB verdrängt, weil der dem T entzogene Besitz kein schlichter, sondern mit dem Eigentum verbundener Besitz war und somit einen „Zuweisungsgehalt" aufwies[26]. G haftet daher aus § 812 I S. 1 Alt. 2 BGB auf Herausgabe.

h) G haftet zudem aus **§ 823 I i.V.m. § 249 I BGB** auf Schadensersatz in Form der Naturalrestitution, die ebenfalls auf Herausgabe gerichtet ist. Das Wegschaffen der Champagnerflaschen stellt eine rechtswidrige und schuldhafte Eigentumsverletzung dar.

Das Fortschaffen des Kartons durch G stellt eine rechtswidrige, da die Rechtslage wegen der Umstände und der Aufschrift auf dem Karton für G erkennbar war, und auch schuldhafte, nämlich fahrlässige Eigentumsverletzung dar. Nach § 249 I BGB ist G daher zur Rückgabe verpflichtet.

i) Dagegen besteht kein Anspruch aus **§ 823 II BGB i.V.m. § 246 StGB.** Vorsatz kann dem G nämlich nicht unterstellt werden (a.A. vertretbar; Sachverhalt ist aber hierfür zu dünn).

j) Schließlich besteht ein Anspruch aus **§ 823 II i.V.m. § 858 BGB.** Eine verbotene Eigenmacht des G liegt nach der hier vertretenen Auffassung vor. Nach h.M. ist § 858 BGB auch als Schutzgesetz im Sinne des § 823 II BGB anzusehen.[27]

hemmer-Methode: Dieser Fall war _eine (!) von vier_ Fragen einer Examensklausur im Jahre 1994 in Bayern. Eine derart ausführliche Lösung war daher auf keinen Fall zu erwarten. Dennoch haben wir hier einmal für Sie eine Musterlösung entworfen, da alle aufgeworfenen Probleme sehr lehrreich sind und jederzeit in anderen Klausuren wieder auftauchen können.

b) Entgeltliche Geschäftsbesorgung, § 675 BGB

entgeltliche Geschäftsbesorgung i.S.d. § 675 BGB

Auch hinsichtlich der entgeltlichen Geschäftsbesorgung (§ 675 BGB) wird auf § 667 BGB verwiesen.   **19**

Dort ist von Dienst- und Werkverträgen die Rede, die eine Geschäftsbesorgung zum Gegenstand haben. Diese Formulierung setzt ersichtlich voraus, dass es auch Dienst- und Werkverträge gibt, die _nicht_ eine Geschäftsbesorgung zum Gegenstand haben. Das wäre aber nicht der Fall, wollte man den Ausdruck "Geschäftsbesorgung" wie beim Auftrag als jede Tätigkeit in fremdem Interesse verstehen.

Deshalb wird er im Rahmen des § 675 BGB enger interpretiert, nämlich in dem Sinne, den er auch in der Umgangssprache (ungefähr) hat. Geschäftsbesorgung i.S.d. § 675 BGB ist danach eine _selbständige Tätigkeit wirtschaftlicher Art_, die in fremdem Interesse vorgenommen wird.[28]

hemmer-Methode: Diese Definition sollten Sie sich merken. Wichtig ist aber auch zu wissen, weshalb der Begriff Geschäftsbesorgung bei § 675 BGB enger verstanden wird als bei § 662 BGB. Denn nur wenn man den Sinn einer Definition verstanden hat, prägt sie sich auch ein. Bemühen Sie sich immer um das Verstehen, nicht nur um bloßes Auswendiglernen!

Wichtigste Anwendungsbeispiele des § 675 BGB sind der Anwaltsvertrag und der Bauträgervertrag. Auch in diesen Fällen ist also an den Herausgabeanspruch gem. § 667 BGB zu denken.

---

26   Vgl. BGH, WM 1987, 181-183 = **juris**byhemmer.
27   Dazu unten Rn. 135 ff.
28   Palandt, § 675, Rn. 3; Larenz II/1, § 56 C m.w.N.

c) Geschäftsführung in der Gesellschaft bürgerlichen Rechts, § 713 BGB

Geschäftsführung in der GbR

Auf die Geschäftsführung in der GbR sind gem. § 713 BGB ebenfalls die Vorschriften des Auftragsrechts und damit auch § 667 BGB analog anwendbar.

20

Anspruchsberechtigt ist die rechtsfähige GbR selbst.

Der Anspruch richtet sich auf Herausgabe an die Gesellschaft, nicht nur auf Herausgabe an die übrigen Gesellschafter.[29]

hemmer-Methode: Der Anspruch auf Herausgabe steht also der Gesellschaft selbst zu. Dennoch ist auch der einzelne Gesellschafter alleine berechtigt, den Anspruch geltend zu machen, soweit dieser auf Leistung an die Gesamthand gerichtet ist (sog. *actio pro socio*).[30]

d) Geschäftsführung in der OHG und KG

Auf die OHG findet gemäß § 105 III HGB (auf die KG gemäß §§ 161 II, 105 III HGB) das Recht der GbR Anwendung, soweit nichts im HGB bestimmt ist.

Eine dem § 667 BGB vergleichbare Norm ist in den Vorschriften über die Geschäftsführung der OHG/KG nicht geregelt, sodass gem. §§ (161 II BGB), 105 III HGB, 713 BGB auch auf die KG/OHG die Vorschrift des § 667 BGB anwendbar ist.

hemmer-Methode: Beachten Sie aber Folgendes:
§ 111 HGB ist „lex specialis" zu §§ 713, 668 BGB.
§ 110 HGB ist „lex specialis" zu §§ 713, 670 BGB.

e) Vergleichbare Regelungen im Handelsrecht

Kommissionsverträge

Eine mit dem § 667 Alt. 2 BGB inhaltlich übereinstimmende Regelung enthält § 384 II a.E. HGB für das Kommissionsgeschäft.

21

Dagegen findet sich dort keine Entsprechung zu § 667 Alt. 1 BGB. Da es sich jedoch beim Kommissionsvertrag um einen Geschäftsbesorgungsvertrag i.S.d. § 675 BGB handelt,[31] sind §§ 675, 667 Alt. 1 BGB neben § 384 II HGB ergänzend anwendbar.

wichtig: § 392 II HGB beachten

Eine wichtige Besonderheit des Kommissionsvertrags, die beim Speditionsvertrag in § 457 S. 2 HGB eine Entsprechung gefunden hat, enthält § 392 II HGB.[32]

22

Diese Vorschrift betrifft folgende Konstellation:

Der Kommissionär hat aus der Geschäftsbesorgung (dem sog. Ausführungsgeschäft) für einen anderen in eigenem Namen (vgl. § 383 HGB) eine Forderung erlangt, etwa eine Kaufpreisforderung aus einer Verkaufskommission.

---

29   Palandt, § 713, Rn. 8.

30   Vgl. Palandt, § 713, Rn. 8, 5; allgemein zur actio pro socio Hemmer/Wüst, Gesellschaftsrecht, Rn. 290 ff.

31   Brox, Handelsrecht, Rn. 407.

32   Vgl. allgemein zur Kommission Hemmer/Wüst, Handelsrecht, Rn. 389 ff.

Solange er die Forderung noch nicht an den Kommitenten "herausgege-
ben" (d.h. abgetreten) hat, könnten nach allgemeinen Regeln die Gläubi-
ger des Kommissionärs auf die Forderung zugreifen (Durchgangser-
werb).

Hiervon bestimmt nun § 392 II HGB eine gesetzliche Ausnahme: Schon
bevor der Kommissionär die Forderungen an den Kommitenten abgetre-
ten hat, sollen diese im Verhältnis zwischen dem Kommitenten einerseits
und dem Kommissionär und seinen Gläubigern andererseits "als Forde-
rungen des Kommitenten gelten".

Folglich kann sich der Kommitent gegen eine Zwangsvollstreckung von
Gläubigern des Kommissionärs nach § 771 ZPO mit der Drittwider-
spruchsklage[33] wehren und die Forderungen gem. § 47 InsO ausson-
dern.

Mit der Vorschrift des § 392 II HGB verbinden sich zwei examensrelevante Streitfragen:

Gilt § 392 II HGB auch gegenüber
dem Vertragspartner des Kommissi-
onärs?

aa) Zweifelhaft ist zunächst, ob die Vorschrift des § 392 II HGB auch   **23**
zu Lasten des Vertragspartners des Kommissionärs geht, wenn die-
ser gegen die Forderung aus dem Ausführungsgeschäft aufrechnet
(oder ein Zurückbehaltungsrecht geltend macht).

> ***Bsp.:*** *Kommissionär K hat aus dem Verkauf einer Sache des Kommiten-*
> *ten X eine Kaufpreisforderung gegen D erlangt. Der D, dem K noch aus*
> *einem anderen Geschäft etwas schuldet, zahlt den Kaufpreis nicht bar,*
> *sondern erklärt die Aufrechnung mit seiner Gegenforderung.*
>
> *Steht § 392 II HGB dem entgegen?*

Die Aufrechnung setzt nach § 387 BGB u.a. voraus, dass Haupt- und
Gegenforderung im Gegenseitigkeitsverhältnis stehen.

Nach dem Wortlaut des § 392 II HGB scheint das hier nicht der Fall zu
sein, weil danach die Kaufpreisforderung im Verhältnis zu den Gläubigern
des K als Forderung des X anzusehen ist.

D ist aber nicht nur als Gläubiger des K, sondern auch als Vertragspartner betroffen. Auf diese "Doppelfunktion" ist § 392 II HGB nicht zugeschnitten. Die Vorschrift muss deshalb nach allgemeiner Meinung teleologisch reduziert werden. Sehr streitig ist allerdings, in welchem Umfang
das zu geschehen hat.

Eine Auffassung[34] differenziert danach, ob die Gegenforderung aus dem
Ausführungsgeschäft oder aus einem anderen Rechtsgrund stammt, d.h.,
ob es sich um eine konnexe oder nicht-konnexe Gegenforderung handelt.
Bei nicht-konnexen Gegenforderungen stehe der Vertragspartner dem K
wie jeder andere vertragsfremde Gläubiger gegenüber. Hier müsse es
daher bei der Anwendung des § 392 II HGB bleiben.

Dagegen verneint die h.M.[35] die Anwendbarkeit des § 392 II HGB gegenüber dem Vertragspartner grundsätzlich auch bei nicht-konnexen Forderungen. Die Sicherheit und die Rechte des Vertragspartners dürften
durch das Innenverhältnis zwischen Kommissionär und Kommitent nicht
beeinträchtigt werden. Nach der Rechtsprechung des BGH gilt das sogar
dann, wenn D über die Beziehungen im Innenverhältnis K - X Bescheid
wusste.[36]

---

33   Allgemein zur Drittwiderspruchsklage Hemmer/Wüst, ZPO II, Rn. 254 ff.

34   Schlegelberger, § 392, Rn. 24 m.w.N.; Dressel, NJW 1969, 655-656 (655 f.).

35   BGH NJW 1969, 276-277 = **juris**byhemmer; Canaris, Handelsrecht, § 30 V 2b m.w.N.

36   BGH NJW 1969, 276-277 = **juris**byhemmer; auch insoweit zustimmend Canaris, § 30 V 2b.

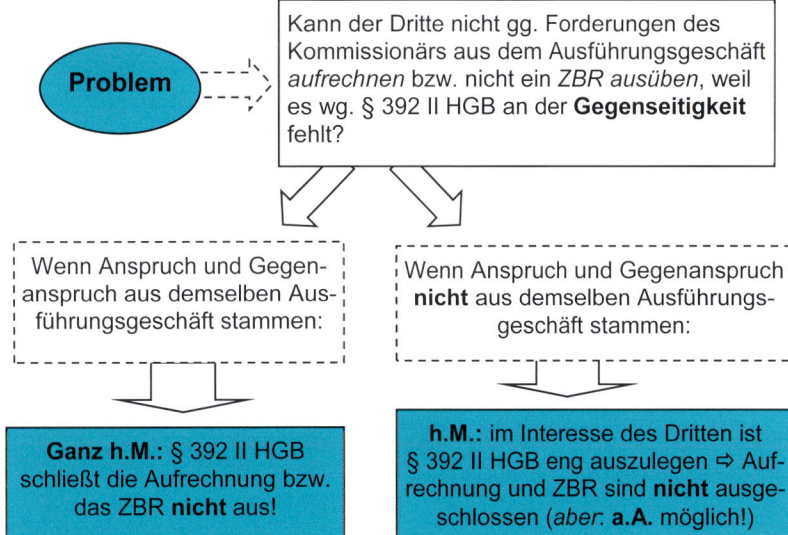

§ 392 II HGB analog

bb) Die zweite wichtige Streitfrage im Rahmen des § 392 II HGB betrifft die Frage, inwieweit die Vorschrift einen allgemeinen Rechtsgedanken enthält, der auf vergleichbare Fälle zu übertragen ist.

wenn an die Stelle der abzutretenden Forderung eine herauszugebende Sache als Surrogat tritt?

Der Wortlaut des § 392 II HGB spricht nur von Forderungen. Fraglich ist nun, ob die Vorschrift darüber hinaus analog auf den Fall angewandt werden kann, dass diese Forderungen bereits erfüllt worden sind, so dass an ihre Stelle Sachgüter als Surrogate getreten sind.

> **Bsp.:** *Der Vertragspartner des Kommissionärs zahlt auf eine begründete Kaufpreisforderung (Verkaufskommission) oder liefert eine vom Kommissionär gekaufte Sache (Einkaufskommission). Damit erlöschen die Forderungen aus § 433 II bzw. § 433 I S. 1 BGB. Stattdessen steht dem Kommissionär nun das Eigentum und der Besitz an dem gezahlten Geld bzw. an der gelieferten Kaufsache zu. Ist es den Gläubigern des Kommissionärs auch hier in analoger Anwendung des § 392 II HGB verwehrt, in das Geld bzw. in die Kaufsache zu vollstrecken?*

Eine Mindermeinung[37] bejaht die Analogie: Der Kommitent sei hier in gleicher Weise schutzbedürftig. Solange das Surrogat der Forderung noch unterscheidbar im Vermögen des Kommissionärs vorhanden sei, setze sich der Schutz des § 392 II HGB an ihm fort. Andernfalls bliebe der Schutz des Kommittenten in einem wichtigen Punkt unvollständig.[38]

Die h.M.[39] beruft sich demgegenüber auf den klaren Wortlaut des § 392 II HGB und darauf, dass es sich bei § 392 II HGB um eine nicht analogiefähige Ausnahmevorschrift handele.

Analoge Anwendung des § 392 II HGB im Auftragsrecht?

Hinzuweisen ist schließlich darauf, dass auch eine analoge Anwendung des § 392 II HGB außerhalb des Kommissions- und Speditionsrechts, also insbesondere im Auftragsrecht, allgemein abgelehnt wird.[40] Es handelt sich vielmehr um eine handelsrechtliche Sondervorschrift.

24

25

---

37 Etwa Medicus, JuS 1985, 657 (664); Canaris, Handelsrecht, § 30 V 2c.
38 Vgl. m.w.N. Hemmer/Wüst, Handelsrecht, Rn. 398.
39 BGH, NJW 1974, 456-458 (457) = **juris**byhemmer; Baumbach, § 329, Rn. 3.
40 Medicus, JuS 1985, 657-664 (664).

§ 392 II HGB analog?

Bsp.: Werden durch § 392 II HGB auch die Geldscheine erfasst, die der Verkaufskommissionär von dem Dritten zur Erfüllung des Kaufpreises erhalten hat?

h.M.: analoge Anwendung **(-)**; **arg.:** Wortlaut des § 392 II HGB; planwidrige Regelungslücke? § 392 II HGB = Ausnahmevorschrift und daher restriktiv anzuwenden

a.A.: analoge Anwendung **(+)**; **arg.:** ansonsten wäre der Schutz des Kommittenten lückenhaft

B. Rückgabepflicht bei Rückabwicklung des Vertrags (§§ 346 I ff. bzw. aus § 355 III i.V.m. §§ 357 ff. BGB

I. Rücktritt vom Vertrag gem. §§ 346 ff. BGB

Der Rücktritt vom Vertrag gem. §§ 346 ff. BGB hat zwei Rechtsfolgen:

26

⇨ Zum einen wird die weitere Durchführung des Vertrags beendet; die noch nicht erfüllten Leistungspflichten erlöschen, sog. **rechtsvernichtende Einwendung**.

Rücktritt führt zu Umwandlung in ein Rückgewährschuldverhältnis

⇨ Zum anderen werden die schon erfüllten Leistungspflichten in ein **Rückgewährschuldverhältnis** umgewandelt. Es entstehen gem. § 346 I BGB Rückgewähransprüche, evtl. Wertersatzansprüche gem. § 346 II S. 1 BGB.

Rücktrittsvoraussetzungen

I. Rücktrittsrecht

Kann sich ergeben aus:
⇨ **Gesetz**: §§ 323, 324, 326 V BGB, ggf. i.V.m. § 437 Nr. 2, 440 BGB; 634 Nr. 3, 636 BGB
⇨ **Vertraglicher** Vereinbarung (Rücktrittsvorbehalt)

II. Rücktrittserklärung

⇨ **§ 349** BGB: einseitige, empfangsbedürftige WE (bedingungsfeindlich) grundsätzlich frist- und formfrei (kann deshalb auch konkludent, z.B. durch Rückgabe der gekauften Sache erfolgen)

1. Vertragliches und gesetzliches Rücktrittsrecht

Anwendungsbereich des § 346 S. 1 BGB

Die §§ 346 ff. BGB gelten ausweislich ihres Wortlauts für das vertraglich vereinbarte und das gesetzliche Rücktrittsrecht.[41]

27

---

[41]   Vgl. allgemein dazu Hemmer/Wüst, BGB-AT III, Rn. 364 ff.; zu examensrelevanten Abgrenzungsfragen zwischen gesetzlichem und vertraglichem Rücktrittsrecht vgl. **Life&Law 2005, Heft 3, 198-202**.

hemmer-Methode: Ist der Eigentumsvorbehaltsverkäufer gem. § 323 BGB zurücktreten und wird nach der Herausgabe der überlassenen Sache gefragt, ist neben § 985 BGB stets auch ein Anspruch aus § 346 I BGB zu prüfen. Zwischen beiden Ansprüchen besteht Anspruchskonkurrenz.

2. Verweisungen auf die §§ 346 ff. BGB

Verweisungen auf § 346 S. 1 BGB

Daneben wird in einigen Vorschriften auf die §§ 346 ff. BGB verwiesen, so in §§ 281 V, 326 IV, 439 IV, 441 IV, 635 IV, 638 IV BGB. **28**

Anwendung der §§ 346 ff. BGB auf die SGG

Ein Rücktrittsrecht kann sich auch bei einer Störung der Geschäftsgrundlage ergeben, soweit eine Anpassung des Vertrags an die geänderten Verhältnisse nicht möglich ist, § 313 III S. 1 BGB.[42] Auf dieses Rücktrittsrecht finden die §§ 346 ff. BGB Anwendung. **29**

3. Umfang der Rückgewährpflicht

Gegenstand der Rückgewähr

Gegenstand der Rückgewähr können Eigentum und Besitz an Sachen, aber auch andere Leistungen sein. Geleistete Rechte sind zurückzuübertragen; für Dienstleistungen und Gebrauchsvorteile normiert § 346 II S. 1 Nr. 1 BGB eine Wertersatzpflicht. **30**

Herausgabe von Sachen

Was im Rückgewährschuldverhältnis die Herausgabe einer Sache bedeutet, hängt vom Inhalt derjenigen Leistungspflicht ab, deren Erfüllung rückgängig zu machen ist: War die Pflicht - wie beim Kauf - auf Übereignung der Sache gerichtet, so muss diese zurückübereignet werden. Ging dagegen die erfüllte Leistungspflicht bloß auf die Übertragung des Besitzes, so ist nur dieser zurückzuübertragen.

Besonderheit: Rückerwerb des Nichtberechtigten

Allerdings kann der Fall auftreten, dass zwar Besitz und Eigentum an der Sache geleistet worden sind, gleichwohl aber Gegenstand des Rückgewähranspruchs nur der Besitz ist. **31**

> **Bsp.:** *V hat eine Sache des E dem gutgläubigen K verkauft und übergeben. Wegen eines Sachmangels tritt K vom Kaufvertrag zurück. K gibt die Sache dem V zurück.*

V hat hier dem K sowohl Besitz als auch, weil K gutgläubig war, gem. §§ 929 S. 1, 932 BGB Eigentum verschafft.

Die Rückabwicklung führt gleichwohl nicht dazu, dass nun V seinerseits Eigentümer wird. Zwar handelt es sich eigentlich um einen Erwerb vom Berechtigten (K). Doch lässt die wohl h.M.[43] nicht zu, dass der bösgläubige V sich auf dem Umweg über den Rückerwerb Eigentum verschaffen kann, jedenfalls dann nicht, wenn dies von vornherein geplant war oder – wie hier – der Rückerwerb auf bloßer Rückabwicklung beruht. Nur wenn er zufällig und aufgrund eines neuen *selbständigen Rechtsgeschäfts* erfolgt, soll der Rückerwerb möglich sein.

In unserem Fall wird dagegen die ursprüngliche Eigentumslage (mit E als Eigentümer) wieder hergestellt. Begründen lässt sich das mit der Erwägung, dass bei der Rückabwicklung ein Bedürfnis nach Verkehrsschutz, dem die §§ 932 ff. BGB dienen, nicht gegeben ist.[44]

Dies rechtfertigt es, den Gesamttatbestand (Verfügung und Rückabwicklung) aus dem Anwendungsbereich der Verkehrsschutznormen herauszunehmen.

---

42 Medicus/Petersen, Bürgerliches Recht, Rn. 170.

43 Etwa Baur, § 52 IV 2 m.w.N. Die Gegenauffassung (Palandt, § 932, Rn. 17) nimmt den Rückerwerb dagegen hin. Vgl. auch Hemmer/Wüst, Sachenrecht II, Rn. 109 ff.

44 Medicus, JuS 1985, 657-664 (661); problematisch an dieser Argumentation ist allerdings, dass die §§ 932 ff. BGB eigentlich gar nicht einschlägig sind, da K als Berechtigter veräußert.

Unmöglichkeit und Neben-
folgen der Herausgabe

Für den Fall der Unmöglichkeit der Herausgabe gilt § 346 II S. 1 Nr. 1-3 BGB. Die Nebenfolgen der Rückgewährpflicht (Nutzungen[45], Verwendungen) regeln §§ 346 I, 347 I BGB sowie § 347 II S. 1 BGB.

Die Ersatzpflicht kann gem. § 346 III S. 1 Nr. 1-3 BGB entfallen.

32

II. Rückabwicklung nach Widerruf gem. § 355 III i.V.m. §§ 357 ff. BGB

Beim Widerruf von außerhalb von Geschäftsräumen geschlossenen Verträgen (§§ 312g, b BGB), von Fernabsatzverträgen (§§ 312g, d BGB), von Verbraucherkreditgeschäften (§§ 495, 506 BGB) usw., enden gem. § 355 I S. 1 BGB (ex nunc) die vertraglichen Verpflichtungen (rechtsvernichtende Einwendung). Ein bereits erfolgter Leistungsaustausch wird gem. § 355 III i.V.m. §§ 357 ff. BGB rückabgewickelt.

33

> **Verbraucherwiderruf, §§ 355 ff. BGB**
>
> Besteht Widerrufsrecht i.S.v. § 355 I S. 1 BGB, ist der Vertrag zunächst wirksam (⇔ rechtshindernder Widerruf, z.B. § 130 I S. 2 BGB).
> Wird der Widerruf erklärt (geregelt in § 355 I, II BGB), entsteht *ex nunc* ein Rückabwicklungsverhältnis.
> Hierfür gelten die §§ 355 III, 357 ff. BGB

hemmer-Methode: Vgl. ausführlich hierzu das Skript Hemmer/Wüst, Verbraucherschutzrecht!

C. Herausgabeanspruch auf das stellvertretende commodum (§ 285 I BGB)[46]

stellvertretendes commo-
dum

Ist dem Schuldner die Erfüllung eines Anspruchs unmöglich geworden, hat er aber infolge des Umstandes, welcher die Leistung unmöglich macht, einen Ersatzgegenstand (sog. stellvertretendes commodum) erhalten, muss er ihn gem. § 285 I BGB herausgeben.

34

Die Vorschrift ist grundsätzlich auf alle schuldrechtlichen Ansprüche anzuwenden.[47] Sie ist im Rahmen der vertraglichen Ansprüche zu prüfen, soweit die Erfüllung eines vertraglichen Anspruchs unmöglich geworden ist. Für gegenseitige Verträge ist die Verweisung in § 326 III BGB zu beachten.

commodum ex negotiatio-
ne fällt
unter § 285 BGB

Merken sollte man sich, dass als stellvertretendes commodum i.S.d. § 285 BGB auch das "commodum ex negotiatione" gilt, d.h. der Erlös, den der Schuldner durch die Veräußerung der geschuldeten Sache erzielt hat.

35

---

45   Dazu unten Rn. 206 ff.

46   Vgl. hierzu Hemmer/Wüst, Schuldrecht I, Rn. 341 ff.

47   Für das Bereicherungsrecht enthält § 818 II, III BGB allerdings eine Sonderregelung. Auf den verschärft haftenden Bereicherungsschuldner ist § 285 BGB dagegen als "allgemeine Vorschrift" i.S.d., §§ 818 IV, 819 I BGB nach h.M. anwendbar.

> § 285 I BGB: „Erlangt der Schuldner **infolge des Umstands**, auf Grund dessen er die Leistung ... nicht zu erbringen braucht, ..."

unproblematisch:

commodum ex re	Bsp.: A verkauft B einen Gebrauchtwagen. Noch vor Übergabe wird er zerstört. Die Versicherung zahlt A 10.000 € aus. ⇨ B hat aus § 285 I BGB einen Anspruch auf die Versicherungssumme.

nach h.M. aber auch:

commodum ex negotiatione	Bsp.: A verkauft B einen Gebrauchtwagen; Übergabe/ Übereignung aber an Dritten D. *Grund für Unmöglichkeit ist Veräußerung* (Verfügung) an D, *Grundlage für Kaufpreisanspruch das Verpflichtungsgeschäft* A-D. Es existiert also keine juristische, wohl aber **wirtschaftliche Identität**, die für § 285 I BGB ausreicht.

Bsp. 1: A hat dem B für € 8.500 eine Vase verkauft, die B am nächsten Tag abholen und bezahlen soll. Noch am selben Tag bietet K dem A € 12.000 für dieselbe Vase. Diesem Angebot kann A nicht widerstehen. Er verschweigt daher, dass er die Vase bereits an B verkauft hat und händigt sie dem K aus.

Kann B von A die € 3.500 Differenz zwischen Erlös und Kaufpreis herausverlangen?

I. Als Anspruchsgrundlage kommen die §§ 285 I, 283, 275 IV BGB in Betracht.

Dem A ist die Übereignung der Kaufsache schuldhaft unmöglich geworden, da er die Vase bereits nach § 929 S. 1 BGB an K übereignet hat.

Fraglich ist aber, ob A den Erlös *infolge* dieses Umstands erlangt hat. Streng genommen erlangte A den Erlös nicht aufgrund der Übereignung an K, sondern aufgrund des Kaufvertrages mit K. Der Abschluss des zweiten Kaufvertrages machte aber die Erfüllung des ersten noch nicht unmöglich. Folglich könnte man meinen, der Erlös sei nicht infolge des Umstands erlangt, der die Unmöglichkeit herbeigeführt hat.

Jedoch genügt bei § 285 BGB nach h.M. ein wirtschaftlicher Zusammenhang, und wirtschaftlich gesehen stellen Kauf und Übereignung eine Einheit, der Erlös somit das Surrogat des veräußerten Gegenstandes dar. § 285 BGB erfasst also auch den Verkaufserlös, das commodum ex negotiatione.

B ist daher berechtigt, die € 12.000 Erlös herauszuverlangen, bleibt aber gem. §§ 326 III BGB seinerseits zur Zahlung des Kaufpreises verpflichtet. Nach Aufrechnung (§§ 387, 389 BGB) bleibt ein Anspruch auf Zahlung von € 3.500.

II. Ein Anspruch aus §§ 687 II S. 1, 681 S. 2, 667 BGB scheidet dagegen aus.

§ 687 II S. 1 BGB setzt ein objektiv fremdes Geschäft voraus, an dem es hier fehlt.[48] A war im Zeitpunkt der Übereignung an K noch Berechtigter. Dass B bereits vorher von A gem. §§ 929, 930 BGB Eigentum erworben hatte, ist nicht anzunehmen. Es kann nicht unterstellt werden, dass A das Eigentum noch vor Erhalt des Kaufpreises übertragen wollte.

III. Aus demselben Grund scheitert auch ein Anspruch des B aus § 816 I S. 1 BGB auf Herausgabe des Erlöses:[49] A hat nicht als Nichtberechtigter verfügt, sondern als Berechtigter.

---

48 Näher zu den Voraussetzungen des § 687 II S. 1 BGB i.V.m. §§ 681 S. 2, 667 BGB unten vgl. Rn. 43.

49 Zum Streit um den Anspruchsinhalt bei § 816 I S. 1 BGB vgl. unten Rn. 133 und Hemmer/Wüst, Bereicherungsrecht, Rn. 382 ff.

Abwandlung: Der steinreiche Graf D hat für die Zeit seines vierwöchigen Hawaii-Urlaubes seine Rassehündin „Ida" nach vorangegangenem Zeitungsinserat bei Student S „in Pflege" gegeben.

Vertraglich wurde eine Vergütung von 500 €/Tag vereinbart. S nutzt die Gelegenheit und verkauft und übergibt das Tier für 25.000 € an den X. Kann D von S aufgrund § 285 BGB Herausgabe der 25.000 € verlangen?

1. § 285 I BGB setzt zunächst voraus, dass eine Leistungspflicht des Schuldners nach § 275 I-III BGB ausgeschlossen ist. S und D haben einen Verwahrungsvertrag i.S.d. §§ 688 ff. BGB geschlossen; der hierzu erforderliche Rechtsbindungswille der Parteien ist zum einen aufgrund der besonderen Wichtigkeit der Primärleistung für D, zum anderen aufgrund der vereinbarten Vergütung unproblematisch anzunehmen.

Dem S steht hieraus gegen D ein Rückgabeanspruch nach § 695 BGB zu. Durch die Weggabe der Hündin durch S an den Dritten X wurde ihm die Rückgabe unmöglich, seine Leistungspflicht ist nach § 275 I BGB ausgeschlossen.

2. Fraglich ist allerdings, ob die von D verlangten 25.000 € als Ersatz i.S.d. § 285 I BGB für den geschuldeten Gegenstand anzusehen sind.

a) Unbeachtlich ist, dass S das Surrogat aufgrund einer rechtsgeschäftlichen Vereinbarung mit X erhalten hat. § 285 I BGB erfasst auch das sog. *commodum ex negotiatione.*

b) Jedoch muss zwischen dem Gegenstand, dessen Leistung nach § 275 I-III BGB ausgeschlossen ist, und dem Gegenstand, für den der Schuldner Ersatz erlangt hat, *wirtschaftliche Identität* bestehen. Hier hat S sich als Eigentümer der Hündin ausgegeben und das Tier an X zum Preis von 25.000 € verkauft. Zu der Vereinbarung dieser Summe war X bereit, um das Eigentum an der Hündin zu erlangen. Die 25.000 € stellen daher das Surrogat für das *Eigentum* an dem Tier dar.

keine Identität bei Anspr. auf Besitzverschaffung und Eigentumssurrogat

Allerdings war S nicht zur Übereignung an D, sondern nur zur Rückgabe, d.h. zur *Besitzverschaffung* verpflichtet. Daher ist der Gegenstand der unmöglich gewordenen Leistung (Besitz) nicht identisch mit dem Gegenstand, für den das Surrogat erlangt wurde (Eigentum). Ein Anspruch des D auf Herausgabe der 25.000 € nach § 285 BGB scheidet daher aus.[50]

hemmer-Methode: In der Klausur müssten Sie freilich weitere Ansprüche prüfen: Unproblematisch ergibt sich ein Anspruch auf Herausgabe der 25.000 € aus angemaßter Eigengeschäftsführung, §§ 687 II S. 1, 681 S. 1, 667 BGB. Beim Anspruch aus § 816 I S. 1 BGB wird in der Klausur regelmäßig problematisch sein, ob der Anspruch den erhaltenen Kaufpreis auch dann voll umfasst, wenn dieser höher ist als der Wert der verkauften Sache (so die h.M.). Des Weiteren ist beim Anspruch aus §§ 989, 990 I BGB zu problematisieren, ob aufgrund eines „Aufschwingens zum Eigenbesitzer" seitens des S eine Vindikationslage vorlag.

Bsp. 2:[51] A mietete von B für fünf Jahre ein 8.000 qm großes Grundstück für 48.000,- € jährlich. A möchte auf dem Grundstück gewerblich einen Parkplatz betreiben. Das Grundstück wurde dem A übergeben. Ohne Zustimmung und Kenntnis des A vermietete B sodann eine Teilfläche von 2.000 qm desselben Grundstücks an C für 20.000,- € jährlich. C möchte die Fläche als Markthändler nutzen und dort entsprechende Verkaufsläden aufstellen.

Nachdem sich der Sachverhalt aufklärte, setzte C den A vor vollendete Tatsachen. Er nahm die entsprechende Teilfläche in Besitz und errichtete dort seine Verkaufsläden. A wehrte sich dagegen nicht. Er steht nach Beendigung seines Mietverhältnisses auf dem Standpunkt, die von B durch die Doppelvermietung erzielte Miete, die C an B zahlte, herausverlangen zu können.

Steht A der geltend gemachte Anspruch zu?

35a

---

50   Vgl. dazu Palandt § 285, Rn. 8.
51   **BGH, Life&Law 2006, Heft 9, 589-595** = NJW 2006, 2323-2326 = **juris**byhemmer.

I. A hat möglicherweise einen Anspruch gegen B auf Herausgabe der von C erzielten Miete gem. § 285 BGB.

Unstreitig bestand zwischen den Parteien ein wirksamer Mietvertrag.

1. Problem: Anwendbarkeit neben dem Mängelrecht

Fraglich ist, ob § 285 BGB vorliegend überhaupt anwendbar ist. Unstreitig handelt es sich bei der Doppelvermietung an C um einen Rechtsmangel i.S.d. § 536 III BGB. Der vertragsmäßige Gebrauch an der entsprechenden Teilfläche des Grundstücks wird dem A ganz entzogen.

Mit der Überlassung der Mietsache an den Mieter finden die Vorschriften der §§ 536 ff. BGB unstrittig Anwendung. Dies ergibt sich aus dem Wortlaut des § 536 BGB, der für die Minderung voraussetzt, dass die Mietsache *zur Zeit der Überlassung* einen Mangel aufweist.

Wie oben bereits erwähnt, ist die Übergabe bei einem Rechtsmangel nicht einmal Voraussetzung für die Einschlägigkeit der §§ 536 ff. BGB.

Fraglich ist, ob in einem solchen Fall noch auf die Vorschriften des Schuldrecht- AT zurückgegriffen werden kann oder ob die Mängelrechte eine abschließende Sonderregelung darstellen.

Vorliegend geht es darum, ob Unmöglichkeitsrecht neben dem Mängelrecht anwendbar ist. Soweit das Mängelrecht für das Begehren des Mieters eine Anspruchsgrundlage bereithält, verdrängt diese die entsprechende Vorschrift des Schuldrecht- AT. Dementsprechend ist unumstritten, dass für ein Schadensersatzverlangen des Mieters die Vorschrift des § 536a BGB nach Überlassung der Mietsache abschließend ist, so dass ein Rückgriff auf die §§ 280 ff. BGB ausscheidet.[52]

Umstritten ist jedoch die Anwendbarkeit des hier zu prüfenden § 285 BGB. Denn insoweit verfügt das mietrechtliche Mängelrecht über keine Vorschrift, die eine entsprechende Rechtsfolge enthielte. Über den vorliegend Zweifels ohne gegebenen Anspruch aus § 536a I Alt. 2 BGB kann A nicht erreichen, dass ihm die von C an B gezahlte Miete gezahlt wird, weil diese keinen kausalen Schaden des A darstellt. Denn A hätte selbst diese Erträge nicht erzielen können, weil er zur Untervermietung nicht berechtigt war. § 553 BGB greift nicht, da es nicht um die Vermietung von Wohnraum geht. Daher hätte er allenfalls darauf hoffen können, dass der B der Untervermietung zustimmt. Dies ist aber zu unsicher, als dass daraus eine Gewinnwahrscheinlichkeit i.S.d. § 252 BGB resultieren könnte.

a) Nach e.A. ist § 285 BGB nicht anwendbar

Nach einer Ansicht ist § 285 BGB neben dem Mängelrecht nicht anwendbar.[53] Auch wenn das Mängelrecht keine dem § 285 BGB vergleichbare Regelung enthalte, sei dies hinzunehmen, da der Gesetzgeber mit der abschließenden Auflistung der dem Gläubiger bei Vorliegen eines Mangels zustehenden Rechte auch zum Ausdruck bringe, dass ihm andere Rechte nicht zustehen sollen.

b) Nach a.A. ist § 285 BGB stets anwendbar

Nach anderer Ansicht ist § 285 BGB auch neben den Regelungen zum Mängelrecht anwendbar. Führe ein Mangel zur Unmöglichkeit, bestehe kein Grund, dem Gläubiger die dafür vorgesehenen Rechte nur deshalb zu nehmen, weil (zufällig) die Mängelrechte bereits anwendbar sind.

Zum Teil wird noch danach differenziert, ob der Rechtsmangel ein anfänglicher oder nachträglicher ist. Für den nachträglichen Rechtsmangel soll § 285 BGB gelten, weil § 536 III BGB diesen nicht erfasse.[54]

---

52   Da § 536a BGB nach h.M. sowohl einen Anspruch auf Schadensersatz statt der Leistung als auch neben der Leistung gewährt, besteht kein Bedürfnis für einen Rückgriff auf die §§ 280 ff. BGB. § 536a I Alt. 1 BGB enthält sogar eine gesetzlich angeordnete Garantiehaftung, so dass dessen Tatbestand auch leichter zu bejahen ist als einer der §§ 280 ff. BGB, da diese stets Vertretenmüssen voraussetzen, § 280 I S. 2 BGB.

53   Palandt, § 536, Rn. 30; OLG Düsseldorf, ZMR 1988, 22.

54   Hilger, ZMR 1988, 41.

Für eine **Anwendung des § 285 BGB spricht, dass** nach einhelliger Ansicht auch § 284 BGB als Alternative zu § 536a BGB anwendbar ist.[55] Wenn die Vorschrift im kaufrechtlichen Mängelrecht anwendbar ist, vgl. § 437 Nr. 3 BGB, besteht kein Grund, im Rahmen anderer Vertragstypen eine Anwendung zu verneinen. Ein Grund dafür, zwischen § 284 BGB und § 285 BGB als Vorschriften des Schuldrecht- AT zu differenzieren, ist nicht ersichtlich.

2. Streit kann im Ergebnis dahinstehen, wenn die übrigen Voraussetzungen für Anspruch aus § 285 BGB fehlen

Die Frage, ob § 285 BGB vorliegend anwendbar ist, kann aber dann letztlich mit dem BGH offen bleiben, wenn der Anspruch ohnehin daran scheitern würde, dass die Tatbestandsvoraussetzungen der Vorschrift nicht vorliegen.

Zwar wird dem Vermieter B die Überlassung an den A durch die Überlassung an C unmöglich gem. § 275 I BGB.

Auch erhält der B aufgrund der Vermietung an C von diesem einen Ersatz, so dass der Umstand, der die Überlassung an A unmöglich macht, auch kausal für das Erlangen des Ersatzes ist.

§ 285 BGB fordert aber zudem, dass der Schuldner das commodum gerade für den geschuldeten Gegenstand (hier: geschuldete Gebrauchsüberlassung), dessen Leistung ihm unmöglich geworden ist, erlangt hat.[56]

Fraglich ist, ob diese Identität vorliegend zu bejahen ist. Der Vermieter B hat die Miete des C für die Gebrauchsüberlassung für die Nutzung der Fläche für eine Markthändlerfläche erhalten. Gegenüber A war (nur) die Gebrauchsüberlassung zum Zwecke der Nutzung als Parkplatz geschuldet.

Ob die Voraussetzungen der Identität insoweit vorliegen, ist aus dem Sinn und Zweck des § 285 BGB zu ermitteln.

Tragender Gedanke des § 285 BGB ist zum einen die Überlegung, dass sich der Schuldner nach dem Parteiwillen nicht nur zur Erbringung der im Vertrag festgelegten Leistung verpflichte, sondern auch dazu, im Falle der Unmöglichkeit den für den geschuldeten Gegenstand erlangten Ersatz herauszugeben. Zum anderen liegt § 285 BGB die Vorstellung zugrunde, dass es der Billigkeit entspreche, wenn dieser Ersatz nicht beim Schuldner verbleibe, sondern dem Gläubiger zufließe.

Dem folgend entspricht es heute absolut herrschender Meinung, dass unter § 285 BGB nicht nur das commodum ex re (Bsp. Versicherungssumme), sondern auch das commodum ex negotiatione fällt (Bsp.: Erlös aus der Weiterveräußerung). Bei letzterem ist der Wortlaut der Vorschrift eigentlich nicht verwirklicht. Denn die Unmöglichkeit beruht auf der Verfügung über den geschuldeten Gegenstand, während der Erlös aus dem zugrunde liegenden Rechtsgeschäft resultiert.

Gerade weil die Anwendung des § 285 BGB aber der Intention der Vorschrift entsprechend auf diese Fälle ausgedehnt wird, bedarf es eines beschränkenden Instruments, um eine Ausdehnung zu einem schrankenlosen Ersatzanspruch zu vermeiden. Dieses Instrument ist das Kriterium der Identität.[57]

Daraus ergibt sich für den vorliegenden Fall folgendes: Zwar schuldete B dem A die Gebrauchsüberlassung. Die Überlassung an C erfolgte aber zu einem anderen Zwecke. C zahlte die Miete nicht für eine Benutzung als Parkplatz, sondern für das Betreiben eines Marktes. Die Miete ist aus diesem Grund im Verhältnis zu der von A gezahlten auch bedeutend höher, weil sich die vertragliche Nutzung durch C nicht darauf beschränkt, dort Autos parken zu lassen.

---

55   Palandt, § 536a, Rn. 14 a.E.

56   BGHZ 46, 260-268 = **juris**byhemmer.

57   Dieses fehlt beispielsweise im Mietrecht dann, wenn der Vermieter bei Zerstörung der vermieteten Sache einen Anspruch gegen eine Versicherung erhält. Denn die Versicherungssumme ist nicht Surrogat für die entfallende Nutzungsmöglichkeit, sondern für den Verlust der Sache.

Wäre die Gebrauchsüberlassung nicht unmöglich geworden, hätte der A keine Möglichkeit gehabt, die Fläche so zu nutzen, wie der C. Demnach ist dem B die Miete des C nicht als Äquivalent für die unmöglich gewordene Nutzung als Parkplatz zugeflossen.

Auch der Umstand, dass B die Unmöglichkeit vorsätzlich herbeigeführt hat, ändert an dieser Betrachtung nichts, da - wie bereits erwähnt, dem § 285 BGB kein Sanktions-, sondern lediglich ein Billigkeitsgedanke zugrunde liegt. Dieser Billigkeitsgedanke lässt aber die Frage außen vor, wie und warum es zur Unmöglichkeit gekommen ist.

Ein Anspruch aus § 285 BGB kommt daher nicht in Betracht.

II. Anspruch aus §§ 687 II, 681 S. 2, 667 BGB

Möglicherweise ergibt sich aber ein Anspruch aus §§ 687 II, 681 S. 2, 667 BGB.

Dann müsste die Vermietung an C für B ein fremdes Geschäft darstellen. Das ist aber nicht der Fall, denn es wäre kein Geschäft des A, die Fläche an den C weiter zu vermieten.

Zwar stellt die Untervermietung ein Eigengeschäft des Mieters dar. Aber der B vermietet hier nicht unter, sondern vermietet die Fläche neu.

Daher mag der B zwar eine vertragliche Pflicht im Verhältnis zu A verletzt haben; ein fremdes Geschäft des A hat er damit nicht geführt.[58]

III. Anspruch aus § 816 I S. 1 BGB

Auch ein Anspruch aus § 816 I S. 1 BGB scheidet aus. Der B hat keine Verfügung i.S.d. Vorschrift getroffen. Darunter versteht man jede rechtsgeschäftliche unmittelbare Einwirkung auf ein bestehendes Recht.

Der Abschluss eines (weiteren) schuldrechtlichen Vertrages stellt aber keine derartige unmittelbare Einwirkung dar.[59]

IV. Anspruch aus §§ 812 I S. 1 Alt. 2, 818 I, II BGB

Möglicherweise besteht ein Anspruch aus Eingriffskondiktion. Fraglich ist, ob B durch die Doppelvermietung in den Zuweisungsgehalt eines Rechtes des A eingegriffen hat.

Durch die Doppelvermietung wurde die Nutzungsmöglichkeit für A vereitelt. Dies ist aber keine Rechtsposition, die A aufgrund der objektiven Güterordnung zusteht.

Tauglicher Gegenstand einer Eingriffskondiktion kann aber der berechtigte Besitz sein. Allerdings hat A diesen nicht **unmittelbar** durch die Doppelvermietung verloren. Vielmehr verlor A den Besitz durch den Eingriff des C, wogegen A sich mit Besitzschutzansprüchen hätte wehren können.

Die von A begehrte Miete hat B also nicht unmittelbar durch einen Eingriff in eine geschützte Rechtsposition des Klägers erlangt. Selbst wenn aber B dem A den Besitz entzogen hätte, könnte A nicht über § 818 I BGB auf die Miete zugreifen.

Die Verpflichtung zur Herausgabe des Erlangten erstreckt sich nach h.M. nicht auf das, was der Bereicherungsschuldner durch besonderen Vertrag an Stelle des ursprünglich Erlangten einhandelt.[60]

Der Bereicherungsschuldner hat in einem solchen Fall nur Wertersatz gem. § 818 II BGB zu leisten, bei Erlangung des Besitzes also nur den objektiven Nutzwert. Das wäre hier der Nutzwert des Grundstücks als Parkplatz.

58   BGHZ 131, 297-307 = jurisbyhemmer.

59   BGHZ 131, 297-307 = jurisbyhemmer.

60   BGHZ 75, 203-209 = jurisbyhemmer.

Auch eine verschärfte Haftung führt hier zu keinem anderen Ergebnis. Zwar ist der B insoweit bösgläubig, aber gem. §§ 819 I, 818 IV, 285 BGB kann er auch nicht Herausgabe des Erlöses verlangen, weil die Miete des C nicht Äquivalent für die geschuldete Überlassung des Grundstücks als Parkplatz ist, s.o.

Ergebnis: A steht gegen B kein Erlösherausgabeanspruch zu.

D. Herausgabe als Folge der Naturalrestitution bei Ansprüchen auf Schadensersatz gem. §§ 280 I, 249 I BGB

Pflichtverletzung i.V.m. Naturalrestitution (§ 249 I BGB) als Herausgabeanspruch

Hat ein Vertragspartner seine Pflichten aus dem Vertrag verletzt und hat er daraus etwas erlangt, so ist er aus § 280 I BGB i.V.m. dem Grundsatz der Naturalrestitution (§ 249 I BGB) verpflichtet, das Erlangte herauszugeben.

36

> *Bsp.: In dem oben zu § 27 III BGB besprochenen Champagnerflaschen-Fall (§ 2 I 5 b aa) ist der Vereinsvorstand G u.a. aus § 280 I i.V.m. § 249 I BGB zur Herausgabe der Flaschen an den Verein T verpflichtet.*

hemmer-Methode: Prägen Sie sich bitte ein: Wegen § 249 I BGB kommen alle Schadensersatzansprüche in der Rechtsfolge auch als Herausgabeansprüche in Betracht (vgl. auch unten § 3, Rn. 37 ff., zu §§ 280 I, 241 II, 311 II BGB sowie § 5, Rn. 135 ff. zu den deliktischen Ansprüchen).

§ 3 VERTRAGSÄHNLICHE HERAUSGABEANSPRÜCHE

A. Herausgabeanspruch aus §§ 280 I, 241 II, 311 II i.V.m. § 249 I BGB

§§ 280 I, 241 II, 311 II BGB i.V.m. § 249 I BGB

Als vertragsähnlicher Herausgabeanspruch kommt zunächst ein Schadensersatzanspruch aus vorvertraglicher Pflichtverletzung in Betracht. Auch dieser kann wegen § 249 I BGB in der Rechtsfolge auf Herausgabe gerichtet sein.

37

> *Bsp.: Ladendieb A entwendet aus dem Kaufhaus des B eine CD.*

I. Ein Herausgabeanspruch des B gegen A könnte sich zunächst aus §§ 280 I, 241 II, 311 II Nr. 2 i.V.m. § 249 I BGB ergeben.

Zwischen Kaufhausbesucher und Inhaber besteht ein geschäftlicher Kontakt, der ein pflichtenbegründendes Vertrauensverhältnis schafft. Daraus, dass A nichts kaufen wollte, ergibt sich nichts anderes, da dies objektiv nicht erkennbar war.[61] Auch dem nicht kaufwilligen A hat B im Vertrauen auf die Anbahnung eines Vertrags den Zugriff auf die Ware ermöglicht. A hat seine Verhaltenspflicht schuldhaft (vorsätzlich) verletzt; er ist dem B somit aus §§ 280 I, 241 II, 311 II, 249 I BGB zur Herausgabe der CD verpflichtet.

II. Des Weiteren bestehen die sachenrechtlichen Herausgabeansprüche aus § 985, § 861 I und § 1007 I, II BGB.

III. Ferner kann B wegen des Eingriffs in sein Recht zum Besitz gem. § 812 I, S.1 2.Alt. BGB kondizieren.[62]

IV. Schließlich hat er auch die deliktischen Ansprüche aus § 823 I BGB, § 823 II BGB i.V.m. § 242 StGB und § 858 BGB als Schutzgesetzen[63] sowie aus § 826 BGB; gem. § 249 I BGB sind auch diese Ansprüche auf Herausgabe gerichtet.

B. Herausgabeansprüche aus echter und unechter Geschäftsführung ohne Auftrag

Zu den vertragsähnlichen Herausgabeansprüchen zählen ferner die Ansprüche aus GoA. Dabei ist zwischen echter berechtigter, echter unberechtigter und unechter GoA zu unterscheiden.

I. (Echte) berechtigte GoA

Voraussetzungen

> **Voraussetzungen der (echten) berechtigten GoA:**
>
> 1. Es wird ein fremdes Geschäft
> 2. mit Fremdgeschäftsführungswillen
> 3. ohne Auftrag geführt, dessen Übernahme[64]
> 4. dem Interesse und wirklichen oder mutmaßlichen Willen des Geschäftsherrn entspricht (§§ 683, 679 BGB). Der berechtigten GoA steht die (echte) unberechtigte, später genehmigte GoA (§ 684 S. 2 BGB) gleich.

38

---

61   Vgl. Musielak, JuS 1977, 531 (532); ferner Palandt, § 311, Rn. 17 a.E.; begründen lässt sich dies mit dem Rechtsgedanken des § 116 BGB, nach dem geheime Vorbehalte unbeachtlich sind.

62   Zum Besitz als Gegenstand der Eingriffskondiktion vgl. unten Rn. 130.

63   Zu § 858 BGB als Schutzgesetz i.S.d. § 823 II BGB vgl. unten Rn. 136.

64   Unterscheide Übernahme und Ausführung der Geschäftsführung. Bei beiden spielen Wille und Interesse des Geschäftsherrn eine Rolle: Bei der Übernahme entscheidet der Wille des Geschäftsherrn darüber, ob eine berechtigte GoA vorliegt (§ 683 BGB). Bei der Ausführung der berechtigten GoA bestimmen Wille und Interesse des Geschäftsherrn die Pflichten des Geschäftsführers (§ 677 BGB), deren schuldhafte Verletzung ihn schadensersatzpflichtig macht (§§ 280 I BGB i.V.m. dem gesetzlichen Schuldverhältnis der GoA); vgl. Medicus/Petersen, Bürgerliches Recht, Rn. 426.

Liegen diese Voraussetzungen vor, ist einerseits der Geschäftsführer ohne Auftrag wie ein Beauftragter zum Aufwendungsersatz berechtigt (§§ 683 S.1, 684 S. 2, 670 BGB).

Herausgabeanspruch aus §§ 681 S. 2, 667 BGB

Andererseits trifft den Geschäftsführer über § 681 S. 2 BGB die Herausgabepflicht des § 667 BGB.[65]

II. (Echte) unberechtigte GoA

Voraussetzungen der (echten) unberechtigten GoA

Ist von den Erfordernissen der (echten) berechtigten GoA nur die Voraussetzung (4) nicht erfüllt, liegt eine (echte) unberechtigte GoA vor.

39

1. Anspruch des Geschäftsführers

Herausgabeanspruch des Geschäftsführers gegen den Geschäftsherrn nach Bereicherungsrecht (§§ 684 S. 1, 818 BGB)

Befindet sich der Erfolg aus einer (echten) unberechtigten GoA beim Geschäftsherrn, so besteht gem. § 684 S. 1 BGB ein Herausgabeanspruch des Geschäftsführers gegen den Geschäftsherrn auf das durch die Geschäftsführung Erlangte, und zwar nach Bereicherungsrecht.

40

Bei dieser Verweisung auf das Bereicherungsrecht handelt es sich nach h.M. lediglich um eine Rechtsfolgenverweisung.[66]

Allerdings ist eine solche Herausgabe in Natur praktisch vielfach unmöglich, etwa wenn der Geschäftsführer für den Geschäftsherrn eine Schuld getilgt oder etwas auf eine Sache des Geschäftsherrn verwendet hat. In solchen Fällen wird gem. §§ 684 S. 1, 818 II BGB Wertersatz geschuldet.

2. Anspruch des Geschäftsherrn

Anspruch aus §§ 681 S. 2, 667 BGB bei (echter) unberechtigter GoA str.

Befindet sich umgekehrt der Erfolg der Geschäftsführung beim Geschäftsführer, ist die Rechtsfolge strittig.

41

Eine Auffassung[67] wendet die §§ 681 S. 2, 667 BGB auch bei (echter) unberechtigter GoA an. Denn der unberechtigte Geschäftsführer ohne Auftrag dürfe nicht besser stehen als der berechtigte, der dem Anspruch aus §§ 681 S. 2, 667 BGB ausgesetzt ist.

Andere[68] beschränken den Anwendungsbereich des § 681 BGB dagegen auf die (echte) berechtigte GoA. Hierfür spricht: Will der Geschäftsherr das Geschäft an sich ziehen, soll er es eben gem. § 684 S. 2 BGB genehmigen. Diese Genehmigungsbefugnis wäre nach der Gegenauffassung praktisch ohne Bedeutung.[69]

Dazu folgender Fall:

GF hat von GH ein Fahrrad seltener Bauart geliehen. B sieht das Rad bei GF und bietet ihm, in dem Glauben, den Eigentümer vor sich zu haben, an, das Fahrrad für € 810 (Wert des Fahrrads: € 800) zu kaufen. GF geht auf dieses Angebot ein, verkauft das Rad in eigenem Namen und übergibt es B in der Überzeugung, damit – angesichts des guten Preises – im Interesse des GH gehandelt zu haben. GH verlangt von GF Herausgabe des Erlöses (Schadensersatzansprüche sind nicht zu prüfen).

---

65   Dazu oben Rn. 12 ff.
66   Palandt, § 684, Rn. 1 m.w.N.; a.A. (Rechtsgrundverweisung) aber Medicus/Petersen, Bürgerliches Recht, Rn. 947.
67   Palandt, Einf. vor § 677, Rn. 4.
68   Larenz II/1, § 57 vor I.
69   Larenz II/1, § 57 vor I.

hemmer-Methode: Es handelt sich hier um eine ganz klassische, examenstypische Fallkonstellation, freilich vereinfacht, da der gutgläubige Erwerb des B unproblematisch ist und ausdrücklich keine Prüfung von Schadensersatzansprüchen verlangt wird.

a) Ein Anspruch auf Herausgabe des Erlöses könnte dem GH zunächst aus §§ 604 I, 285 I BGB zustehen.

Dem GF ist die Erfüllung des Anspruchs des GH aus § 604 I BGB (Rückgabe der geliehenen Sache) unmöglich geworden, da er das Rad wirksam (§§ 929 S. 1, 932 BGB) an B übereignet hat.

Fraglich ist aber, ob GF den Erlös von 810 € *infolge* diese Umstandes erlangt hat, wie § 285 I BGB dies verlangt. Denn GF erlangte den Erlös nicht aufgrund der Übereignung, sondern aufgrund des zugrundeliegenden Kaufvertrags mit B. Doch genügt bei § 285 BGB ein wirtschaftlicher Zusammenhang, und wirtschaftlich gesehen stellen Kauf und Übereignung eine Einheit dar. § 285 I BGB erfasst daher auch den Verkaufserlös, das commodum ex negotiatione.[70]

Jedoch muss zwischen dem Gegenstand, dessen Leistung nach § 275 I-III BGB ausgeschlossen ist, und dem Gegenstand, für den der Schuldner Ersatz erlangt hat, *Identität* bestehen. Hier hat GF sich als Eigentümer des Fahrrades ausgegeben und an B zum Preis von 810,- € verkauft und übereignet.

Die 810,- € stellen daher das Surrogat für das *Eigentum* an dem Fahrrad dar. Unmöglich wurde aber die Herausgabe des Besitzes.

GH kann also nach §§ 604 I, 285 I BGB den Erlös *nicht* herausverlangen.

b) Es könnte aber ein Anspruch auf Herausgabe des Erlöses aus §§ 681 S. 2, 667 BGB bestehen.

Das wäre zu bejahen, wenn eine (echte) berechtigte GoA vorläge. Der GF tätigte ein (objektiv) fremdes Geschäft, nämlich ein Geschäft des GH, dem das Rad gehörte. Dies geschah ohne Auftrag und nach dem Sachverhalt mit Fremdgeschäftsführungswillen.

Doch entsprach die Veräußerung des Rads nicht dem mutmaßlichen Willen des GH (vgl. § 683 BGB), zumal der erzielte Preis nur geringfügig den Wert übersteigt und für das Rad seltener Bauart Ersatz nur schwer zu beschaffen ist. Es liegt daher keine (echte) berechtigte, sondern eine (echte) unberechtigte GoA vor.

Ob die §§ 681 S.2, 667 BGB auch auf die (echte) unberechtigte GoA anzuwenden sind, ist umstritten.[71]

Bejaht man das mit dem Argument, der Anspruch müsse gegen den unberechtigten Geschäftsführer erst recht bestehen, stünde auch dieser Anspruch dem GH zu.

Nach der Gegenauffassung muss GH erst die Geschäftsführung gem. § 684 S. 2 BGB genehmigen (was u.a. zur Folge hätte, dass GH dem GF eventuelle Aufwendungen beim Vertragsschluss gem. §§ 683, 670 BGB und nicht nur nach §§ 684 S. 1, 818 BGB zu ersetzen hätte).

c) Ein Anspruch aus unechter GoA (Geschäftsanmaßung) gem. §§ 687 II S. 1, 681 S. 2, 667 BGB scheidet aus, da GF das Geschäft nicht für sich getätigt hat.

d) Auch ein Anspruch aus §§ 985, 285 I BGB besteht nicht. Nach ganz h.M ist die Vorschrift des § 285 I BGB auf den sachenrechtlichen Anspruch aus § 985 BGB nicht anwendbar.[72]

---

70   Vgl. bereits oben Rn. 34 f.

71   Nachweise s.o.

72   Näher unten Rn. 76.

e) Gegeben ist dagegen ein Anspruch aus § 816 I S. 1 BGB. GF hat als Nichtberechtigter wirksam (§§ 929 S. 1, 932 BGB) verfügt. Dieser Anspruch richtet sich nach h.M. auch dann auf Herausgabe des Veräußerungserlöses, wenn dieser den objektiven Wert der veräußerten Sache übersteigt.[73]

Anders wäre es allerdings, wenn GH die Geschäftsführung nach § 684 S. 2 BGB genehmigt: Dann wäre GF als berechtigter Geschäftsführer kein Nichtberechtigter mehr. § 816 I S. 1 BGB müsste dann also ausscheiden.

> **hemmer-Methode: Bitte verwechseln Sie nicht die Genehmigung nach § 684 S. 2 BGB mit der Genehmigung der Verfügung des Nichtberechtigten nach § 185 II Alt. 1 BGB. Letztere macht den Nichtberechtigten nicht zum Berechtigten, sondern führt nur zur Wirksamkeit der Verfügung des Nichtberechtigten.[74] In unserem Fall bedarf es einer solchen Genehmigung nicht, da die Verfügung des GF ohnehin schon nach §§ 929, 932 BGB gegenüber GH wirksam ist.**

III. Verweisungen auf die GoA

Verweisungen auf die GoA

Die Vorschriften über die GoA werden in zahlreichen Vorschriften für entsprechend anwendbar erklärt.[75]   **42**

Hervorzuheben ist § 994 II BGB für (notwendige) Verwendungen im EBV[76] sowie § 1959 I BGB für den vorläufigen Erben.[77]

Es handelt sich jeweils um *partielle Rechtsgrundverweisungen* unter Ausschluss des Erfordernisses eines Fremdgeschäftsführungswillens.

C. Herausgabeansprüche aus unechter GoA (Geschäftsanmaßung), § 687 II BGB

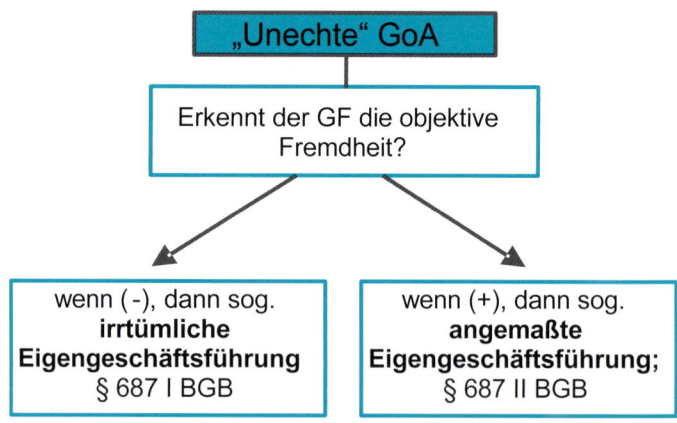

Begriff der Geschäftsanmaßung

Von der echten (berechtigten oder unberechtigten) GoA streng zu unterscheiden ist die unechte GoA oder Geschäftsanmaßung. Davon spricht man, wenn ein objektiv[78] fremdes Geschäft ohne Auftrag wissentlich in eigennütziger Absicht geführt wird.   **43**

---

73   Vgl. Hemmer/Wüst, Bereicherungsrecht, Rn. 382 ff.; Palandt, § 816, Rn. 24, str. vgl. auch unten Rn. 133 f.

74   MüKo, § 816, Rn. 24.

75   Vgl. Palandt, vor § 677, Rn. 7.

76   Vgl. Hemmer/Wüst, Sachenrecht I Rn. 405 f.

77   Vgl. allgemein zur Rechtsstellung des vorläufigen Erben Hemmer/Wüst, Erbrecht, Rn. 183 ff.

78   Ein nur subjektiv fremdes Geschäft kommt hier natürlich nicht in Betracht, da dieses seinen Fremdcharakter erst durch den Fremdgeschäftsführungswillen erhält, an dem es hier gerade fehlt.

Die für diesen Fall in § 687 II BGB vorgesehenen Ansprüche sind mehr deliktischen bzw. bereicherungsrechtlichen als vertragsähnlichen Charakters.

hemmer-Methode: Wegen des Zusammenhangs mit der GoA werden diese Ansprüche hier gleichwohl im Abschnitt über die vertragsähnlichen Ansprüche dargestellt. Man kann sich daran auch im Gutachten halten. Mindestens ebenso gut kann man Ansprüche aus § 687 II BGB aber auch erst nach den sachenrechtlichen, bereicherungsrechtlichen und deliktischen Ansprüchen prüfen; eine feste Konvention in der Prüfungsreihenfolge hat sich hier nicht herausgebildet.

Im Hinblick auf die Herausgabeansprüche sind die Verweisungen des § 687 II S. 1 BGB auf §§ 681 S. 2, 667 BGB und des § 687 II S. 2 BGB auf § 684 S. 1 BGB von Bedeutung.

I. Herausgabeanspruch des Geschäftsherrn

Herausgabeanspruch des Geschäftsherrn

Gem. §§ 687 II S. 1, 681 S. 2, 667 BGB wird der Geschäftsanmaßer dem Geschäftsherrn wie ein Beauftragter zur Herausgabe verpflichtet.

44

Typisches Beispiel: Der soeben[79] zur echten, unberechtigten GoA gebildete Fall mit der Modifikation, dass GF nicht im Interesse des GH, sondern in eigennütziger Absicht handeln wollte, um den Erlös für sich behalten zu können.

GH hat in diesem Fall neben dem Anspruch aus § 816 I S. 1 BGB auch einen Anspruch aus §§ 687 II S. 1, 681 S. 2, 667 BGB auf Herausgabe des Erlöses. Denn GF hat ein objektiv fremdes Geschäft (Veräußerung fremder Sachen) ohne Auftrag wissentlich in eigener Absicht geführt.

Etwas schwieriger wird es in folgendem Fall:

D hat das Fahrrad des E gestohlen und für € 1.000 (Wert € 800) im eigenen Namen an B veräußert. Welche Erlösherausgabeansprüche stehen E zu?

45

1. Auch hier liegen die Anspruchsvoraussetzungen des § 687 II S. 1 i.V.m. §§ 681 S. 2, 667 BGB vor.

Doch ist zu bedenken, dass D zugleich gem. § 311a II BGB dem B zum Schadensersatz verpflichtet ist, da er (wegen § 935 I BGB) diesem kein Eigentum verschaffen kann. Müsste er zudem noch den Erlös an E herausgeben, wäre D also doppelt belastet.

Umgekehrt wäre E doppelt begünstigt: Er könnte die Sache gem. § 985 BGB von B und zudem den Erlös von D herausverlangen.

Um dieses offensichtlich schiefe Ergebnis zu vermeiden, wird man Folgendes sagen können:

Solange D der Haftung gegenüber B ausgesetzt ist, hat er den Erlös noch nicht endgültig erlangt i.S.d. § 667 BGB.[80] Will E den Erlös herausverlangen, muss er also D zugleich von der Rechtsmängelhaftung freistellen, indem er dessen Verfügung gem. §§ 185 II S. 1, 1. Fall, 184 I BGB genehmigt.[81]

Mit dem Herausgabeverlangen hinsichtlich des Erlöses wird man eine solche Genehmigung als konkludent erklärt ansehen können. E bringt damit zum Ausdruck, dass er die Folgen des Geschäfts an sich ziehen und die Verfügung des D als wirksam betrachten will. E kann also nach §§ 687 II S. 1, 681 S. 2, 667 BGB den Erlös herausverlangen.

---

79   Oben Rn. 41.
80   Staudinger, § 687, Rn. 15.
81   Staudinger, § 687, Rn. 15.

2. In Betracht kommt noch ein Anspruch aus §§ 985, 285 BGB. Doch ist § 285 BGB nach h.M. auf § 985 BGB nicht anwendbar.[82]

3. Für den Anspruch aus § 816 I S. 1 BGB fehlt es zunächst an der Wirksamkeit der Verfügung. Doch wird auch hier in dem Herausverlangen des Erlöses eine konkludente Genehmigung gesehen, die der Verfügung rückwirkend (§§ 185 II S. 1, 1. Fall, 184 I BGB) zur Wirksamkeit verhilft.[83]

> **hemmer-Methode: Das bei § 816 I S. 1 BGB bekannte Problem, dass der durch eine unwirksame Verfügung erlangte Erlös nur dann herausverlangt werden kann, wenn die Verfügung genehmigt wird, stellt sich also auch im Rahmen der §§ 687 II S. 1, 681 S. 2, 667 BGB.**
> **Machen Sie sich nochmals die Begründung klar: E soll nicht die Sache nach § 985 BGB *und* den Erlös verlangen dürfen, D soll nicht B *und* E haften müssen. Behalten Sie bei Dreipersonenverhältnissen stets alle drei Rechtsbeziehungen unter den Beteiligten im Auge, auch wenn nur nach Ansprüchen zwischen zwei Beteiligten gefragt wird!**

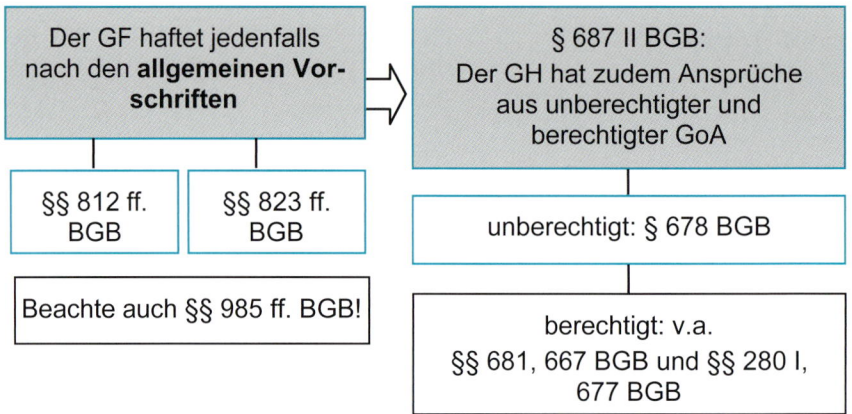

II. Anspruch des Geschäftsanmaßers aus §§ 687 II S. 2, 684 S. 1 BGB

Wenn der Geschäftsherr den Anspruch aus §§ 687 II S. 1, 681 S. 2, 667 BGB geltend macht, soll dieser dem böswilligen Eigengeschäftsführer seinerseits nach §§ 687 II S. 2, 684 S. 1 BGB verpflichtet sein.

Diese Verweisung ist missglückt, denn sie scheint in ein "juristisches Karussell"[84] zu führen:

Nach § 684 S. 1 BGB soll ja der Geschäftsherr das durch die Geschäftsführung Erlangte an den Geschäftsführer herausgeben. Umgekehrt kann der Geschäftsherr aber nach §§ 687 II S. 1, 681 S. 2, 667 BGB das durch die Geschäftsführung Erlangte vom Geschäftsführer fordern!

Mit der Herausgabepflicht nach §§ 687 II S. 2, 684 S. 1 BGB kann daher bloß eine Pflicht des Geschäftsherrn zum Aufwendungsersatz nach Bereicherungsrecht gemeint sein.[85]

> *Bsp.:* G vermietet wissentlich unberechtigt das Wochenendhaus des H.

46

---

82   Näher unten Rn. 76.
83   Vgl. Palandt, § 816, Rn. 9.
84   Medicus/Petersen, Bürgerliches Recht, Rn. 419.
85   Medicus/Petersen, Bürgerliches Recht, Rn. 419 (allgemeine Meinung).

Gem. §§ 687 II S. 1, 681 S. 2, 667 BGB ist H zur Herausgabe des Mieterlöses verpflichtet. Nach §§ 687 II S. 2, 684 S. 1 BGB kann er nun nicht den Erlös wieder zurückfordern, sondern nur seine Aufwendungen (z.B. für die Zeitungsannonce, mit der er die Mieter geworben hat) ersetzt verlangen.

Welche Ansprüche der GF hat, richtet sich bei der angemaßten Eigengeschäftsführung danach, ob der GH die Ansprüche aus berechtigter und unberechtigter GoA geltend macht:

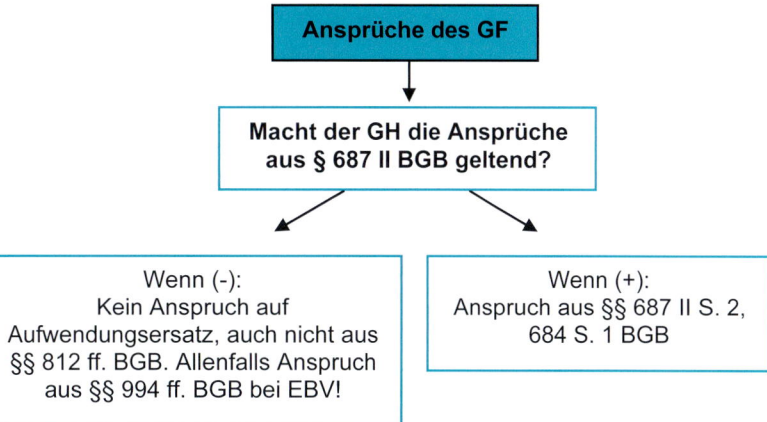

§ 4 SACHENRECHTLICHE HERAUSGABEANSPRÜCHE

Während bei den bisher behandelten Ansprüchen (insbes. bei § 667 BGB und § 346 BGB) vielfach nicht nur Sachen, sondern auch Rechte und sonstige unkörperliche Vorteile als Herausgabegegenstand in Betracht kamen, betreffen die sachenrechtlichen Herausgabeansprüche naturgemäß nur Sachen.   47

A. Herausgabeanspruch aus dem Eigentum (§ 985 BGB) – Die sog. Vindikation

Der wichtigste sachenrechtliche Herausgabeanspruch ist der dingliche Anspruch des Eigentümers aus § 985 BGB.   48

hemmer-Methode: Bitte schreiben Sie nicht Eigentumsherausgabeanspruch. Es wird nämlich nicht das Eigentum herausverlangt, sondern die körperliche Sache _aufgrund_ des Eigentumsrechts.
Wenn dem Korrektor ein solcher Fehler im Examen auffällt, gibt es hierfür zu Recht Punktabzüge!

I. Voraussetzungen

> ⇨ **Anspruchsberechtigter ist (Mit-)Eigentümer**
>   Als dinglicher Anspruch ist § 985 BGB nach h.M. nicht abtretbar
>   **beachte:** Vermutungswirkung des § 1006 BGB.
>
> ⇨ **Anspruchsgegner ist un-/mittelbarer Besitzer**
>   Besitzdiener kommt mangels Besitz (§ 855 BGB) nicht als Anspruchsgegner in Betracht.
>
> ⇨ Kein Recht zum Besitz
>   - dingliche Rechte
>   - schuldrechtliche Rechtsbeziehungen; Wirkung aber nur inter partes
>   - abgeleitetes Besitzrecht, § 986 I S. 1, 2.Hs. BGB
>   - Sonderregelung des § 986 II BGB
>   - **beachte:** Zurückbehaltungsrechte, §§ 273, 1000 BGB, geben nach h.M. kein Recht zum Besitz, sondern lediglich ein Gegenrecht, das zur Verurteilung Zug um Zug führen kann.
>
> ⇨ Kein Ausschluss gemäß § 241a I BGB

hemmer-Methode: Merken Sie sich unbedingt: Keine Prüfung des § 985 BGB ohne § 986 BGB!

1. Anspruchsberechtigter

Anspruchsberechtigter = Eigentümer   **a)** Der Herausverlangende muss (Mit-) Eigentümer sein.   49

hemmer-Methode: Bei Miteigentümern ist § 1011 BGB zu beachten, wonach zwar jeder Miteigentümer allein den Anspruch geltend machen kann (gesetzliche Prozessstandschaft), aber eben nur auf Leistung an alle Miteigentümer, § 432 BGB.

Der Anspruchssteller muss sein Eigentum als anspruchsbegründende Tatsache beweisen. Hierbei hilft ihm § 1006 BGB bzw. bei unbeweglichen Sachen § 891 BGB.

In der Klausur sollte man in aller Regel bei Prüfung der Eigentumslage den "historischen" Aufbau wählen.[86] Man nimmt also zunächst einen zeitlichen Ausgangspunkt, für den die Eigentumslage feststeht.

Dann werden chronologisch alle Ereignisse geprüft, welche die dingliche Rechtslage geändert haben können (Veräußerung, Verarbeitung, Bedingungseintritt usw.).

b) Der Anspruch aus § 985 BGB steht auch dem zugleich schuldrechtlich herausgabeberechtigten Eigentümer zu.[87]

> *Bsp.: Nach Ablauf der Mietzeit kann der Vermieter, der zugleich Eigentümer ist, Ansprüche sowohl aus § 546 I BGB als auch aus § 985 BGB herleiten.*

Theorie vom Vorrang des Vertrags-verhältnisses kaum noch vertreten

Anders entschied die heute kaum noch vertretene Theorie vom Vorrang des Vertragsverhältnisses (oder genauer: Schuldverhältnisses).[88]

Danach ist der Eigentumsherausgabeanspruch gegenüber Rückgabeansprüchen aus vertraglichen und gesetzlichen Schuldverhältnissen subsidiär, durch die der Besitzer gegenüber dem Eigentümer ein Recht zum Besitz (§ 986 BGB) erworben hatte. In unserem Beispiel sei also nur ein Anspruch aus § 546 I BGB gegeben.

Diese Auffassung ist abzulehnen: Für die Vindikation nach § 985 BGB bliebe danach Raum nur bei unfreiwilligem Besitzverlust. Hier hilft aber bei beweglichen Sachen schon § 1007 II BGB ohne Rücksicht auf das Eigentum. Die Vindikation verlöre also für bewegliche Sachen ihren Sinn. Das entspricht nicht der gesetzlichen Regelung.[89]

Geltendmachung durch Dritte

c) Der Anspruch aus § 985 BGB ist nach ganz h.M. nicht isoliert abtretbar.[90] Die unwirksame Abtretung kann aber i.d.R. in eine Einziehungsermächtigung umgedeutet (§ 140 BGB) werden.[91] Der zur Ausübung des fremden Vindikationsanspruchs ermächtigte Dritte kann diesen im Wege der gewillkürten Prozessstandschaft einklagen. Allerdings ist dafür nach den allgemeinen Regeln der gewillkürten Prozessstandschaft ein besonderes Interesse des Klägers an der Geltendmachung des fremden Rechts im eigenen Namen erforderlich.[92]

2. Anspruchsgegner

Anspruchsgegner ist der jeweilige Besitzer der Sache, ob unmittelbarer oder mittelbarer, Fremd- oder Eigen-, Teil- oder Mitbesitzer, aber nicht der Besitzdiener.

3. Kein Besitzrecht

§ 986 BGB Einwendung, nicht Einrede

Schließlich darf der Besitzer nicht gem. § 986 BGB zum Besitz berechtigt sein.

50

51

52

53

---

86   Vgl. Medicus/Petersen, Bürgerliches Recht, Rn. 18.

87   Ganz h.M.

88   Etwa Wolff, § 84 I 2.

89   Medicus/Petersen, Bürgerliches Recht, Rn. 593.

90   Palandt, § 985, Rn. 1.

91   Palandt, § 985, Rn. 1.

92   Allgemein zur gewillkürten Prozessstandschaft Hemmer/Wüst, ZPO I, Rn. 220 ff.

> **hemmer-Methode: Das Besitzrecht ist trotz der für eine Einrede typischen Formulierung „kann verweigern" nach h.M. eine Einwendung,[93] nicht Einrede, wird also vom Gericht von Amts wegen beachtet. Als Argument lässt sich anführen: Angesichts der Verwandtschaft der Ansprüche aus § 985 BGB und § 1004 BGB ist eine harmonisierende Interpretation mit § 1004 BGB geboten; dort wird für § 1004 II BGB (fast) allgemein eine Einwendung angenommen.**

a) Eigenes Besitzrecht nach § 986 I S. 1 Alt. 1 BGB

Das Besitzrecht kann gem. § 986 I S. 1 Alt. 1 BGB zunächst unmittelbar gegenüber dem Eigentümer bestehen. Als Besitzrechte kommen in Betracht: **54**

aa) Dingliche (= gegenüber jedermann wirkende) **Besitzrechte**, z.B. Nießbrauch (§ 1036 I BGB), Pfandrecht an beweglichen Sachen (§§ 1205, 1227 BGB).

str.: Anwartschaftsrecht als dingliches Besitzrecht

Nach wohl h.L.[94] ist auch das Anwartschaftsrecht des Vorbehaltskäufers als dingliches Besitzrecht anzuerkennen.   **55**

Dies wird aber von der Rechtsprechung[95] abgelehnt, die sich statt dessen im Einzelfall mit § 242 BGB (dolo agit qui petit quod statim redditurus est) behilft.[96]

> *Bsp.:[97] B übereignet eine Maschine nach §§ 929, 930 BGB an E. Danach verkauft B die Maschine unter Eigentumsvorbehalt gegen Ratenzahlung an K und übergibt sie ihm. Unmittelbar bevor die Zahlung der letzten Rate erfolgen soll, verlangt E die Maschine von K gem. § 985 BGB heraus.*

E ist Eigentümer, K gegenwärtiger Besitzer der Maschine.

Möglicherweise ist aber K dem E gegenüber gem. § 986 I S. 1 Alt. 1 BGB zum Besitz berechtigt. Ein solches Besitzrecht könnte daraus folgen, dass K analog §§ 929 S. 1, 932 BGB ein Anwartschaftsrecht vom nichtberechtigten B gutgläubig erworben haben könnte.

Einigung und Übergabe zwischen B und K liegen vor. K war auch gutgläubig. Nicht entscheidend ist, ob er inzwischen von der Nichtberechtigung des B erfahren hat. Denn es kommt nur auf die Gutgläubigkeit im Zeitpunkt von Einigung und Übergabe an. Schon damit hatte K das Anwartschaftsrecht gutgläubig erworben; diese Rechtsposition kann durch das spätere Unredlichwerden nicht mehr nachträglich zerstört werden.[98] K hat also ein Anwartschaftsrecht erworben.

Nach h.L.[99] kann K dieses Anwartschaftsrecht dem Anspruch des E aus § 985 BGB als eigenes Besitzrecht (§ 986 I S. 1 Alt. 1 BGB) entgegenhalten.

Nach der Rechtsprechung[100] ist das Anwartschaftsrecht dagegen nicht als Besitzrecht i.S.d. § 986 I S. 1 Alt. 1 BGB anzuerkennen. Danach wäre der Anspruch aus § 985 BGB an sich gegeben.

---

93   Palandt, § 986, Rn. 1; Staudinger, § 986, Rn. 1.

94   Etwa Palandt, § 929, Rn. 41 m.w.N.

95   BGHZ 10, 69-75 (71) = **juris**byhemmer.

96   Vgl. dazu auch Hemmer/Wüst, Sachenrecht II, Rn. 166.

97   Nach Medicus/Petersen, Bürgerliches Recht, Rn. 465.

98   Vgl. Medicus/Petersen, Bürgerliches Recht, Rn. 465.

99   Palandt, § 929, Rn. 41 m.w.N.

100   BGHZ 10, 69-75 (71) = **juris**byhemmer.

Jedoch ist im konkreten Fall die Geltendmachung des Anspruchs gem. § 242 BGB rechtsmissbräuchlich: Denn wenn bald die letzte Rate gezahlt wird, müsste E die Sache an den neuen Eigentümer K sofort wieder herausgeben (dolo agit qui petit quod statim redditurus est).

Im konkreten Fall kommen daher beide Auffassungen zum selben Ergebnis: E kann die Maschine nicht von K gem. § 985 BGB herausverlangen.

Anders wäre es, wenn die Zahlung der letzten Rate und damit der Eigentumserwerb des K nicht unmittelbar bevorstehen würden. Dann wäre K nur nach der h.L. geschützt. Die Rechtsprechung könnte sich dagegen hier nicht mit § 242 BGB behelfen, denn die Sache ist ja nicht *statim* redditurus (= *sofort* wieder herauszugeben).[101] Nach der Auffassung der Rechtsprechung müsste K also die Sache zunächst herausgeben; erst wenn er einige Zeit später die letzte Rate gezahlt hat, könnte er sie wieder von E zurückverlangen.

bb) Schuldrechtliche Besitzrechte (Miete, Leihe usw.). Diese wirken nur relativ gegenüber dem Vertragspartner. Dem Eigentümer kann man also grundsätzlich nicht entgegenhalten, dass man die Sache von einem Dritten gemietet hat.[102]

str., ob ZBR (§§ 273, 1000 BGB) Recht zum Besitz

Sehr str. ist, ob das Zurückbehaltungsrecht nach §§ 273, 1000 BGB ein Recht zum Besitz verleiht. **56**

BGH bejaht dies, a.A. h.L.

Die Rechtsprechung[103] bejaht diese Frage teilweise, während die h.L.[104] sie verneint. **57**

Die besseren Argumente hat die h.L. für sich: Während das Besitzrecht zur Abweisung der Klage führt, erfolgt bei Geltendmachung eines Zurückbehaltungsrechts Verurteilung Zug-um-Zug (§ 274 I BGB). Ein charakteristisches Merkmal des Besitzrechts aus § 986 BGB ist es auch, dass der Besitzer auf die Sache einwirken darf (er darf z.B. bei Miete/Leihe usw. die Sache nutzen), während der Zurückbehaltungsberechtigte die Sache in ständiger Leistungsbereitschaft halten muss.

Gänzlich unhaltbar ist es jedenfalls, im Falle des § 1000 BGB das Zurückbehaltungsrecht als Besitzrecht anzusehen: Die erstmalige Vornahme einer nach §§ 994 ff. BGB erstattungsfähigen Verwendung würde sonst ja über das Zurückhaltungsrecht nach § 1000 BGB zu einem Besitzrecht führen und so bereits das Vorliegen eines Eigentümer-Besitzer-Verhältnisses beenden, was ein groteskes Ergebnis wäre.[105]

b) Abgeleitetes Besitzrecht nach § 986 I S. 1 Alt. 2 BGB

Voraussetzungen

Dem Besitzer steht ein abgeleitetes Besitzrecht nach § 986 I S. 1 Alt. 2 BGB zu, wenn er **58**

⇨ den Besitz von einem Dritten (Nichteigentümer) erhalten hat,

⇨ der seinerseits gegenüber dem Eigentümer besitzberechtigt ist und

⇨ auch die Befugnis hat, den Besitz weiterzugeben

---

101 Vgl. auch Medicus/Petersen, Bürgerliches Recht, Rn. 465.

102 Vgl. aber § 566 BGB und § 986 II BGB, dazu sogleich.

103 Etwa BGHZ 64, 122-128 (125) = **juris**byhemmer.

104 Palandt, § 986, Rn. 6.

105 Staudinger, § 986, Rn. 23.

Muss der Dritte, von dem der Besitzer den Besitz erworben hat, mittelbarer Besitzer sein?

In der Regel besteht zwischen dem Besitzer und dem Dritten, von dem er den Besitz erworben hat, ein Besitzmittlungsverhältnis i.S.d. § 868 BGB (z.B. der Vorbehaltskäufer gibt die Sache zur Reparatur an einen Werkunternehmer, Werkvertrag als Besitzmittlungsverhältnis); der Dritte ist also mittelbarer Besitzer. **59**

Nach Wortlaut schon, aber Ausnahmen denkbar

Dies ist aber entgegen dem Wortlaut des § 986 I S. 1 Alt. 2 BGB nicht zwingend erforderlich: So steht bei einem Kettenverkauf eines Grundstücks von E an D an B, wobei D und B noch nicht im Grundbuch eingetragen sind, B aber schon im Besitz des Grundstücks ist, dem B ein abgeleitetes Besitzrecht zu, obwohl er D nicht den Besitz mittelt. Hier gilt also § 986 I S. 1 Alt. 2 BGB analog. **60**

Fehlt es von den genannten Erfordernissen für ein abgeleitetes Besitzrecht nur an der zuletzt genannten Voraussetzung, war also der Dritte nicht zur Weitergabe an den Besitzer befugt, gilt § 986 I S. 2 BGB. Danach kann der Eigentümer Herausgabe nur an den Dritten (also i.d.R. an den mittelbaren Besitzer) verlangen, Herausgabe an sich dagegen nur, wenn der Dritte nicht bereit ist, den Besitz zu übernehmen.

c) § 986 II BGB

Schließlich kann sich ein Besitzrecht in dem Fall des § 986 II BGB ergeben. **61**

Voraussetzungen

Diese Vorschrift ist anwendbar, wenn der neue Eigentümer durch Abtretung des Herausgabeanspruchs gem. §§ 929, 931 BGB Eigentum erworben hat. Der Besitzer kann dann seine Einwendungen gegen den Herausgabeanspruch gegen den Anspruch des neuen Eigentümers aus § 985 BGB geltend machen.

Folge: Sprengung der Relativität des Schuldverhältnisses

Das ist kein schlichter Anwendungsfall des § 404 BGB, denn bei der Veräußerung nach §§ 929, 931 BGB wird ja nicht der - nicht abtretbare (s.o.) - Anspruch aus § 985 BGB abgetreten, sondern der Herausgabeanspruch aus dem Besitzmittlungsverhältnis. § 986 II BGB bedeutet vielmehr eine echte Sprengung der Relativität des Schuldverhältnisses. **62**

> *Bsp.: E vermietet sein Auto für einen Monat an B. Nach einer Woche verkauft er das Auto an D und übereignet es sogleich nach §§ 929, 931 BGB, indem er diesem den Herausgabeanspruch aus dem Mietvertrag (§ 546 BGB) abtritt. Kann D das Auto sofort von B gem. § 985 BGB herausverlangen?*

> Das Besitzrecht des B aus dem Mietvertrag mit E wirkt grundsätzlich nur diesem gegenüber (Relativität des Schuldverhältnisses); ein Fall des § 986 I S.1, 1.Alt. BGB liegt also nicht vor. B hat auch kein abgeleitetes Besitzrecht aus § 986 I S.1, 2.Alt. BGB, da E seinerseits gegenüber D nicht mehr besitzberechtigt ist. Hier hilft § 986 II BGB, wonach B - entgegen der Relativität des Schuldverhältnisses - sein Besitzrecht aus dem Mietvertrag mit E auch dem D entgegenhalten kann.

bei dinglichen Besitzrechten hilft schon § 986 I S. 1 Alt. 1 BGB

Bei dinglichen Besitzrechten, die dem Besitzer nicht vom jetzigen Eigentümer, sondern einem Rechtsvorgänger eingeräumt worden sind, bedarf es einer Anwendung des § 986 II BGB dagegen nicht. Hier schützen bereits die §§ 986 I S. 1 Alt. 1, 936 III BGB. **63**

> *Bsp.: E hat sein Auto bei B in Reparatur gegeben. Während der Wagen in der Werkstatt ist, übereignet E diesen gem. §§ 929, 931 BGB an D. D verlangt den Wagen von B nach § 985 BGB heraus.*

B hatte E gegenüber ein Werkunternehmerpfandrecht aus § 647 BGB, das wegen § 936 III BGB durch die Übereignung des Autos an D nicht erloschen ist. B ist also auch dem D gegenüber gem. § 986 I S. 1 Alt. 1 BGB zum Besitz berechtigt.

§ 986 II BGB gilt nicht bei unbeweglichen Sachen

Da § 986 II BGB eine Veräußerung nach §§ 929, 931 BGB voraussetzt, die §§ 929 ff. BGB aber nur für bewegliche Sachen gelten, greift § 986 II BGB bei unbeweglichen Sachen nicht ein. Für Grundstücke sind aber bei Miete und Pacht die §§ 566, 578, 581 II BGB zu beachten, die einen vergleichbaren Schutz bieten.

64

analog Anwendung auf Veräußerung nach §§ 929, 930 BGB

Nach h.M.[106] ist eine analoge Anwendung des § 986 II BGB auf Fälle der Veräußerung nach §§ 929, 930 BGB im Drei-Personen-Verhältnis geboten.

65

> **Bsp.:** *Sicherungsübereignung einer vermieteten Sache.[107]*

Der Grundgedanke des § 986 II BGB besteht darin, den unmittelbaren Besitzer im Fall der Eigentumsübertragung zu schützen. Die ihm gegenüber dem bisherigen Eigentümer zustehenden Rechte soll er auch gegenüber dem Rechtsnachfolger geltend machen können.

Für diesen Grundgedanken kann es aber doch keinen Unterschied machen, ob – was oft dem Zufall überlassen ist – das Eigentum mittels Abtretung des (u.U. behaupteten) Herausgabeanspruches (§§ 929, 931 BGB) oder mittels Besitzkonstitut gem. §§ 929, 930 BGB) übertragen wird.

4. Kein Ausschluss gemäß § 241a I BGB[108]

Wird von einem Unternehmer an einen Verbraucher eine unbestellte Sache geliefert, so wird gemäß § 241a I BGB kein Anspruch gegen den Verbraucher begründet.

hemmer-Methode: Der sachliche Anwendungsbereich ist eröffnet, wenn im konkreten Fall eine „unbestellte Leistung" vorliegt. Hierunter versteht man nicht nur die bewusste Lieferung unbestellter Sachen, sondern darüber hinaus die gewollte Erbringung sonstiger Leistungen, welche gewöhnlich Gegenstand eines Werk-, Dienst- oder Maklervertrages sind. Eine Leistung ist unbestellt, wenn sie dem Verbraucher ohne eine ihm zurechenbare Aufforderung zugeht, d.h. weder eine ausdrückliche oder nachträgliche Vertragsofferte vorliegt, noch der Empfänger die Sendung in sonstiger zurechenbarer Weise veranlasst hat.[109]
Ein Umkehrschluss aus § 241a II und III BGB ergibt, dass § 241a I BGB auch bei irrtümlich erfolgten Leistungen anwendbar ist, sofern der Empfänger den Umstand der Fehllieferung i.S.v. § 241a II BGB nicht erkannt hat und bei Anwendung der im Verkehr erforderlichen Sorgfalt auch nicht hätte erkennen können.[110] Dasselbe gilt, wenn der Unternehmer dem Verbraucher bewusst statt der bestellten eine nach Qualität und Preis gleichwertige Leistung anbietet, jedoch nicht darauf hinweist, dass der Verbraucher zur Annahme nicht verpflichtet ist und die Kosten der Rücksendung nicht zu tragen hat, § 241a III BGB.

---

106 Vgl. dazu BGHZ 111, 142-147 = **juris**byhemmer; Krüger, JuS 1993, 12 ff.; Palandt, § 986 Rn. 8; Staudinger, § 986, Rn. 46 m.w.N.

107 Für § 930 BGB ist es genügend, dass der Veräußerer mittelbarer Besitzer ist; vgl. Palandt, § 930, Rn. 5, sog. mehrstufiger mittelbarer Besitz.

108 Mit der Intention einer effektiven Unterbindung und Sanktionierung wettbewerbswidriger Marketingmethoden hat der Gesetzgeber im Zuge der Umsetzung der Richtlinie 97/7/EG durch das Fernabsatzgesetz den § 241 a BGB eingefügt. Damit trat in den Fällen „reißerischer Werbung" durch unbestellte Leistungen neben die prinzipiell einschlägigen §§ 1, 3, 13 II UWG und Normen des GWB eine Verbraucherschutzvorschrift, die seit ihrem Inkrafttreten am 30.06.2000 in der Literatur heftig ins Kreuzfeuer geraten ist; vgl. zusammenfassend auch **Life&Law 2003, Heft 12, 883-888**.

109 Palandt, § 241a, Rn. 2; Mü/Ko, § 241a, Rn. 6 f.

110 Es wird vertreten, dass dem kundigen Verbraucher gem. § 242 eine Benachrichtigungs- und Aufbewahrungs-, nicht aber eine Rücksendungspflicht aufzuerlegen ist.

Ausgangsfall: Verbraucher R hat auf dem Postweg seine bei Händler H bestellte Kaffeemaschine erhalten. Im Lieferumfang ist auch ein unbestellter designgleicher Dosenöffner zum Preis von 12 € enthalten. Auf dem Lieferschein weist H darauf hin, dass wenn er nichts mehr von R höre auch ein Kaufvertrag über den Dosenöffner zustande komme. R will sich nicht darauf einzulassen. Er findet jedoch Gefallen am Dosenöffner und benutzt diesen mehrmals. H verlangt nach gewisser Zeit die Zahlung von 12 €.

65a

Abwandlung 1: Kann H zumindest die Rückgabe des bewusst gelieferten Dosenöffners verlangen?

Abwandlung 2: Aufgrund kontinuierlicher von R verschuldeter Falschnutzung des Dosenöffners gibt dieser alsbald „seinen Geist auf". Stehen dem H Schadensersatzansprüche zu?

Abwandlung 3: R gibt dem Ersuchen seines guten Freundes F nach und verkauft ihm den Dosenöffner für 8 €. Kann H von R die Herausgabe des Verkaufserlöses verlangen?

Abwandlung 4: H fragt sich, ob er, wenn er schon nicht den Verkaufserlös von R bekommen kann, zumindest von F seinen Dosenöffner herausverlangen kann. Was ändert sich an der Fallbeurteilung bei Bösgläubigkeit des F?

Abwandlung 5: Wie wäre der Fall zu entscheiden, wenn der H gar nicht Eigentümer der an F verkauften Sache war, sondern ihm lediglich unter Eigentumsvorbehalt geliefert worden war? Hat der Vorbehaltsverkäufer gegen F als Dritten direkt einen Vindikationsanspruch aus § 985 BGB?

Abwandlung 6: R feiert sein bestandenes Examen mit ein paar Freunden bei sich zuhause. Aus Unachtsamkeit des Kommilitonen K fällt der Dosenöffner zu Boden und geht zu Bruch. Welche Ansprüche hat H gegen R? Welche R gegen K?

Lösung Ausgangsfall:

65b

Fragen des konkludenten Vertragsschlusses

H könnte einen Anspruch aus § 433 II BGB haben. Voraussetzung wäre ein wirksamer Kaufvertrag, § 433 BGB. Das Angebot des H ist in der Zusendung des Dosenöffners zu sehen, § 145 BGB. R hat dieses Angebot weder ausdrücklich angenommen, noch kann sein Schweigen einer Annahmeerklärung gleichgesetzt werden. Dies gilt trotz ausdrücklichen Hinweises des H, der Vertrag gelte bei Nichtablehnung, bzw. Nichtrücksendung als geschlossen.[111]

Hier könnte jedoch infolge der alleinigen Ingebrauchnahme des Küchengerätes an eine konkludente Annahmeerklärung unter Verzicht des Zuganges der Annahme, § 151 BGB zu denken sein.

Da hier eine Lieferung von einem Unternehmer an einen Verbraucher vorliegt, stellt sich die Frage, ob sich aus § 241a BGB nicht etwas anderes ergibt.

Verhindert werden soll, wie der § 241a I BGB eindeutig klarstellt, dass der tatenlos abwartende Verbraucher Ansprüchen des Unternehmers ausgesetzt ist, die unmittelbar „durch die Lieferung" einer unbestellten Sache entstehen können, wie z.B. Ansprüche auf Kaufpreiszahlung bei Untätigbleiben des Verbrauchers. Mittelbare Rechtsfolgen, also solche, die aufgrund einer zeitlich und sachlich gerechtfertigten Zäsur eindeutig von der Lieferung der Ware getrennt werden können und zudem von einem eigenen unbeeinflussten Handlungswillen getragen werden, sollen grds. nicht durch einen Anspruchsausschluss nach § 241a BGB eingeschränkt werden, solange sie den Verbraucher nicht in wettbewerbswidriger Weise belästigen und nicht mehr mit dem Schutzzweck des § 241a BGB übereinstimmen. Ob dies der Fall ist, muss für jeden einzelnen Anspruch spezifisch durch Auslegung bestimmt werden.

---

111   Palandt, § 241a, Rn. 3; Berger, JuS 2001, 650-654.

Der Anspruch auf Kaufpreiszahlung infolge eines konkludenten Vertragsschlusses ist eine mittelbare Rechtsfolge. Er basiert nicht direkt auf der Lieferung, sondern ist abhängig von der selbständigen und nachträglichen Betätigung eines entsprechenden Annahmewillens. Unter Achtung der Privatautonomie darf grds. ein auf diese Weise zustande gekommener Vertrag nicht einfach durch den Ausschlusstatbestand des § 241a BGB ausgeschaltet werden.

Aus diesem Grund bejaht einen M.M. nach wie vor die Möglichkeit einer konkludenten Annahme.[112]

Die absolut h.M. dagegen lehnt über die „ratio" des §" 241a BGB einen Vertragsschluss durch konkludentes Verhalten ab.[113] Diese Vorschrift soll eine Hürde für ungewollte Vertragsschlüsse errichten, sodass eine klare Äußerung des Rechtsbindungswillens des Verbrauchers z.B. durch Begleichung der Rechnung notwendig ist. Ge- und Verbrauch sind hierfür nicht ausreichend.

hemmer-Methode: Nach CZEGUHN/DICKMANN, JA 2005, 587 [589] ist noch nicht einmal die Geltendmachung eines Anspruches auf Schadensersatz, eine konkludente Annahme, da ein Abschluss eines Kaufvertrages allein zur Schadensregulierung nicht im Interesse des Verbrauchers liegen dürfte.
Exkurs: Entsteht dem Verbraucher durch die Lieferung unbestellter Ware ein Schaden, so hat der Verbraucher gegen den Unternehmer nach h.M. einen Anspruch auf Schadensersatz aus §§ 280 I, 311 II Nr. 2 BGB, § 823 I BGB und gegebenenfalls aus § 823 II i.V.m. § 3 UWG bzw. § 9 UWG.

Nach diesen Grundsätzen ist vorliegend ein Vertragsschluss abzulehnen, da der auf einen Vertragsschluss gerichtete Annahmewille nicht vorliegt.

R war zu keinem Zeitpunkt bereit, sich auf einen Vertragsschluss einzulassen und wollte auch den Kaufpreis nicht bezahlen. Des Weiteren ist davon auszugehen, dass R als Jurastudent von der Existenz des § 241a BGB und damit verbunden von seiner umfassenden Nutzungs- und Gebrauchsberechtigung am Dosenöffner wusste. Es wäre eine reine Unterstellung, einen Willen bzgl. eines Vertragsschlusses anzunehmen, obwohl der Betroffene ganz genau weiß, dass er die Sache risiko- und kostenlos benutzen darf

Mangels Rechtsbindungswillens ist ein Vertragsschluss durch konkludentes Verhalten des R zu verneinen.

hemmer-Methode: Wie Sie sehen, ist es auch trotz der Regelung des § 241a BGB durchaus möglich einen Vertragsschluss über unbestellte Sachen zustande zu bringen. Allerdings ist es bei der Kenntnis der Leistungsadressaten von der Verbraucherschutznorm des § 241a BGB nicht mehr möglich, einfach nur anhand des Gebrauchs der Ware einen entsprechenden Annahmewillen anzunehmen. Ein Vertragsschluss kommt deshalb hauptsächlich nur noch bei ausdrücklicher Annahmeerklärung oder Kaufpreiszahlung in Betracht.

Lösung Abwandlung 1: *65c*

Vindikations- und Kondiktionsausschluss

a) Ein entsprechender Herausgabeanspruch könnte sich im vorliegenden Fall aus § 985 BGB ergeben.

R hätte zwar ein Übereignungsangebot des H angenommen, da er sich diesbezüglich keiner Verpflichtung aussetzt. Das Zuschicken der unbestellten Ware ist aber erkennbar nur ein bedingtes ein Angebot zur Übereignung, nämlich unter der aufschiebenden Bedingung des Zustandekommens eines Kaufvertrages, §§ 929 S. 1, 158 I BGB.[114] H ist deshalb Eigentümer geblieben.

---

112   Vgl. Casper, ZIP 2000, 1602 (1607).

113   Vgl. Palandt, § 241a, Rn. 6; Czeguhn/Dickmann, JA 2005, 587-591 (589).

114   Seien Sie wegen des Abstraktionsprinzips aber vorsichtig mit der Bejahung eines Bedingungszusammenhangs von Causa und Verfügung!!!

R ist unmittelbarer Besitzer und spätestens im Zeitpunkt des Herausgabeverlangens nicht mehr zum Besitz berechtigt, § 986 BGB.

> **hemmer-Methode: Auch dies ist nicht unumstritten. Nach Ansicht von** PALANDT**, § 241a, Rn. 7 soll § 241a BGB tatsächlich ein Recht zum Besitz geben.**
> **Dies überzeugt keineswegs, da § 241a BGB keine Rechte verleihen, sondern Ansprüche ausschließen soll. Aus diesem Grund lehnt die ganz h.M. das Entstehen eines Rechts zum Besitz auch völlig Zu Recht ab.**[115]

R kann jedoch gegen den vorliegenden Vindikationsanspruch wirksam eine Einwendung geltend machen.

Wie bereits erwähnt, schließt § 241a I BGB (evtl. ersichtlich aus einem Umkehrschluss aus § 241a II BGB) nicht nur vertragliche, sondern auch alle gesetzlichen Ansprüche aus, die sich unmittelbar aus der Lieferung unbestellter Waren ergeben. Dazu gehört auch der Anspruch aus § 985 BGB.

> **hemmer-Methode: Der Gesetzgeber hat im Zuge der Normierung des § 241a BGB sämtliche verfassungsrechtlichen Bedenken zurückgewiesen und hält ein dauerhaftes Auseinanderfallen von Eigentum und Besitz für gerechtfertigt.**[116]
> **Ob dies auch für einen lauter bzw. im Verbraucherinteresse handelnden Unternehmer gelten kann (so die h.M.; vgl. m.w.N.** DEUTSCH **in JuS 2005, 997 [998]), bedarf vorliegend keiner Entscheidung, da hier ein unlauteres wettbewerbswidriges Handeln zu bejahen ist.**

b) R hat durch eine Leistung des H einen Gegenstand ohne einen ersichtlichen Rechtsgrund erlangt. Allerdings wird auch eine Leistungskondiktion gem. § 812 I S. 1 Alt. 1, genauso wie Ansprüche aus der GoA, vom Anwendungsbereich des § 241a BGB erfasst.[117]

Lösung Abwandlung 2:   *65d*

keine Gewährung von Schadensersatz

Ein Schadensersatzanspruch des H könnte sich in erster Linie aus den §§ 989, 990 BGB ergeben. Einzig problematisch ist erneut die Frage, ob auch sämtliche Sekundäransprüche unter den Ausschlusstatbestand des § 241a BGB subsumierbar sind.

> **hemmer-Methode: An dieser Stelle geht es nicht um Ansprüche, der direkt „durch die Lieferung" hervorgerufen wird. Die Beschädigung der zugestellten Sache ist ein eigenes Ereignis und hat nur mittelbar mit der Lieferung zu tun. Da ein Sekundäranspruch demzufolge nicht unmittelbar vom Wortlaut des § 241a I BGB erfasst wird, ist danach zu fragen, ob der Umfang des Anspruchsausschlusses eher weit auszulegen ist.**
> **<u>Achtung</u>: Wer (wenig überzeugend) in § 241a BGB ein RzB i.S.d. § 986 BGB erkennt, der müsste mangels EBV § 823 BGB prüfen.**

Während die teleologische oder verfassungskonforme Auslegung gegen einen Anspruchsausschluss spricht, ist aufgrund der überzeugenderen grammatikalischen, historischen, systematischen aber auch richtlinienkonformen Gesichtspunkte[118] i.S.d. weiten Auslegung des § 241a BGB zu entscheiden. Nur sie entspricht dem Willen des Gesetzgebers, der eine Sanktion für wettbewerbliches Fehlverhalten erreichen, aber auch den Verbraucher von Pflichten oder Belästigungen, die in jeglichem Zusammenhang mit der ungebetenen Zustellung des Gegenstandes stehen, befreien wollte, sog. **umfassender Anspruchsausschluss**. Letzterer kann in tatsächlicher Hinsicht nur dann gewährleistet werden, wenn der Verbraucher die Sache ohne Haftungsrisiko benutzen und unter Umständen sogar wegwerfen darf.[119]

---

115   Deutsch, JuS 2005, 997-1000 (998); Schwarz, NJW 2001, 1449-1454 (1452); Link 2003, 2811 (2812).

116   Casper, ZIP 2000, 1606; der Autor versucht über eine teleologische Reduktion des § 241a I BGB einen Anspruch aus § 985 BGB zu gewähren.

117   Ausschluss vertraglicher und gesetzlicher Ansprüche: Mü/Ko, § 241a, Rn. 13.

118   Sämtliche Auslegungsmethoden hat Prof. Dr. Günter Christian Schwarz in beeindruckender Weise in seinem Beitrag in Jura 2001, 361-366 erläutert.

119   Derselben Ansicht ist auch Berger, JuS 2001, 649-654 (653).

keine Gewährung von Erlösheraus-
gabeansprüchen

Lösung Abwandlung 3: *65e*

Ein (mittelbarer) Anspruch des H gegen den R auf Herausgabe des Verkaufserlöses gem. §§ 816 I S. 1 BGB, bzw. 687 II S. 1, 681 S. 2, 667 BGB scheidet hier aus. Legt man erneut den reinen Wortlaut i.S.d. allumfassenden Anspruchsausschlusses aus, so müssen auch Erlösherausgabeansprüche, die den Verbraucher zwar nur mittelbar, aber nicht unerheblich belasten, ausgeschlossen werden.[120]

hemmer-Methode: Natürlich ist in dieser Abwandlung eine andere Ansicht vertretbar. Der umfassende Anspruchsausschluss erscheint gerade hinsichtlich der Herausgabe des Verkaufserlöses als unbillig.
Das Argument der Intention des Gesetzgebers ließe sich hier durchaus auch in einem anderen Licht beleuchten: Hauptzweck des § 241a BGB soll es eigentlich sein, den Verbraucher vor der Lästigkeit des Aufbewahrens des Gegenstandes und vor wettbewerbswidrigen Übergriffen zu bewahren. Der Verkauf der Ware basiert aber auf Eigeninitiative des Verbrauchers, der just in diesem Moment des Schutzes durch eine Verbraucherschutzvorschrift eigentlich nicht mehr bedarf.
Es erscheint außerdem nicht gerechtfertigt, dass sich der Verbraucher als „wirtschaftlicher Eigentümer" den Wert der Sache aneignen kann.

Auswirkungen des § 241a BGB auf
Drei-Personen-Verhältnisse

Lösung Abwandlung 4: *65f*

a) H könnte gegen F einen Anspruch aus § 985 BGB haben. Voraussetzung wäre, dass er noch Eigentümer ist und der F als unmittelbarer Besitzer kein Recht zum Besitz hat, § 986 BGB. Infolge der Tatsache, dass der Versender H trotz Verschickens der Ware zunächst Eigentümer bleibt (s.o.), handelte R insoweit als Nichtberechtigter. Ob F nunmehr als Eigentümer in Frage kommt, hängt alleine davon ab, ob er gutgläubig bzgl. des Eigentums des R gewesen ist. Da dies grds. der Fall ist, wird F neuer Eigentümer der Ware, ein Anspruch des H aus § 985 BGB entfällt.

An dieser Stelle muss nun die Frage entschieden werden, ob der Leistende mangels eigener Anspruchsgrundlagen gegen den Dritten, zumindest gegen den Verbraucher aus § 816 I S. 1 BGB vorgehen kann. Dies ist zu verneinen. Bzgl. der Argumentation kann nach oben verwiesen werden.

b) Ist der Dritte allerdings bösgläubig, kann der Versendende gegen diesen nach § 985 BGB vorgehen. Daran ändert auch die Regelung des § 241a BGB nichts, die auf das Rechtsverhältnis des Unternehmers zum Dritten weder vom klaren Wortlaut, noch vom Gesetzeszweck her, Anwendung findet.

hemmer-Methode: Hat der Verbraucher die Ware an einen Dritten verschenkt, so kann der Versender die Ware allerdings auch von einem Gutgläubigen zurückverlangen, § 816 I S. 2 BGB![121]

Lösung Abwandlung 5: *65g*

Bislang hat sich der Gesetzgeber noch nicht zu dieser Fallkonstellation geäußert. In der Literatur finden sich indessen zwei Erklärungsansätze, die zu genau gegensätzlichen Ergebnissen führen.[122]

Es erscheint billig, Ansprüche Dritter aus § 985 BGB nicht von § 241a BGB als erfasst anzusehen. Neben der Tatsache, dass ein Dritter schon vom Wortlaut nicht erfasst wird, ergibt sich anhand einer restriktiven Auslegung des § 241a BGB unter strenger Berücksichtigung der angestrebten Sanktionsrichtung, das Ergebnis, dass nur Ansprüche der Unternehmer ausgeschlossen werden sollen, die im unmittelbaren Verhältnis zum Verbraucher auch tatsächlich wettbewerbswidrig handeln.

---

120   Andere Ansicht: Berger, JuS 2001,649-654; Sosnitza, BB 2000, 2317-2323 (2322).

121   Vgl. hierzu Sosnitza, BB 2000, 2317-2323 (2322).

122   E.A.: Berger, JuS 2001, 649-654; a.A. Krebs in AnwKomm: §241a BGB, Rn. 18.

Auf Dritte, die nicht auf unlautere Marketingmethoden zurückgreifen und lediglich den absoluten Schutz ihrer Rechtsgüter begehren, dürfen die Rechtsfolgen des § 241a BGB nicht angewandt werden.

hemmer-Methode: § 241a I BGB ist so zu lesen: „...wird ein Anspruch *des Unternehmers* gegen diesen nicht begründet."

Für den vorliegenden Fall bedeutet dies folgendes: Zur Vermeidung der vollständigen Entwertung der Rechte des Eigentumsvorbehaltsverkäufers an seiner Ware, muss diesem auch hinsichtlich seines ordnungsgemäßen Verhaltens ein Vindikationsanspruch verbleiben.[123]

Lösung Abwandlung 6:　　　　　　　　　　　　　　　　　*65h*

1. Ansprüche des Unternehmers gegen R

Aufgrund des umfassenden Haftungsausschlusses kommen keine Ansprüche des H gegen R in Betracht (s.o.).

2. Ansprüche des H gegen den K

Ein Anspruch könnte sich aus § 823 I BGB ergeben. H ist trotz dauerhaften Auseinanderfallens seines Eigentums und des Besitzes weiterhin Eigentümer des Küchengerätes geblieben. Aufgrund einer unachtsamen Handbewegung wurde sein Rechtsgut Eigentum durch den K verletzt. Die haftungsbegründende Kausalität liegt vor, ebenso wie ein rechtswidriges und schuldhaftes Verhalten.

Als schwierig erscheint einzig die Feststellung eines ersatzfähigen Schadens. Stellt man alleinig auf die nachteilige Veränderung ab, die am verletzten Rechtsgut entstanden ist, so käme man in diesem Fall eindeutig zu einem unmittelbaren Objektschaden, der bei Zerstörung eines Rechtsgutes und bei Geldersatz sämtliche Wiederbeschaffungskosten umfasst.

Diese Vorgehensweise entspricht aber keineswegs den Besonderheiten des Falles. Zu berücksichtigen ist, dass bei der ungebetenen Zustellung eines Gegenstandes ein vollständiges Nutzungs- und Gebrauchsrecht des Verbrauchers entsteht. Dieses ist, wie oben dargestellt, infolge des umfassenden Anspruchsausschlusses vindikations- und kondiktionssicher, d.h. der Eigentümer kann nur noch formal auf sein Rechtsgut zugreifen. Da deshalb das Eigentum für ihn in wirtschaftlicher Hinsicht völlig wertlos[124] geworden ist, muss folgerichtig beim Versender das Entstehen eines Schadens verneint werden.

Ein Schaden ist vielmehr bei dem Verbraucher eingetreten. Zwar gibt der § 241a BGB kein Recht zum Besitz.[125]

Der Leistungsadressat darf jedoch mit der Sache verfahren wie er es für richtig hält, d.h. diese also verbrauchen, nutzen oder sie sogar entschädigungsfrei wegwerfen. Durch die Zerstörung ist diese vorteilhafte Vermögensposition an der Sache dem Verbraucher entzogen worden.

I.E. muss festgestellt werden, dass mangels Schadens in der Person des H kein Anspruch gegen den K aus § 823 I BGB besteht.

hemmer-Methode: Aus diesem Grund führt § 241a BGB auch *nicht* zu einer *gestörten Gesamtschuld*, da es an der für die gestörte Gesamtschuld typischen Dreieckskonstellation aus einem Gläubiger, einem privilegierten Schädiger und einem nicht privilegierten Schuldner fehlt.[126]

123　Vgl. hierzu auch Berger, JuS 2001 649-654 (653) unter Punkt 2. Wird die Sache jedoch in dieser Fallkonstellation beschädigt, dürfen dem EV-Verkäufer keine Schadensersatzansprüche entstehen, da sonst der Schutz des Verbrauchers durch § 241a BGB völlig entwertet würde.

124　Vgl. Schwarz, NJW 2001, 1449-1454 und Link, NJW 2003, 2811-2813 (2812).

125　A.A. Palandt, § 241a, Rn. 7.

126　Vgl. dazu Mitsch, ZIP 2005, 1017 (1020).

3. Ansprüche des R gegen den K

Aufgrund dieser Schadenszuordnung könnten dem Verbraucher R Ansprüche aus § 823 I BGB zustehen. Dies ist hier aber bereits deshalb zu verneinen, weil die unbestellt gesendete Sache kein schützenswertes Rechtsgut des R darstellt. Es ist richtig, dass durch den § 823 I BGB auch der Schaden, der durch den Eingriff in das Recht zum Besitz, Gebrauch oder Nutzung verursacht wird, ersetzt werden soll.[127] Damit gewollt ist jedoch, wie schon der Wortlaut aussagt, der Schutz sämtlicher Besitzrechte und nicht des bloßen Besitzes, der wegen § 241a BGB völlig abgelöst von einem Recht am Besitz entstanden ist.

4. Lösungsansatz innerhalb der Literatur

a) Stellungnahmen, wie die Falllösung an diesem Scheideweg vorangetrieben werden könnte, sind innerhalb der Literatur eher selten. Größtenteils wird lediglich festgestellt, dass mangels Schadens kein Anspruch des Unternehmers, mangels Rechtsgutsverletzung kein Anspruch des Verbrauchers besteht.

b) Eine neue Ansicht versucht diesen Fall über die Grundsätze einer Drittschadensliquidation zu lösen. Folge wäre, dass der Unternehmer den Schaden des Verbrauchers liquidieren könnte, diesen Anspruch jedoch an den Verbraucher gem. § 285 BGB analog abtreten müsste. Grds. liegen die Voraussetzungen einer Drittschadensliquidation[128] vor:

- H hat als Eigentümer zwar einen Anspruch, aber keinen Schaden, da die Sache für ihn wirtschaftlich wertlos ist,

- R als Verbraucher hat, da ihm die Nutzungsrechte zustehen, einen Schaden, jedoch mangels Rechtsgutsverletzung keinen Anspruch,

- Grds. tritt ein derartiger Schaden beim Eigentümer ein, hat sich aber wegen § 241a BGB rein zufällig auf den Verbraucher verlagert.

c) Gegen eine Drittschadensliquidation spricht jedoch ganz klar, dass ein Anspruch auf Abtretung nur aus einem Schuldverhältnis kommen kann, welches Leistungspflichten begründet (§ 241 I BGB). Ein solches Schuldverhältnis besteht aber zwischen dem Verbraucher und dem Unternehmer aber nicht (s.o.).

Das (allenfalls) vorvertragliche Schuldverhältnis (§ 311 II BGB) begründet aber gem. § 241 II BGB nur Schutzpflichten, aus denen ein Anspruch auf Abtretung nicht abgeleitet werden kann.

Die Figur der Drittschadensliquidation ist daher für die vorliegende Konstellation abzulehnen.

II. Anspruchsinhalt bei § 985 BGB

Anspruchsinhalt des § 985 BGB
gegen unm. Besitzer: aus § 985 BGB Übertragung des unm. Besitzes; Problem: Anspruchsinhalt bei mittelb. Besitz des Anspruchsgegners?

| Jedenfalls: Herausgabe des mittelbaren Besitzes, z.B. durch Abtretung des Herausgabeanspruches, § 870 BGB | Herausgabe des unm. Besitzes?
• nach h.M. (+): sonst Gefahr, dass durch Rückgabe an mittelb. Besitzer Titel auf Herausgabe mittelb. Besitzes wertlos wird, wenn §§ 989 ff. BGB (+)
• Vollstr: nach § 886 ZPO (bei Fortdauer des mb. Besitzes) bzw. § 883 ZPO (bei Rückerlangung des unmb. Besitzes). |

---

127   Palandt, § 823, Rn. 13.

128   Zu dem Problemfeld der Drittschadensliquidation lesen Sie bitte Hemmer/Wüst Schadensersatzrecht III, Rn. 221 ff.

1. Allgemeines

Herausgabe

Der Anspruch aus § 985 BGB ist auf Herausgabe der beweglichen oder *unbeweglichen* Sache gerichtet. Bei der Herausgabe von Grundstücken spricht man auch von "Räumung".

66

hemmer-Methode: Vermeiden Sie den Anfängerfehler, § 985 BGB nur bei beweglichen Sachen in Betracht zu ziehen. Auch Grundstücke können "herausgegeben" werden; man muss sich also von einem allzu wörtlichen Verständnis des Herausgebens frei machen.

Herausgabe bedeutet Übertragung des Besitzes; Eigentum hat der Anspruchsberechtigte bereits.

Ist dieser lediglich Miteigentümer, kann er die Übertragung des Mitbesitzes oder die Herausgabe der Sache an alle Miteigentümer (§§ 1011, 432 BGB) verlangen.

2. § 986 I S. 2 BGB

§ 986 I S. 2 BGB

Eine Besonderheit besteht, wenn ein berechtigter Besitzer die Sache unbefugterweise an einen Dritten weitergegeben hat. Hier richtet sich der Anspruchsinhalt nach § 986 I S. 2 BGB, d.h. der Eigentümer kann grundsätzlich nur Herausgabe an den berechtigten Besitzer verlangen.[129]

67

hemmer-Methode: Besitzrechtlich wird durch § 985 BGB der „status quo ex ante" hergestellt.

3. Geld als Herausgabegegenstand

Gegenstand der Herausgabe können auch bestimmte Geldzeichen sein

Gegenstand der Herausgabe können auch bestimmte Geldscheine oder -münzen sein. Auch dies sind Sachen i.S.d. § 90 BGB.[130]

68

aber praktisch oft wegen Vermischung nicht § 985 BGB, sondern §§ 951 I, 812 I S. 1 Alt. 2 BGB

Meistens wird jedoch das Eigentum an den Geldzeichen in der Zwischenzeit auf einen anderen als den ursprünglichen Eigentümer übergegangen sein, etwa auf den Besitzer, wenn diesem das Geld übereignet wurde bzw. (ohne vorherige Übereignung) dieser die Geldzeichen in seiner Kasse vermischt hat (§§ 948, 947 II BGB),[131] oder auf Dritte, bei denen der Besitzer das Geld eingetauscht hat usw.[132]

69

Der Anspruch aus § 985 BGB auf Herausgabe von Geldzeichen wird daher praktisch nur selten gegeben sein, sondern allenfalls Schadensersatzansprüche gem. §§ 989, 990 BGB und Bereicherungsansprüche aus § 816 I S. 1 BGB oder §§ 951 I, 812 I S. 1 Alt. 2 BGB.

Lehre von der Geldwertvindikation

Demgegenüber wollte die von H. WESTERMANN begründete, mittlerweile aber nicht mehr vertretene Lehre von der Geldwertvindikation[133] auch in diesen Fällen den Anspruch aus § 985 BGB bejahen. Das Leistungsinteresse gehe bei Geld nicht auf die Sache (die konkreten Scheine) als solche, sondern auf den in ihr verkörperten Wert. Daher bleibe die Vindikation als Wertvindikation bestehen, solange sich der Geldwert noch beim Besitzer befinde.

70

---

129   Vgl. dazu bereits oben Rn. 60.

130   Dies lässt sich auch dem § 935 II BGB entnehmen.

131   Nach vorzugswürdiger, aber bestrittener Auffassung ist der Kassenbestand stets Hauptsache i.S.d. §§ 947 II, 948 BGB, unabhängig davon, wie viel bereits vorher in der Kasse lag; vgl. dazu den unten besprochenen Beispielsfall.

132   Falls nicht konkrete gegenteilige Anhaltspunkte im Sachverhalt der Examensklausur angegeben sind, ist bei lebensnaher Sachverhaltsauslegung davon auszugehen, dass die Geldscheine oder -münzen nicht mehr unterscheidbar beim Herausgabeschuldner vorhanden sind; vgl. auch Hemmer/Wüst, Sachenrecht II, Rn. 272.

133   Westermann, Sachenrecht (5. Aufl.), § 30 V; ihm folgend Westermann/Pinger, § 30 V 3.

Das bejahte WESTERMANN z.B. auch nach dem Wechseln des Geldes in andere Geldzeichen, nach der Einzahlung auf ein Konto und nach der Vermengung mit anderen Geldzeichen. Die Wertvindikation soll aber erlöschen, wenn der Besitzer „den der Identität nach gleichen Geldwert" ausgibt, z.B. für die Bezahlung einer Kaufpreisschuld.

ganz h.M. lehnt Lehre von der Geldwertvindikation ab

Die ganz h.M.[134] hat die Lehre von der Geldwertvindikation jedoch zu Recht stets abgelehnt. Sie führt insbesondere in der Insolvenz (§ 47 InsO) zu einer kaum zu rechtfertigenden Privilegierung des Geldeigentümers gegenüber dem Eigentümer sonstiger Sachen. Zudem zieht sie eine wenig sachgerechte Verstärkung der Verschiedenbehandlung von Bargeld und Buchgeld nach sich. Denn wer mit Buchgeld (durch Überweisung) zahlt, kann überhaupt nicht vindizieren und ist ganz auf Bereicherungsansprüche angewiesen.[135]

71

> *Bsp. zur Lehre von der Geldwertvindikation: Der 16-jährige M hat von seinem Onkel X einen 5-€-Schein mit der Maßgabe geschenkt bekommen, sich davon ein Buch zu kaufen. Tags darauf kauft sich M am Kiosk des B, der den M für volljährig hält, Süßigkeiten und bezahlt mit dem 5-€-Schein. B legt den 5-€-Schein in seine Kasse. Am nächsten Tag verlangen die Eltern des M in dessen Namen den Geldschein von B heraus.*
>
> **a)** M könnte ein Anspruch auf Herausgabe des 5-€-Scheins aus § 985 BGB zustehen.
>
> Ursprünglich war M Eigentümer. Durch die Übereignung an B gem. § 929 S. 1 BGB hat sich daran nichts geändert. Denn diese Übereignung war gem. § 108 I BGB (zunächst schwebend) unwirksam. Mit dem Herausgabeverlangen haben die Eltern die Genehmigung konkludent verweigert.
>
> Auch § 110 BGB greift nicht ein, da das Geld für einen anderen Zweck gedacht war.
>
> Möglicherweise hat M aber das Eigentum an dem 5-€-Schein gem. §§ 947 II, 948 BGB dadurch verloren, dass B den Schein in seiner Kasse mit anderem Geld vermischt hat.
>
> Nach der Verkehrsauffassung ist die Kasse richtigerweise als Hauptsache i.S.d. § 947 II BGB anzusehen, und zwar unabhängig davon, wie viel Geld sich sonst noch in der Kasse befindet; B erwirbt damit Alleineigentum an dem 5-€-Schein. Die Annahme von Miteigentum nach §§ 947 I, 948 BGB wäre äußerst unpraktikabel, da die Miteigentumsanteile bei jeder Veränderung im Kassenbestand neu zu berechnen sind, was kaum nachzuweisen ist.[136]
>
> Ein Anspruch aus § 985 BGB müsste danach ausscheiden.

hemmer-Methode: Hier hatte die Lehre von der Geldwertvindikation, nicht auf den konkreten Geldschein abgestellt, sondern auf den darin verkörperten Wert an. Dieser Wert sei bei B noch unterscheidbar vorhanden (er hat 5 € mehr in der Kasse), so dass die Vindikation zulässig sei. Diese Lehre ist aber aus o.g. Gründen abzulehnen.
Da die Lehre von der Geldwertvindikation nicht mehr vertreten und daher in der Klausur niemals eines der Hauptprobleme des Falles bilden wird, sollten Sie diese Lehre daher (maximal) mit zwei Sätzen erwähnen und sogleich ablehnen; weitere Ausführungen würden den Korrektor verärgern, und Ihnen würde - zu Recht - falsche Schwerpunktsetzung vorgeworfen.

> **b)** Nach h.M. bleibt M somit nur ein Anspruch aus §§ 951 I, 812 I S. 1 Alt. 2, 818 II BGB auf Wertersatz in Höhe von 5 €.

---

134 Palandt, § 985, Rn. 7; Staudinger, § 985, Rn. 66; Medicus, JuS 1983, 897-903 (900) m.w.N.

135 Medicus, JuS 1983, 897-903 (900).

136 Medicus, JuS 1983, 897-903 (899 f.) mit Nachweisen auch zur Gegenauffassung.

4. Anspruchsinhalt bei der Vindikation gegen den mittelbaren Besitzer

Anspruchsinhalt bei der Vindikation gegen den mittelbaren Besitzer

Auch der mittelbare Besitzer ist für die Vindikation passivlegitimiert. In diesem Fall richtet sich der Anspruch aus § 985 BGB jedenfalls auf Übertragung des mittelbaren Besitzes durch Abtretung des Herausgabeanspruchs gegen den unmittelbaren Besitzer aus dem Besitzmittlungsverhältnis, vgl. § 870 BGB.   72

Umstritten ist dagegen, ob der Anspruch gegen den mittelbaren Besitzer auch direkt auf Herausgabe des unmittelbaren Besitzes gerichtet sein kann.[137]   73

Die h.M.[138] bejaht einen solchen Anspruch aus vollstreckungsrechtlichen Erwägungen. Hat der Eigentümer E gegen den unmittelbaren Besitzer U ein Herausgabeurteil und gegen den mittelbaren Besitzer M ein Urteil auf Übertragung des mittelbaren Besitzes erstritten, werden beide Urteile bedeutungslos, wenn U dem M die Sache zurückgibt:

⇨ Die Vollstreckung gegen U scheitert nach § 883 ZPO, da dieser nicht mehr Besitzer ist. Eine Titelumschreibung nach § 727 ZPO scheitert regelmäßig, da die erforderlichen Nachweise (durch öffentliche oder öffentlich beglaubigte Urkunden, vgl. § 727 I ZPO a.E.) nicht erbracht werden können.

⇨ Eine Vollstreckung des Urteils gegen M nach § 894 ZPO (Fiktion der Abgabe der Abtretungserklärung hinsichtlich des Herausgabeanspruchs M-U) scheidet ebenfalls aus, da der Herausgabeanspruch des M gegen U durch die Rückgabe der Sache erloschen ist und so eine Übertragung des mittelbaren Besitzes, zu der M verurteilt ist, nicht mehr möglich ist.

Um zu vermeiden, dass E in einen solchen Fall unter Umständen zweimal die Vindikationsklage gegen M erheben muss, ist mit der h.M. die Verurteilung des M schlechthin zur Herausgabe als zulässig anzusehen. Ein solches Urteil erlaubt die Vollstreckung nach § 883 ZPO durch Wegnahme der Sache, soweit U die Sache an M zurückgegeben hat. Ist die Sache dagegen noch bei U, kann nach § 886 ZPO oder – sofern der unmittelbare Besitzer herausgabebereit ist – nach § 809 ZPO vollstreckt werden.

hemmer-Methode: Der BGH[139] hatte sich in einem Fall zu einer Einschränkung dieser h.M. veranlasst gesehen: Dies betraf jedoch die Rechtslage vor der Schuldrechtsreform und den inzwischen aufgehobenen § 283 BGB. Die Rechtsprechung ist daher obsolet.   74

III. Anwendbarkeit der Vorschriften des allgemeinen Schuldrechts

hemmer-Methode: Lesen Sie dazu Tyroller, Die Konkurrenzen im Zivilrecht Teil IV: Konkurrenzen im EBV (Teil 1), Life&Law 2/2011, 128 ff.

§ 242 BGB

Fraglich ist, inwieweit Vorschriften des allgemeinen Schuldrechts auf den sachenrechtlichen Anspruch nach § 985 BGB Anwendung finden können.   75

---

137   Hemmer/Wüst, Sachenrecht I, Rn. 285 ff.
138   Etwa Palandt, § 985, Rn. 3; Staudinger, § 985, Rn. 53; Medicus/Petersen, Bürgerliches Recht, Rn. 448.
139   BGHZ 53, 29-34 = jurisbyhemmer; dazu Palandt, § 985, Rn. 3; Medicus/Petersen, Bürgerliches Recht, Rn. 448.

Fest steht zunächst, dass der Grundsatz von Treu und Glauben (§ 242 BGB) auch für den Anspruch aus § 985 BGB Geltung beansprucht.[140]

1. Unanwendbarkeit des § 285 BGB

§ 285 BGB nach ganz h.M. nicht anwendbar

Ein Problem, mit dem man vertraut sein sollte, ist die Frage, ob auf § 985 BGB die Vorschrift des § 285 BGB anzuwenden ist. Diese Frage lässt sich am besten an einem bereits oben[141] besprochenen Fall darlegen.

76

D stiehlt das Auto des E und verkauft es für 5.000 € an B (Wert 4.000 €). E verlangt Herausgabe des Erlöses (Schadensersatzansprüche sind nicht zu prüfen).

1. Bereits oben wurde ausgeführt, dass E die 5.000 € nach §§ 687 II S. 1, 681 S. 2, 667 BGB und § 816 I S. 1 BGB herausverlangen kann, wenn er die (wegen § 935 I BGB unwirksame) Verfügung des D genehmigt.

2. Eine weitere Anspruchsgrundlage für das Begehren des E könnte sich aus den §§ 985, 285 I BGB ergeben. Als D den Wagen an B veräußerte, bestand ein Anspruch des E gegen D aus § 985 BGB. Dessen Erfüllung ist dem D nun unmöglich. Infolge der Veräußerung hat D die € 5.000 erlangt (commodum ex negotiatione ist Surrogat i.S.d. § 285 I BGB[142]). Fraglich ist aber, ob die schuldrechtliche Vorschrift des § 285 I BGB auf den sachenrechtlichen Anspruch aus § 985 BGB überhaupt (analog) anwendbar ist.

Nach ganz h.M.[143] ist das zu verneinen. Die §§ 987 ff. BGB enthalten für Leistungsstörungen beim Vindikationsanspruch eine Sonderregelung, die gegenüber den §§ 275 ff. BGB abschließend ist.[144]

Eine Anwendung würde zum einen zu einer Anspruchshäufung beim Eigentümer führen, der gegen jeden früheren Besitzer aus §§ 985, 285 BGB und gegen den jetzigen Besitzer aus § 985 BGB vorgehen könnte.

Zum anderen wäre der Anspruchsgegner doppelt belastet und die gesetzliche Opfergrenze überschritten: einmal aus §§ 985, 285 BGB gegenüber dem Eigentümer sowie aus § 311a II BGB gegenüber dem jetzigen Besitzer als seinem Vertragspartner.

Zudem bilden die §§ 989, 990 BGB eine abschließende Regelung für den Fall, dass die Sache nicht mehr herausgegeben werden kann. Über §§ 985, 285 BGB erhielte der Eigentümer auch ein Surrogat für das Eigentum. § 985 BGB will dagegen nur den Besitz wiederverschaffen. Darüber hinaus erfordert § 285 BGB gerade ein Schuldverhältnis, das trotz Unmöglichkeit weiterbesteht. § 985 BGB erlischt hingegen mit dem Besitzverlust des Anspruchsgegners. Im Ergebnis ist daher die Anwendung des § 285 BGB auf § 985 BGB abzulehnen.

hemmer-Methode: Die Anwendung des § 285 BGB auf § 985 BGB wird heute kaum noch vertreten. Die §§ 985, 285 BGB sollten daher allenfalls der Vollständigkeit halber geprüft werden, um den Rahmen der Klausur voll auszuschöpfen. Einen Schwerpunkt darf man hier nicht setzen, vielmehr sollte der Anspruch möglichst schnell abgelehnt werden.

---

140   Palandt, § 242, Rn. 79.
141   Vgl. Rn. 45.
142   Vgl. oben Rn. 35.
143   Etwa Wieling, Sachenrecht I, § 1 I 3 (S. 8); Soergel, § 985, Rn. 20.
144   Vgl. dazu auch Hemmer/Wüst, Sachenrecht I, Rn. 309 f.; Medicus/Petersen, BR, Rn. 448; MüKo-Medicus, § 985 Rn. 33.

2. Anwendbarkeit des Verzugsrechts

Beispiel

Bsp.: *E hat gegen B einen Anspruch auf Herausgabe eines Pkw. Obwohl B dies weiß, gibt er trotz mehrfacher Mahnungen dem E den Pkw nicht heraus. Bei einem von B unverschuldeten Unfall wird der Pkw beschädigt.* **Kann E von B nach §§ 990 I S. 1, 989 BGB Schadensersatz verlangen?**

76a

a) Ein Anspruch auf Schadensersatz gem. §§ 990 I S. 1, 989 BGB setzt voraus, dass zur Zeit des schädigenden Ereignisses ein EBV bestand und infolge eines Verschuldens des Besitzers die Sache verschlechtert wird.

Im vorliegenden Fall fehlt es aber am Verschulden des B.

§ 287 S. 2 BGB?

b) Eine Haftung käme nur dann in Betracht, wenn B nach § 287 S. 2 BGB verschärft auch für Zufallsschäden haften würde.

aa) E hat B mehrfach gemahnt, den Pkw herauszugeben. Obwohl B wusste, dass er zur Herausgabe verpflichtet war, kam er dem Verlangen des E nicht nach. Die in § 286 BGB geregelten Voraussetzungen für das Vorliegen von Schuldnerverzug liegen damit vor.

bb) Die Vorschriften zum Schuldnerverzug sind aber auf den dinglichen Anspruch aus § 985 BGB grundsätzlich nicht anwendbar. Gibt der Besitzer trotz Mahnung den Besitz nicht nach § 985 BGB heraus, kommt der Besitzer also grundsätzlich **nicht (!)** in Schuldnerverzug.

in Schuldnerverzug gerät nur der bösgläubige unrechtmäßige Besitzer, vgl. § 990 II BGB

Dies lässt sich im Umkehrschluss aus § 990 II BGB entnehmen. Nach § 990 II BGB bleibt eine weitergehende Haftung des Besitzers wegen Verzugs unberührt. Diese Vorschrift bezieht sich aufgrund ihrer systematischen Stellung eindeutig nur auf den bösgläubigen Besitzer und nicht auch auf den verklagten Besitzer.

§ 990 II BGB lässt sich also als Freischaltungsnorm charakterisieren, die nur ausnahmsweise die Anwendung der Regelungen über den Verzug gestattet.[145]

> **hemmer-Methode: Die Haftung auf Nutzungsersatz und Schadensersatz hat das Gesetz nur für den verklagten Besitzer in § 987 BGB und § 989 BGB geregelt.**
> **Durch die Verweisung in § 990 I S. 1 BGB auf die §§ 987, 989 BGB wird diese Haftung auf den bösgläubigen Besitzer lediglich ausgedehnt. Wären die Verzugsvorschriften auch auf den verklagten Besitzer anwendbar, so hätte dies in § 989 BGB geregelt werden müssen.[146] Da die Klageerhebung nicht automatisch Bösgläubigkeit auslöst, enthält das Gesetz damit zudem die Wertung, dass der Bösgläubige strenger haften soll als derjenige, der „nur" verklagt wurde.**

Abwandlung

Abwandlung: *Nachdem der Rechtsanwalt des E in einem bösen Brief mit der Klageerhebung droht, wird B weich.* **Hat E gegen B einen Anspruch auf Schadensersatz?**

a) Ein Anspruch auf Schadensersatz gem. §§ 990 I S. 1, 989 BGB scheidet aus, da es sich bei den Rechtsanwaltskosten nicht um einen Schaden handelt, der durch die Beschädigung der Sache entstanden ist, sondern durch die nicht erfolgte Herausgabe.

b) In Betracht kommt aber ein Anspruch auf Ersatz der Rechtsanwaltskosten als kausaler Verzugsschaden gem. §§ 990 II, 280 I, II, 286 BGB.

145　So treffend Gebauer/Huber, Schadensersatz statt Herausgabe, ZGS 2005, 103 (105).

146　Allgemeine Meinung; vgl. z.B. Palandt, § 990, Rn. 9.

Zwar handelt es sich bei den Rechtsanwaltskosten um freiwillige Vermögensopfer. Allerdings durfte sich E dazu herausgefordert fühlen, einen Rechtsanwalt mit der Wahrnehmung seiner rechtlichen Interessen zu beauftragen. Aus diesem Grund liegt ein haftungsausfüllend kausaler Rechtsverfolgungsschaden vor.[147]

hemmer-Methode: Begründet hingegen das anwaltliche Schreiben erst den Schuldnerverzug, so sind die Anwaltskosten nicht ersatzfähig, weil der Anwaltsvertrag vor Verzugsbeginn geschlossen wurde! Hierauf muss der Rechtsanwalt seinen Mandanten hinweisen.

3. Schadensersatz statt Herausgabe gem. §§ 985, 280 I, III, 281 BGB

Schadensersatz statt der Herausgabe gem. §§ 985, 280 I, III, 281 BGB

Bsp.: *E hat gegen B einen Anspruch auf Herausgabe seines Pkw (Wert 15.000,- €). Obwohl B dies weiß und sich der Pkw im unbeschädigten Zustand im Besitz des B befindet, gibt dieser trotz angemessener Fristsetzung bis zum 14.01.2011 den Pkw nicht an E heraus.* **Kann E von B statt der Herausgabe auch Schadensersatz in Höhe von 15.000,- € verlangen?**

76b

a) Ein Anspruch auf Schadensersatz gem. §§ 990 I S. 1, 989 BGB setzt voraus, dass ein Schaden dadurch entstanden ist, dass durch ein Verschulden des unrechtmäßigen Besitzers die Sache verschlechtert wird, untergeht oder aus einem anderen Grund von ihm nicht herausgegeben werden kann.

An einem solchen kausalen Schaden fehlt es aber, da der Pkw noch im unbeschädigten Zustand herausgegeben werden kann. Die bloße Verweigerung der Herausgabe fällt nicht in den Anwendungsbereich der §§ 990, 989 BGB.

b) Ein Anspruch auf Schadensersatz könnte sich aber unter dem Gesichtspunkt des Schadensersatz statt der Leistung gem. §§ 280 I, III, 281 I BGB ergeben, wenn § 281 BGB auf die Nichterfüllung des Herausgabeanspruches nach § 985 BGB anwendbar wäre.

keine generelle Anwendbarkeit des § 281 BGB

aa) Gegen eine generelle Anwendbarkeit des § 281 BGB spricht, dass ansonsten die Wertungen der §§ 989, 990 BGB unterlaufen werden.

Auf Schadensersatz soll der unrechtmäßige Besitzer nämlich nur dann haften, wenn er entweder auf Herausgabe nach § 985 BGB verklagt wurde (§ 989 BGB) bzw. hinsichtlich seines fehlenden Rechts zum Besitz bösgläubig war (§ 990 I BGB).[148]

bb) Fraglich ist, ob § 281 BGB wenigstens dann anwendbar ist, wenn der Besitzer verklagt oder bösgläubig ist.

nach e.A. ist § 281 BGB anwendbar auf verklagten und bösgläubigen Besitzer

(1) Nach wohl überwiegender Ansicht soll § 281 BGB anwendbar sein, und zwar sowohl auf den verklagten als auch auf den bösgläubigen Besitzer.[149] Begründet wird dies damit, dass ganz generell ein Bedürfnis für den Eigentümer bestehe, bei unklarer Herausgabesituation unter Fristsetzung auf einen Schadensersatzanspruch überschwenken zu können.

Nach § 903 S. 1 BGB ist es dem Eigentümer überlassen, wie er mit der Sache verfährt; er kann insbesondere über sie verfügen oder das Eigentum aufgeben (§ 959 BGB). Dann muss er aber im Rahmen des nur der Verwirklichung der Eigentümerrechte nach § 903 S. 1 BGB dienenden § 985 BGB die Möglichkeit haben, nach erfolglosem Fristablauf von einer Vindikation abzusehen.

Denn Schadensersatz könnte der Eigentümer sonst nur im Falle der §§ 989, 990 I BGB verlangen, nicht aber bei einer bloßen Herausgabeverweigerung.

147   Palandt, § 249, Rn. 56 f.
148   Palandt, § 985, Rn. 14.
149   Bamberger/Roth/Fritzsche, § 985, Rn. 29.

hemmer-Methode: Soweit der Eigentümer nach § 281 I BGB vorgeht, muss er die Sache aber analog § 255 BGB Zug um Zug (§§ 273, 274 BGB) an den zum Schadensersatz verpflichteten Besitzer übereignen.

nach a.A. ist § 281 BGB nur auf bösgläubigen Besitzer anwendbar, arg. e contrario § 990 II BGB

(2) Nach anderer Ansicht soll § 281 BGB anwendbar sein, wenn der Besitzer bösgläubig ist.[150]

Begründet wird dies mit der Vorschrift des § 990 II BGB, wonach die Verzugsregeln nur im Verhältnis zum bösgläubigen Besitzer gelten. Zwar ist Verzug keine Tatbestandsvoraussetzung des § 281 BGB, jedoch ist kein Fall denkbar, in dem der Tatbestand des § 281 I BGB vorliegt, ohne dass sich der Schuldner auch in Verzug befindet.

Daher ist § 281 BGB im weitesten Sinne als Verzugsvorschrift einzuordnen.[151]

hemmer-Methode: Wenn neben § 985 BGB auch ein Schadensersatzanspruch aus §§ 823 I, 249 I S. 1 BGB auf Herausgabe besteht, müssen für den Übergang auf eine Entschädigung in Geld gem. § 250 BGB ebenfalls die Wertungen in §§ 989, 990 BGB berücksichtigt werden. Andernfalls würde wiederum die Wertung des EBV unterlaufen, dass der unverklagte, redliche Besitzer grds. nicht auf Schadensersatz haften soll.
Auch hier ist umstritten, ob der Übergang auf eine Entschädigung in Geld gem. § 250 BGB bereits bei Rechtshängigkeit möglich ist (h.M.), oder ob auch hier die Bösgläubigkeit erforderlich ist.[152]
Wenn Sie diese Problematik in einer Klausur erkennen, spielt es überhaupt keine Rolle, wie Sie sich entscheiden.

4. Schadensersatz statt Herausgabe gem. §§ 985, 280 I, III, 283 BGB

§ 283 BGB wird durch §§ 989 f. BGB verdrängt

§§ 280 I, III, 283 BGB finden auf § 985 BGB keine Anwendung, da ansonsten der redliche Besitzer, der ja nach den speziellen §§ 989 f. BGB bei Unmöglichkeit der Herausgabe nicht haftet, nach §§ 280 I, III, 283 BGB doch wieder für jede Fahrlässigkeit haften würde.[153]

76c

B. Vindikation anderer dinglich Berechtigter

I. Verweisungen auf § 985 BGB

Die "für die Ansprüche aus dem Eigentum geltenden Vorschriften", zu denen auch § 985 BGB gehört, werden auf den

77

⇨   Nießbraucher, § 1065 BGB

⇨   Mobiliarpfandgläubiger, § 1227 BGB

⇨   Inhaber eines Pfändungspfandrechts, § 804 II ZPO

⇨   und den Erbbauberechtigten, § 11 I S. 1 ErbbauRG

für entsprechend anwendbar erklärt.

---

150   Gebauer/Huber, Schadensersatz statt Herausgabe, ZGS 2005, 103 (105 ff.).
151   Gebauer/Huber, ZGS 2005, 103 ff. (105).
152   So Gebauer/Huber, ZGS 2005, 103 ff. (110).
153   Bamberger/Roth/Fritzsche, § 985, Rn. 27.

Dass bei weiteren beschränkt dinglichen Rechten eine solche Verweisung auf § 985 BGB fehlt, beruht darauf, dass diese keinen Anspruch auf den Besitz gewähren. Das gilt insbesondere für Grund- und beschränkte persönliche Dienstbarkeiten, für das Vorkaufsrecht, die Reallast sowie Hypothek, Grund- und Rentenschuld. Auf diese Rechte darf § 985 BGB also auch nicht etwa durch Analogie erstreckt werden.[154]

II. Der Herausgabeanspruch des Pfandgläubigers

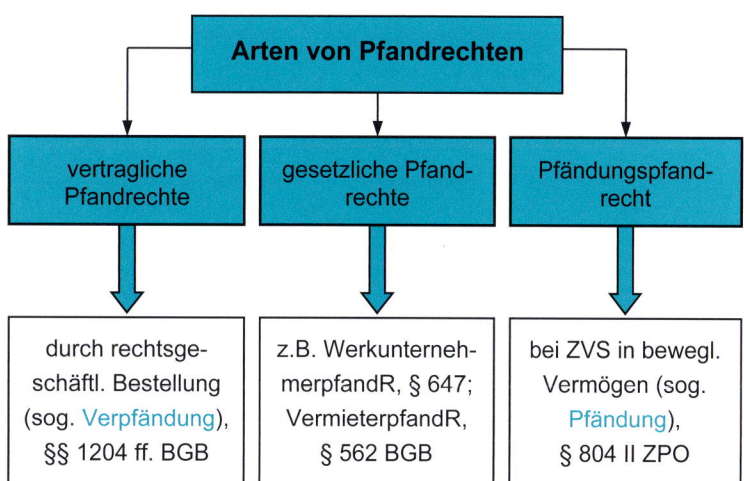

1. Vertragliches Pfandrecht

Besonders wichtig ist in diesem Zusammenhang die Vorschrift des § 1227 BGB. Verliert der Pfandgläubiger den Besitz an der Pfandsache, kann er ihn nach §§ 1227, 985 BGB wiedererlangen.   *78*

§ 1251 I BGB hat lediglich klarstellende Funktion

Lediglich eine Klarstellung gegenüber den §§ 1227, 985 BGB enthält § 1251 I BGB.

> **Bsp.:** *A tritt eine durch Mobiliarpfandrecht gesicherte Forderung gem. § 398 BGB an B ab. B verlangt nun Herausgabe der Pfandsache von A.*
>
> Gem. § 1250 I S. 1 BGB ist mit der Übertragung der Forderung auch das akzessorische Pfandrecht auf B übergegangen. B hat deshalb nach §§ 1227, 985 BGB einen Anspruch auf Herausgabe der Pfandsache gegen A; § 1251 I BGB stellt dies nur noch einmal ausdrücklich klar.
>
> Herausgabe bedeutet hier übrigens Verschaffung derjenigen Besitzstellung, die der bisherige Pfandgläubiger selbst hatte.

2. Gesetzliches Pfandrecht

über § 1257 BGB gilt § 1227 BGB auch für das gesetzliche Pfandrecht

Große Examensrelevanz erhält die Vorschrift des § 1227 BGB insbesondere dadurch, dass sie nicht nur für das vertragliche, sondern über § 1257 BGB auch für das gesetzliche Mobiliarpfandrecht gilt.   *79*

Vermieterpfandrecht

Insbesondere das Vermieterpfandrecht (§ 562 BGB) erfreut sich in Examensklausuren großer Beliebtheit. Der Herausgabeanspruch aus §§ 1227, 985 BGB wird dabei durch § 562b II S. 1 BGB lediglich modifiziert.   *80*

---

154   Medicus, JuS 1985, 657 (659).

hemmer-Methode: § 562b II S. 1 BGB stellt nach umstrittener Ansicht keine eigene Anspruchsgrundlage neben den §§ 1227, 985 BGB dar. Letztlich handelt es sich dabei aber lediglich um einen rein akademischen Streit.

Bsp.: Mieter M ist seinem Hausherrn V gegenüber mit einigen Monatsmieten im Rückstand. Als V eines Abends bei M erscheint und die Miete eintreiben will, bemerkt er, dass M eine Vase, die im Eigentum des M steht, aus der Wohnung entfernt hat.

V protestiert und verlangt, die Vase müsse als letzte Sicherheit für seine Forderung in der Wohnung bleiben. V fordert nun von F, der Freundin des M, bei der M die Vase untergestellt hat, die Herausgabe der Vase.

Anspruchsgrundlage für das Herausgabeverlangen des V sind die §§ 562, 1257, 1227, 985 und bzw. modifiziert durch § 562b II S. 1 BGB.

V hat an der Vase als einer eingebrachten Sache des Mieters M ein Vermieterpfandrecht gem. § 562 BGB erworben. Das Vermieterpfandrecht ist auch nicht nach § 562a BGB erloschen.

Über § 1257 BGB steht dem V der Herausgabeanspruch des Pfandgläubigers gem. § 1227, 985 BGB zu. Der Inhalt dieses Anspruchs wird durch § 562b II S. 1 BGB genau bezeichnet und für das (besitzlose) Vermieterpfandrecht modifiziert: Solange M noch in dem Haus des V wohnt, kann Herausgabe nur zum Zwecke der Zurückschaffung in das Grundstück verlangt werden; ansonsten kann V Herausgabe an sich verlangen.

hemmer-Methode: Die gesetzlichen Pfandrechte sind sehr klausurrelevant. Prägen Sie sich daher die Anspruchskette über §§ 1257, 1227, 985 BGB gut ein!

Abwandlung: Wie wäre es, wenn M die Vase bei E unter Eigentumsvorbehalt gekauft und erst einige Raten gezahlt hätte?

Das Vermieterpfandrecht entsteht gem. § 562 S. 1 BGB nur an Sachen *des Mieters*. Ein gutgläubiger Erwerb des Vermieterpfandrechts ist *unstreitig* nicht möglich, da es nicht, wie der Erwerb eines vertraglichen Pfandrechts, an den Besitzerwerb geknüpft ist, weshalb § 1207 BGB auch nicht analog anwendbar ist.[155]

V hat aber ein Vermieterpfandrecht am Anwartschaftsrecht des M erworben. Denn § 562 BGB erfasst auch Anwartschaftsrechte als wesensgleiches Minus zum Eigentum.[156] Dieses Pfandrecht ist wiederum nicht nach § 562a BGB erloschen.

Doch verleiht das Vermieterpfandrecht am Anwartschaftsrecht keinen Herausgabeanspruch nach §§ 562, 1257, 1227, 985, 562b II S. 1 BGB gegen den Besitzer der Sache (die F).

Die rechtliche Bedeutung des Vermieterpfandrechts am Anwartschaftsrecht liegt nur darin, dass es sich analog § 1287 BGB in ein Pfandrecht an der Sache verwandelt, wenn der Anwartschaftsberechtigte das Eigentum an der Sache erwirbt.[157]

Den Eigentumserwerb des M kann V herbeiführen, indem er die ausstehenden Raten an E zahlt (§ 267 I BGB).[158] Dieser Zahlung kann der M aufgrund des Vermieterpfandrechts des V am Anwartschaftsrecht nicht widersprechen i.S.d. § 267 II BGB.[159]

155 Sehr str. ist dagegen, ob, § 1207 BGB auf gesetzliche Pfandrechte, die mit einem Besitzerwerb verbunden sind, wie z.B. das Werkunternehmerpfandrecht (§ 647 BGB), entsprechend anzuwenden ist; vgl. dazu Palandt, § 1257, Rn. 2 m.w.N. Dieser Streit gilt nicht für das besitzlose Vermieter- bzw. Verpächterpfandrecht gem. §§ 562, 581 II BGB.

156 Palandt, § 559, Rn. 9. Strenggenommen handelt es sich um eine analoge Anwendung des, § 562 BGB.

157 Vgl. Palandt, § 559, Rn. 9; Hemmer/Wüst, Kreditsicherungsrecht, Rn. 77 f.

158 E kann freilich gem. § 267 II BGB die Zahlung ablehnen, falls M widerspricht.

159 Palandt, § 267, Rn. 5, dort ist zwar nur von einem Pfändungspfandrecht die Rede, für ein sonstiges Pfandrecht am Anwartschaftsrecht muss aber das Gleiche gelten.

Erst dann besteht der Herausgabeanspruch des V gegen F aus §§ 562, 1257, 1227, 985, 562b II S. 1 BGB.

hemmer-Methode: Das Pfandrecht am Anwartschaftsrecht ist ein beliebtes Prüfungsthema. Mit der analogen Anwendung des § 1287 BGB muss man daher unbedingt vertraut sein.
§ 1287 BGB regelt einen Fall der sog. dinglichen Surrogation. Davon spricht man, wenn sich ein einmal entstandenes Recht an einem Gegenstand an einem anderen Gegenstand (dem Surrogat) fortsetzt. Examensrelevante Vorschriften, die eine dingliche Surrogation enthalten, sind neben § 1287 BGB die §§ 1247 S. 2, 2019 I, 2041 und 2111 BGB.[160] Sie sind Ausnahmen von dem im BGB grundsätzlich geltenden Surrogationsverbot.

3. Pfändungspfandrecht

Anwendbarkeit der §§ 1227, 985 BGB auf das Pfändungspfandrecht (§ 804 I ZPO)

Die Anwendbarkeit der §§ 1227, 985 BGB auf das Pfändungspfandrecht nach § 804 I ZPO folgt nicht - wie vielfach angenommen wird - schon unmittelbar aus § 804 II, 1.Hs. ZPO. Denn nach dieser Vorschrift gewährt das Pfändungspfandrecht lediglich „im Verhältnis zu anderen Gläubigern" dieselben Rechte wie ein vertraglich vereinbartes Faustpfandrecht. Bei der Anwendung der §§ 1227, 985 BGB geht es jedoch nicht um das Verhältnis zu anderen Gläubigern, sondern um den Herausgabeanspruch gegen den Besitzer.

81

Fraglich ist, inwieweit die §§ 1227, 985 BGB auch auf das Pfändungspfandrecht nach § 804 I ZPO anzuwenden sind.

> **Bsp.:** *Gerichtsvollzieher GV pfändet aufgrund eines Zahlungstitels des Gl das Auto des Schuldners S. Tags darauf vermietet S das Auto an M. Dieser weigert sich, den Wagen an den GV zur Verwertung herauszugeben. Hat Gl gegen M einen Anspruch auf Herausgabe des Autos an GV?*
>
> Gl könnte gegen M einen Herausgabeanspruch nach §§ 1227, 985 BGB haben. Als Pfandrecht kommt hier das Pfändungspfandrecht in Betracht, das Gl durch die wirksame Pfändung in das schuldnereigene Auto erworben hat (§ 804 I ZPO).
>
> Das Pfändungspfandrecht gewährt gemäß § 804 II, 1.Hs. ZPO „im Verhältnis zu anderen Gläubigern" dieselben Rechte wie ein vertraglich vereinbartes Faustpfandrecht. Bei der Anwendung der §§ 1227, 985 BGB geht es jedoch nicht um das Verhältnis zu anderen Gläubigern, sondern um den Herausgabeanspruch gegen den Besitzer. Es ist daher zweifelhaft, ob diese Bestimmungen ohne weiteres herangezogen werden können. Die Antwort auf diese Frage fällt unterschiedlich leicht, je nachdem welchen Charakter man dem Pfändungspfandrecht beilegt. Hierfür muss auf die unterschiedlichen Pfändungspfandrechtstheorien zurückgegriffen werden:[161]

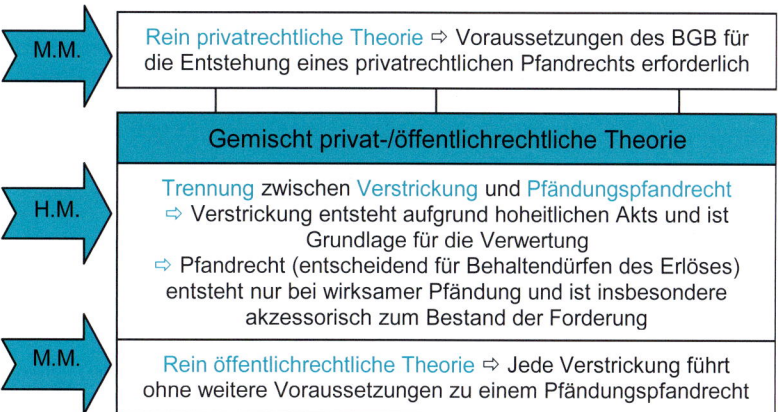

---

160   Zu § 2019 I BGB unten Rn. 165, zu § 2111 BGB unten Rn. 149.

161   Vgl. dazu ausführlich Hemmer/Wüst, ZPO II, Rn. 130 ff.

rein privatrechtliche Theorie

Nach der heute nicht mehr vertretenen rein privatrechtlichen Theorie wäre die Anwendbarkeit der §§ 1227, 985 BGB unproblematisch zu bejahen. Nach dieser Auffassung ist das Pfändungspfandrecht nichts anderes als eine dritte Art des privatrechtlichen Pfandrechts (neben dem vertraglichen und dem gesetzlichen).

82

Der Pfändungsakt ersetzt den rechtsgeschäftlichen Bestellungsakt; im Übrigen sind die §§ 1204 ff. BGB neben den Vorschriften der ZPO unmittelbar anzuwenden.

gemischt privatrechtlich-öffentlich-rechtliche Theorie (h.M.)

Ebenfalls zur Anwendbarkeit der §§ 1227, 985 BGB auf das Pfändungspfandrecht gelangt die herrschende gemischt privatrechtlich-öffentlich-rechtliche Theorie.[162] Diese Auffassung ordnet zwar die Verstrickung ganz dem öffentlichen Recht zu; das Pfändungspfandrecht soll dagegen privatrechtlichen Charakters sein und den Regeln der §§ 1204 ff. BGB unterstehen.

83

öffentlich-rechtliche Theorie

Problematisch erscheint indes, ob auch die Vertreter der öffentlich-rechtlichen Theorie §§ 1227, 985 BGB anwenden können. Denn nach dieser Auffassung ist das Pfändungspfandrecht ein vom Pfandrecht des BGB wesensverschiedenes Recht, das im öffentlichen Recht wurzele und mit der öffentlich-rechtlichen Verstrickung unlösbar verknüpft sei. Doch wird im Einzelfall zur Ausfüllung einer Gesetzeslücke eine Analogie zu den §§ 1204 ff. BGB durchaus für möglich gehalten. Vorliegend bejahen die Vertreter dieser Theorie überwiegend eine solche Gesetzeslücke und wenden § 1227 BGB sinngemäß an.[163]

84

Nach (auch unter den Anhängern der öffentlich-rechtlichen Theorie) ganz überwiegender Auffassung kann also Gl von M die Herausgabe des Autos verlangen, allerdings gemäß § 986 I S. 2 BGB nicht an sich selbst, sondern nur an den GV.

Abwandlung: Wie im Ausgangsfall, nur gehörte der gepfändete Wagen nicht dem Schuldner S, sondern einem Dritten D. Kann Gl auch in diesem Fall von M verlangen, dass er das Auto an GV herausgibt?

85

Zwar sind nach dem soeben Gesagten die §§ 1227, 985 BGB auch auf das Pfändungspfandrecht anwendbar. Doch muss natürlich überhaupt ein Pfändungspfandrecht entstanden sein. Dies ist in der Abwandlung nach der privatrechtlichen und der gemischten Theorie *nicht* der Fall: Denn das privatrechtliche Pfandrecht entsteht nur an den eigenen Sachen des Verpfänders; eine Ausnahme gilt nur für den gutgläubigen Erwerb nach § 1207 BGB, der aber einen rechtsgeschäftlichen Erwerbstatbestand voraussetzt, der hier nicht vorliegt. Anders ist es nach der öffentlich-rechtlichen Theorie: Sie lässt das Pfändungspfandrecht auch an schuldnerfremden Sachen entstehen, soweit nur eine wirksame Verstrickung gegeben ist.[164]

Für die Lösung der Abwandlung bedeutet dies: Nur nach der öffentlich-rechtlichen Theorie ist der Herausgabeanspruch des Gl aus §§ 1227, 985 BGB gegeben. Herauszugeben ist gemäß § 986 I S. 2 BGB wiederum an den GV.

hemmer-Methode: Der Herausgabeanspruch aus §§ 1227, 985 BGB eignet sich also hervorragend als Aufhänger für die verschiedenen, sehr examensrelevanten Pfändungspfandrechtstheorien.

C. Herausgabeansprüche aus früherem Besitz (§§ 861 I, 1007 I, II BGB)

Sachenrechtliche Herausgabeansprüche können nicht nur aus Eigentum und beschränkt dinglichen Rechten, sondern auch aus früherem Besitz hergeleitet werden.

86

---

162   Baur/Stürner, ZwVR, Rn. 436; Lippross, Vollstreckungsrecht, Fall 43.

163   Thomas, § 804, Rn. 6; BL, § 804, Rn. 8.

164   Näher dazu Hemmer/Wüst, ZPO II, Rn. 130 ff.

Die hiermit angesprochenen Vorschriften des § 861 BGB und des § 1007 BGB werden sehr oft mit dem Herausgabeanspruch aus dem Eigentum (§ 985 BGB) konkurrieren.

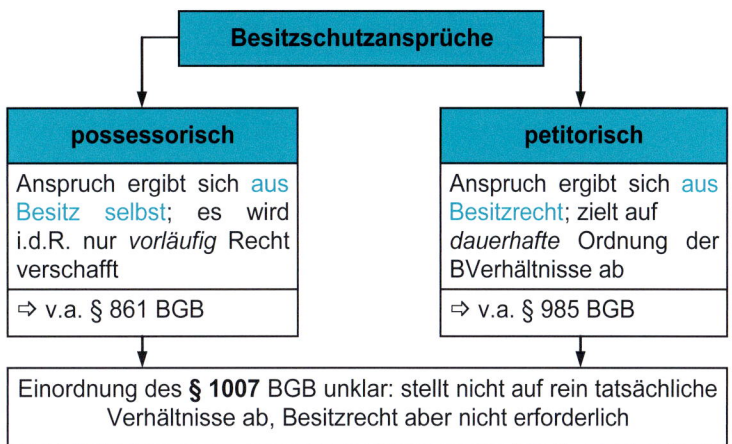

hemmer-Methode: Denken Sie also neben § 985 BGB immer auch an § 861 BGB und § 1007 BGB. Insbesondere wenn man den Eigentumsherausgabeanspruch bereits bejaht hat, werden diese Anspruchsgrundlagen leicht vergessen.

possessorische und petitorische Ansprüche

Während § 861 BGB einen *possessorischen* Besitzherausgabeanspruch darstellt, spricht man bei § 1007 BGB von einem *petitorischen* Anspruch.

Mit dieser Terminologie wird ausgedrückt, dass der Anspruch aus § 861 BGB aus dem *Besitz als solchem* abgeleitet wird; ein *Recht zum Besitz* ist dagegen sowohl für den Anspruch als auch für die Verteidigung (vgl. § 863 BGB) grundsätzlich[165] unerheblich. Das ist bei § 1007 BGB anders (vgl. §§ 1007 III, 986 BGB).

I. Der possessorische Besitzherausgabeanspruch aus § 861 I BGB

1. Voraussetzungen

§ 861 BGB

(1)	Besitzentzug ggü. Anspruch*steller* durch verbotene Eigenmacht (§ 858 BGB)
(2)	Fehlerhafter Besitz des Anspruch*gegners* ⇨ § 858 II BGB
(3)	§ 861 II BGB: Ausschluss, wenn Anspruch*steller* ggü. Anspruchsgegner bzw. dessen Rechtsvorgänger fehlerhaft besaß + Jahresfrist nicht abgelaufen
(4)	§ 864: Erlöschen bei Ablauf der Jahresfrist (Abs. 1) oder Urteil nach Abs. 2

---

165   Vgl. aber § 864 II BGB. Dazu sogleich unten Rn. 105 f.

a) Besitzentziehung durch verbotene Eigenmacht, § 858 I BGB

verbotene Eingemacht, § 858 I BGB

Die verbotene Eigenmacht ist in § 858 I BGB legaldefiniert; danach muss die Besitzentziehung (oder -störung[166]) ohne (nicht notwendig gegen) den Willen des Besitzers erfolgen und darf nicht durch Gesetz gestattet sein.

88

aa) Besitzer i.S.d. § 858 I BGB

Besitzer i.S.d. § 858 I BGB ist nur der unmittelbare Besitzer

Besitzer i.S.d. § 858 I BGB ist nur der unmittelbare Besitzer. Weil es allein auf seinen Willen ankommt, gilt es, im Rahmen des § 861 I BGB stets ganz genau die Besitzlage zu klären.

89

Zustimmung des Besitzdieners schließt verbotene Eigenmacht nicht aus

(1) Da nur auf den unmittelbaren Besitzer abzustellen ist, liegt verbotene Eigenmacht vor, wenn lediglich der Besitzdiener der Besitzentziehung zustimmt.

90

> *Bsp.: Die Hausangestellte H gestattet es anstelle des abwesenden Hausherrn, dass ein Nachbar N sich dessen noch im Garten stehenden Rasenmäher "ausborgt". N hat hier den Besitz durch verbotene Eigenmacht erlangt.*

> Man kann sich in diesen Fällen der Besitzerlangung vom Besitzdiener fragen, wer genau die verbotene Eigenmacht verübt hat, ob der Besitzdiener (die H) oder der neue Besitzer (der Nachbar N).

> Während manche stets den neuen Besitzer als denjenigen ansehen, der die verbotene Eigenmacht begeht, unterscheiden andere danach, ob ein Nehmen mit Erlaubnis des Besitzdieners (dann Eigenmacht des N) oder ein Geben durch den Besitzdiener (dann Eigenmacht der H) vorliegt.[167] Diese Differenzierung hat aber keine praktischen Auswirkungen.[168]

Erbenbesitz, § 857 BGB

(2) Gemäß § 857 BGB rückt der wahre Erbe kraft Fiktion in genau dieselbe Besitzstellung ein, die der Erblasser vor seinem Tod innehatte.

91

Hatte der Erblasser unmittelbaren Besitz, so gilt mit dem Todeszeitpunkt der wahre Erbe als unmittelbarer Besitzer, und zwar ganz unabhängig davon, ob er schon von der Erbschaft weiß. Für das Vorliegen einer verbotenen Eigenmacht kommt es daher nun auf den Willen des wahren Erben an.

> *Bsp.: Nimmt ein Nichterbe ohne den Willen des wahren Erben einen Nachlassgegenstand an sich, an dem der Erblasser unmittelbaren Besitz hatte, so liegt eine verbotene Eigenmacht vor.*

hemmer-Methode: Bedeutung erlangt diese verbotene Eigenmacht insbesondere dann, wenn der Nichterbe die Sache an einen Dritten veräußert. Hier scheitert ein gutgläubiger Erwerb daran, dass die Sache dem wahren Erben abhandengekommen ist i.S.d. § 935 I BGB. Ein Eigentumserwerb ist deshalb von einem Nichterben nur möglich, soweit sich dieser im Besitz eines Erbscheins befindet, § 2365, 2366 BGB. Der Dritte wird dann so gestellt, wie wenn er vom wahren Erben erwerben würde.[169]

Besitz von juristischen Personen und Personengesellschaften

(3) Der Anspruch aus § 861 I BGB bietet vielfach den Aufhänger für das Problem der Besitzverhältnisse in juristischen Personen und Personengesellschaften.

92

---

166   Sie zieht den hier nicht interessierenden Anspruch aus § 862 BGB nach sich.
167   Vgl. zu den verschiedenen Auffassungen Westermann, § 22 II.
168   Vgl. unten cc Rn. 100 f.
169   Vgl. dazu Hemmer/Wüst, Erbrecht, Rn. 228 f.

juristische Personen

Juristische Personen (e.V., AG, GmbH, e.G.) sind nur durch ihre Organe handlungsfähig. Der Besitz der Organe wird der juristischen Person unmittelbar zugerechnet. Die juristische Person erwirbt somit selbst Besitz, den sie durch ihre Organe ausübt (sog. Organbesitz).

Die Organpersonen selbst sind dabei weder Besitzdiener noch Besitzmittler, sie haben keinerlei besitzrechtliche Stellung.[170]

93

Gleichwohl liegt keine verbotene Eigenmacht vor, wenn ein vertretungsberechtigtes Organ eine im unmittelbaren Besitz der juristischen Person befindliche Sache an einen Dritten weggibt. Denn dieses Organ repräsentiert den Willen der juristischen Person; der Besitzverlust erfolgt also nicht ohne ihren Willen. Die Sache ist dieser daher auch nicht i.S.d. § 935 I BGB abhandengekommen.[171]

94

Nimmt dagegen eine Organperson eine im Organbesitz befindliche Sache in Eigenbesitz, entscheidet die h.M. anders. Hier soll verbotene Eigenmacht vorliegen. Begründen lässt sich das wohl nur damit, dass insoweit das Organ die juristische Person nicht vertreten (vgl. § 181 BGB) und folglich auch nicht ihren Willen repräsentieren kann.

hemmer-Methode: Verdeutlichen Sie sich diese Problematik nochmals anhand des oben besprochenen Champagnerflaschen-Falls![172]

Erbengemeinschaft

Die Erbengemeinschaft hat als solche grundsätzlich keinen Besitz. Besitzer sind die einzelnen Miterben als Mitbesitzer gem. § 866 BGB. Wegen der gesamthänderischen Bindung liegt regelmäßig qualifizierter Mitbesitz vor.[173]

95

Personengesellschaften des Handelsrechts (OHG, KG)

Sehr streitig sind auch die Besitzverhältnisse bei den Personengesellschaften des Handelsrechts (**OHG / KG**).

96

Nach §§ 124, 161 II HGB können sie selbst Träger von Rechten und Pflichten sein; sie sind damit einer juristischen Person stark angenähert.

Die wohl h.M.[174] folgert daraus, dass in Bezug auf die Besitzverhältnisse dasselbe gelte wie bei juristischen Personen: Die OHG/KG kann danach also selbst Besitzer sein; dieser Besitz wird durch die Organe (die geschäftsführenden und vertretungsberechtigten Gesellschafter) ausgeübt.

Die Gegenansicht[175] lehnt dagegen einen Organbesitz der OHG/KG mangels körperschaftlicher Organisation ab. Hinsichtlich der Besitzverhältnisse fänden vielmehr dieselben Regeln Anwendung, die auch für die GbR (nach traditioneller Auffassung) gelten.

hemmer-Methode: Überzeugend ist es letztlich nur, wenn man wegen §§ 161 II, 124 I HGB für die OHG/KG und für die GbR seit der Anerkennung ihrer Rechtsfähigkeit die gleichen Grundsätze anwendet wie für die juristischen Personen.
Stellen Sie aber in einer Klausur dar, welche Streitfragen bei OHG/KG und GbR diskutiert werden.

---

170   Ganz h.M.; vgl. Palandt, § 854, Rn. 13; ausführlich Westermann, § 20 II.

171   BGHZ 57, 166-170 (169) = **juris**byhemmer; Palandt, § 935, Rn. 9; Erman, § 935, Rn. 6; Westermann, § 49 I 7.

172   Rn. 18.

173   Vgl. Baur/Stürner, § 7 D II 1b; vgl. auch Rn. 134.

174   Vgl. Palandt, § 854 Rn. 15 sowie BGH, JZ 1968, 69 = **juris**byhemmer; Westermann § 20 III 2 m.w.N.; ebenso natürlich alle diejenigen, die sogar der GbR Besitz zusprechen.

175   Palandt, § 854, Rn. 16.

Gesellschaft bürgerlichen Rechts

Für die (Außen-)GbR ist seit der Entscheidung des BGH vom 29.01.2001[176] deren Rechts- wie Parteifähigkeit anerkannt.

96a

Sieht man die GbR mit der h.M. und Rechtsprechung des BGH als (teil-) rechtsfähig an, so kann die Gesellschaft selbst Besitzer sein. Dieser Besitz wird durch die "Organe", d.h. die geschäftsführenden und vertretungsberechtigten Gesellschafter, ausgeübt.[177]

hemmer-Methode: Für die Besitzverhältnisse bei der GbR gilt damit das oben zur OHG/KG Gesagte entsprechend. Eventuelle Besitzschutzansprüche stehen dann der Gesellschaft selbst zu.

bb) Entziehung ohne den Willen des Berechtigten

Entziehung ohne, nicht notwendig gegen den Willen des unmittelbaren Besitzers

Da § 858 I BGB lediglich verlangt, dass die Beeinträchtigung ohne (nicht auch gegen) den Willen des unmittelbaren Besitzers erfolgt ist, kann nur eine Zustimmung des Besitzers dem Eingriff in den Besitz den Charakter verbotener Eigenmacht nehmen.

97

Nach h.M.[178] ist die Zustimmung nicht rechtsgeschäftlicher Natur, sondern Ausdruck eines natürlichen Willens; sie erfordert daher nicht Geschäftsfähigkeit, sondern nur natürliche Willensfähigkeit, die etwa bei einem beschränkt Geschäftsfähigen anzunehmen ist.[179]

cc) Keine gesetzliche Gestattung

keine Gestattung durch Gesetz

Gesetzlich gestattet und damit keine verbotene Eigenmacht ist die Besitzentziehung vor allem bei Notwehr- und Selbsthilfebefugnissen (etwa §§ 227, 229, 562b I, 859, 904 BGB) und Vollstreckungsakten des Gerichtsvollziehers (§§ 808 ff., 883 ff. ZPO).

98

Bsp.: V hat Moped an seinen Freund F verkauft. Danach ficht V den Kaufvertrag wegen arglistiger Täuschung an und verweigert die Lieferung des Mopeds. Auf die Klage des F hin wird V vom Amtsgericht rechtskräftig dazu verurteilt, das Moped an F herauszugeben und es ihm zu übereignen. Das Urteil wird für vorläufig vollstreckbar erklärt.

F geht aus dem Urteil gegen V vor und veranlasst, dass das Moped dem V durch den Gerichtsvollzieher weggenommen und ihm übergeben wird. Anschließend veräußert er das Moped unter gleichzeitiger Übergabe an D, der von den Vorgängen wusste.

Hat V gegen D einen Anspruch aus § 861 BGB?[180]

Ein Anspruch aus § 861 BGB setzt voraus, dass gegenüber V verbotene Eigenmacht verübt wurde und D gegenüber V fehlerhaft besitzt.

Da D von den Vorgängen wusste, wäre sein Besitz gemäß § 858 II S. 2 BGB fehlerhaft, wenn F gegenüber V seinerseits verbotene Eigenmacht verübt hätte.

Es liegt nämlich ein rechtmäßiger hoheitlicher Eingriff vor, der als gesetzliche Gestattung der Wegnahme i.S.d. § 858 I BGB anzusehen ist. Der Gerichtsvollzieher war nämlich aufgrund des Urteils befugt, das Moped wegzunehmen, § 897 ZPO.

Gegenüber V wurde daher keine verbotene Eigenmacht ausgeübt.

---

176   Vgl. **BGH**, NJW 2001, 1056-1061 = **juris**byhemmer = **Life&Law 3/2001, 216-226**; vgl. ausführlich zur Rechtsfähigkeit der GbR Hemmer/Wüst, Gesellschaftsrecht.

177   Palandt, § 854 Rn. 14.

178   Palandt, § 858, Rn. 2; Staudinger, § 858, Rn. 18 m.w.N.; a.A. etwa Baur, § 9 I 2a.

179   Staudinger, § 858, Rn. 18 i.V.m. § 854, Rn. 17. Auch im Parallelfall des § 935 BGB stellt die h.M. auf diese natürliche Willensfähigkeit ab, vgl. Westermann, § 49 I 3.

180   In einer Klausur wären auch Ansprüche aus § 985 BGB und § 812 I BGB zu prüfen.

b) Anspruchsberechtigter

Anspruchsberechtigter = unmittelbarer Besitzer

Anspruchsberechtigt ist zunächst der bisherige unmittelbare Besitzer. 99

mittelbarer Besitzer, § 869 S. 1+2 BGB

Mittelte der unmittelbare Besitzer, gegen den die verbotene Eigenmacht verübt wurde, einem anderen den Besitz, so steht über § 869 S. 1 BGB der Anspruch aus § 861 BGB auch dem mittelbaren Besitzer zu.

Der mittelbare Besitzer kann aber nach § 869 S. 2 BGB regelmäßig nur die Wiedereinräumung des Besitzes an den bisherigen unmittelbaren Besitzer verlangen. § 869 S. 2 BGB ist damit die Parallelvorschrift zu § 986 I S. 2 BGB.

c) Anspruchsverpflichteter

Anspruchsverpflichteter = der gegenwärtig fehlerhaft Besitzende

Anspruchsgegner ist der dem Anspruchsberechtigten gegenüber fehlerhaft Besitzende. Der Anspruch aus § 861 BGB richtet sich also gegen den zur Zeit der Klageerhebung Besitzenden,[181] der die verbotene Eigenmacht selbst verübt hat oder als Besitznachfolger eines Eigenmächtigen nach Maßgabe des § 858 II BGB fehlerhaft besitzt. 100

fehlerhafter Besitz bei Erwerb vom Besitzdiener

Manche sehen in der unbefugten Weggabe der Sache durch den Besitzdiener an den neuen Besitzer eine verbotene Eigenmacht des Besitzdieners und nicht des neuen Besitzers.[182] Dennoch gilt dann für die Fehlerhaftigkeit des Besitzes des neuen Besitzers nicht § 858 II S. 2 BGB, sondern § 858 II S. 1 BGB. 101

Denn der Besitzdiener hat durch das Aushändigen keinen transitorischen eigenen Besitz begründet; der neue Besitzer ist daher kein Besitznachfolger, für den § 858 II S. 2 BGB gilt, sondern hat den Besitz unmittelbar durch verbotene Eigenmacht erlangt. Auch wenn der neue Besitzer von der verbotenen Eigenmacht des Besitzdieners keine Kenntnis hat, besitzt er also fehlerhaft.[183]

mittelbarer Besitzer als Anspruchsgegner

Anspruchsgegner kann natürlich auch der ursprünglich mittelbare Besitzer sein, der seinem Besitzmittler die Sache weggenommen hat und nun unmittelbarer Besitzer ist (Beispiel: der Vermieter nimmt seinem Mieter die Sache weg, um sie wieder selbst nutzen zu können). 102

Schließlich kann sich der Anspruch auch gegen einen gegenwärtigen mittelbaren Besitzer richten, wenn dieser fehlerhaft unmittelbaren Besitz erworben hat und diesen auf einen anderen übertragen hat, der ihm jetzt den Besitz mittelt.

> **Bsp.:** *D stiehlt das Fahrrad des E und vermietet es an den gutgläubigen B.*
>
> Gegen den gegenwärtigen unmittelbaren Besitzer B hat E keinen Anspruch aus § 861 I BGB, da der gutgläubige B gem. § 858 II S. 2 BGB nicht fehlerhaft besitzt.
>
> Wohl aber besteht ein Anspruch aus § 861 I BGB gegen den gegenwärtigen mittelbaren Besitzer D. Der Anspruch ist hier nicht wie sonst auf Verschaffung unmittelbaren, sondern auf die Übertragung mittelbaren Besitzes nach § 870 BGB gerichtet.

---

181 Ist die Sache vor Klageerhebung von dem Besitzentzieher schon wieder weitergegeben worden, kommen nur Schadensersatzansprüche in Betracht.

182 Vgl. Rn. 90.

183 Westermann, § 22 IV.

d) Ausschluss nach § 861 II BGB

§ 861 II BGB

Der Anspruch aus § 861 I BGB ist nach Abs. II ausgeschlossen, wenn der Besitz des Klägers dem Beklagten gegenüber fehlerhaft war *und* der fehlerhafte Besitz des Klägers innerhalb einer Jahresfrist vor seiner Entsetzung erlangt war.

103

Es handelt sich dabei nicht um eine Einrede, sondern eine rechtshindernde Einwendung, die das Gericht von Amts wegen berücksichtigen muss[184] (arg. e "ist ausgeschlossen").

e) Erlöschensgründe nach § 864 BGB

Zwei Erlöschensgründe für den Anspruch aus § 861 I BGB enthält § 864 BGB.

§ 864 I BGB

So erlischt nach § 864 I BGB der Anspruch aus § 861 I BGB mit dem Ablauf eines Jahres nach der Verübung der verbotenen Eigenmacht, wenn nicht vorher der Anspruch im Wege der Klage geltend gemacht worden ist. Dies ist keine Verjährungs-, sondern eine Ausschlussfrist, die wiederum von Amts wegen zu beachten ist.[185]

104

§ 864 II BGB

Nach § 864 II BGB geht der Anspruch auch dann unter, wenn nach der Verübung der verbotenen Eigenmacht durch rechtskräftiges Urteil festgestellt wird, dass dem eigenmächtig Handelnden ein Recht zum Besitz an der Sache zusteht. In diesem Fall verdrängt also das petitorische Recht das possessorische.

105

analoge Anwendung des § 864 II BGB?

Gemäß dem Wortlaut des § 864 II BGB muss dabei das Urteil *nach* der Verübung der verbotenen Eigenmacht rechtskräftig geworden sein.

106

Eine entsprechende Anwendung auf den Fall, dass das Urteil schon *vorher* rechtskräftig wurde, lehnt die h.M.[186] ab. Argument: Andernfalls gebe man einen Anreiz, das Urteil nicht im Wege der Zwangsvollstreckung, sondern mit dem Faustrecht durchzusetzen. Zudem könne sich die Rechtslage inzwischen ja geändert haben.

Eine starke Mindermeinung[187] hält dem entgegen: Derjenige, der das ihm günstige Urteil abwarte und erst nach Rechtskraft selbstherrlich durchsetze, dürfe doch nicht schlechter stehen als derjenige, der das ohne Urteil mache.

f) Ausschluss petitorischer Einwendungen, § 863 BGB

§ 863 BGB

§ 863 BGB schließt den Einwand des Beklagten aus, er sei zum Besitz berechtigt; darin liegt gerade der Charakter als possessorischer Anspruch.

107

Folgerichtig dringt auch der Einwand, der Kläger handle arglistig, wenn er die Sache aus § 861 I BGB herausverlange, die er aufgrund des Rechts des Beklagten sofort wieder herausgeben müsste ("dolo agit qui petit quod statim redditurus est"; § 242 BGB), nicht durch.[188]

Die Besitzschutzansprüche sind vom Gesetz bewusst so ausgestaltet, dass sie den zum Besitz Berechtigten von einer eigenmächtigen Durchsetzung seines Rechts abschrecken sollen.

---

184   Palandt, § 861, Rn. 5 a.E.
185   Palandt, § 864, Rn. 1.
186   Palandt, § 864, Rn. 5 m.w.N.
187   Westermann, § 24 II 6 m.w.N.
188   Westermann, § 24 II 4.

Zulassung einer petitorischen Widerklage

Die h.M.[189] lässt aber eine petitorische Widerklage (§ 33 ZPO) zu. Die Regelung des § 863 BGB verliert dadurch nicht ihre Bedeutung, da über die in der Regel zunächst entscheidungsreife Besitzschutzklage durch Teilurteil (§ 301 ZPO) zu entscheiden ist.

108

Bei gleichzeitiger Entscheidungsreife ist die Besitzschutzklage allerdings zur Vermeidung widersprüchlicher Urteile entsprechend § 864 II BGB abzuweisen, und zwar unabhängig davon, ob die Entscheidung sogleich rechtskräftig wird (wie bei letztinstanzlichen Entscheidungen) oder nicht.[190]

hemmer-Methode: Bei § 861 I BGB kommt dabei als Widerklage nur eine Feststellungsklage in Betracht (keine Leistungsklage, da der Widerkläger ja bereits im Besitz der Sache ist).[191]

Bsp.: A klagt aus § 861 I BGB, weil E ihm eine Sache weggenommen hat. E hält dem entgegen, er sei Eigentümer der Sache, die ihm vor zwei Jahren gestohlen worden sei.

E kann sein Eigentum wegen § 863 BGB nicht als Einwendung gegenüber dem Anspruch des A aus § 861 I BGB geltend machen. Er kann aber nach h.M. eine Widerklage (§ 33 ZPO) auf Feststellung seines Eigentums erheben. Ist diese Widerklage zeitgleich mit der Besitzschutzklage entscheidungsreif, ist letztere analog § 864 II BGB abzuweisen.

hemmer-Methode: Die Zulassung der petitorischen Widerklage ist *das* Standardproblem bei den possessorischen Ansprüchen. Sie sollten daher den vorstehenden Gedankengang unbedingt verinnerlichen.

2. Anspruchsinhalt

Anspruchsinhalt ist regelmäßig die Verschaffung unmittelbaren Besitzes. Ist der Anspruchs*berechtigte* ein mittelbarer Besitzer,[192] kann grundsätzlich nur Herausgabe an den bisherigen unmittelbaren Besitzer verlangt werden, § 869 S. 2 BGB.

109

Ist umgekehrt der Anspruchs*gegner* ausnahmsweise ein mittelbarer Besitzer,[193] richtet sich naturgemäß auch der Anspruch nur auf Übertragung dieses mittelbaren Besitzes (vgl. § 870 BGB).

hemmer-Methode: § 867 BGB ergänzt den Anspruch aus §§ 861, 862 BGB. Er gewährt dem Besitzer einen Anspruch auf Abholung der Sache, nicht aber ein Recht zum Betreten des Grundstücks. Nach allg. Meinung ist § 867 BGB analog anzuwenden, wenn die Sache nicht auf ein Grundstück, sondern in eine andere bewegliche Sache (z.B. einen PKW) gelangt ist; dies ist aufgrund der Gleichheit der Interessenlage geboten.

II. Die petitorischen Besitzherausgabeansprüche aus § 1007 BGB

hemmer-Methode: Zum petitorischen Besitzschutz nach § 1007 BGB vgl. d´Alquen/Schmitt, Life&Law 7/2013, 535 ff.

§ 1007 I und II BGB zwei selbständige Anspruchsgrundlagen

§ 1007 BGB enthält in seinen Absätzen I und II *zwei selbständige Anspruchsgrundlagen* auf Herausgabe. § 1007 I BGB regelt die Herausgabepflicht von beweglichen Sachen des bei Besitzerwerb

110

---

189 Palandt, § 863, Rn. 3; Lopau, JuS 1980, 501 (504) m.w.N.
190 Palandt, § 863, Rn. 3.
191 Vgl. allgemein zur Widerklage Hemmer/Wüst, ZPO I, Rn. 368 ff.
192 Dazu oben Rn. 99.
193 Dazu oben Rn. 102.

bösgläubigen Besitzers.

§ 1007 II BGB bestimmt die Herausgabepflicht des gutgläubigen Besitzers, wenn die Sache dem früheren Besitzer abhandengekommen war. Ist der neue Besitzer bösgläubig und war die Sache abhandengekommen, stehen dem früheren Besitzer beide Ansprüche zu.

§ 1007 BGB enthält in seinen Absätzen 1 und 2 zwei
selbständige Anspruchsgrundlagen auf Herausgabe.

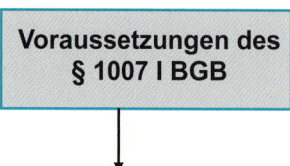   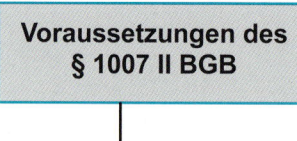

Voraussetzungen des § 1007 I BGB	Voraussetzungen des § 1007 II BGB
⇨ bewegliche Sache	⇨ bewegliche Sache
⇨ früherer Besitz des Anspruchstellers; jetziger Besitz des Anspruchsgegners	⇨ früherer Besitz des Anspruchstellers; jetziger Besitz des Anspruchsgegners
⇨ Bösgläubigkeit beim Besitzerwerb, § 932 II BGB	⇨ Abhandenkommen beim Anspruchsteller, d.h. unfreiwilliger Verlust des unmittelbaren Besitzes
⇨ kein Anspruchsausschluss: beim Anspruchsteller § 1007 III S. 1 BGB; beim Anspruchsgegner § 1007 III S. 2 BGB	⇨ kein Anspruchsausschluss: beim Anspruchsteller § 1007 III S. 1 BGB; beim Anspruchsgegner § 1007 III S. 2 BGB

Bedeutung in der Praxis

Die *praktische* Bedeutung des § 1007 BGB ist gering, da zumeist schon Ansprüche aus §§ 985, 861, 812 oder § 823 I BGB i.V.m. § 249 I BGB oder möglicherweise auch aus Vertrag (z.B. § 546 I BGB) gegeben sein werden.

Dass § 1007 BGB gegenüber § 985 BGB nicht mehr praktische Bedeutung erlangt hat, mag auf den ersten Blick erstaunlich sein, weil man glauben könnte, dass die Voraussetzungen des § 985 BGB schwerer zu beweisen sind. Doch ergibt sich zum einen aus § 1006 BGB eine erhebliche Beweiserleichterung für § 985 BGB. Zum anderen ist die im Rahmen des § 1007 I BGB vorausgesetzte Bösgläubigkeit des Besitzers schwer nachzuweisen.

Bedeutung in der Klausur

Die Bedeutung des § 1007 BGB *in der Klausur* ist dagegen nicht zu unterschätzen. Denn die Ansprüche aus § 1007 BGB können mit den anderen o.g. Ansprüchen konkurrieren und sind im Gutachten auch dann zu prüfen, wenn andere Anspruchsgrundlagen bereits bejaht wurden.

1. Voraussetzungen des § 1007 I BGB

Voraussetzungen des § 1007 I BGB

Voraussetzungen des Anspruchs aus § 1007 I BGB: *111*
1. bewegliche Sache
2. Anspruchssteller war früher Besitzer
3. Anspruchsgegner hat gegenwärtig Besitz
4. Anspruchsgegner war bei Besitzerwerb bösgläubig (§ 932 II BGB analog)
5. kein Anspruchsausschluss nach § 1007 III BGB

a) Bewegliche Sache

bewegliche Sache

Ausweislich seines Wortlautes gilt § 1007 BGB nur für *bewegliche Sachen.*

112

b) Anspruchsberechtigter

Besitz i.S.d. § 1007 = jegliche Besitzform

Anspruchsberechtigt ist der frühere Besitzer, unabhängig davon, ob er Eigen-, Fremd-, Mit-, Teil-, unmittelbarer oder mittelbarer Besitzer war, nicht aber der Besitzdiener.[194]

113

c) Anspruchsgegner gegenwärtig Besitzer

Auch auf Seiten des Anspruchsgegners ist die Besitzform wie beim Anspruchsberechtigten unerheblich.[195]

114

d) Anspruchsgegner bei Besitzerwerb bösgläubig

Bösgläubigkeit bei Besitzerwerb

Der Anspruchsgegner muss bei Besitzerwerb bösgläubig gewesen sein. Maßstab ist § 932 II BGB analog: analog deshalb, weil sich der gute Glaube (wie bei § 990 I BGB) auf das Besitzrecht beziehen muss.

115

Der gegenwärtige Besitzer ist also bösgläubig, wenn er beim Besitzerwerb erkannt hat, dass er nicht besitzberechtigt ist oder dies zumindest grob fahrlässig verkannt hat.

hemmer-Methode: Achtung: Die Bösgläubigkeit muss „bei dem Erwerbe des Besitzes" vorliegen; die später erlangte Kenntnis der Nichtberechtigung schadet hier – anders als bei § 990 I S. 2 BGB – nicht.

e) Kein Anspruchsausschluss nach § 1007 III BGB

§ 1007 III BGB

Wichtig sind die Ausschlussgründe des § 1007 III BGB.

Ausschlussgründe auf Seiten des Anspruchsberechtigten

aa) Ausschlussgründe auf Seiten des Anspruchsberechtigten sind in **§ 1007 III S. 1 BGB** normiert.

116

Nach der 1. Alt. darf der Anspruchsteller seinerseits beim Erwerb des Besitzes nicht bösgläubig gewesen sein.

Zudem darf er nach der 2. Alt. den Besitz nicht aufgegeben haben.

"Besitzaufgabe" (= willentliche Lösung jeder besitzrechtlichen Beziehung zur Sache) und "Abhandenkommen" i.S.d. § 935 I BGB sind dabei nicht genaue Gegensätze: Eine freiwillige Weggabe durch den Besitzmittler bedeutet für den mittelbaren Besitzer, der mit der Weggabe nicht einverstanden ist, kein Abhandenkommen,[196] aber auch keine Besitzaufgabe.

Komplementärbegriffe sind Besitzaufgabe und Abhandenkommen also nur, wenn der Anspruchsberechtigte unmittelbarer Besitzer war.

---

194   Palandt, § 1007, Rn. 2.
195   Palandt, § 1007, Rn. 2.
196   Abhandenkommen ist ja der unfreiwillige Verlust des unmittelbaren Besitzes.

§ 1007 III S. 1, 1. und 2. Alt. BGB sind rechtshindernde Einwendungen	Nach der Formulierung des § 1007 III S. 1 BGB ("ist ausgeschlossen, wenn") handelt es sich in beiden Alternativen um eine rechtshindernde Einwendung (nicht Einrede), die von Amts wegen zu beachten und vom Anspruchsgegner bewiesen werden muss.[197]

117

Ausschlussgründe auf Seiten des Anspruchsgegners

bb) Als Ausschlussgrund auf Seiten des Anspruchsgegners ist vor allem § 1007 III S. 2 i.V.m. § 986 BGB zu beachten.

118

hemmer-Methode: Anders als beim possessorischen Anspruch (vgl. § 863 BGB) führt also hier ein Recht zum Besitz zur Abweisung der Klage.[198]

Erforderlich ist jedoch immer, dass das Besitzrecht gerade auch gegenüber dem Kläger wirkt. Selbst das Eigentum nützt dem Beklagten insoweit nichts, wenn dem Kläger z.B. ein Pfandrecht zusteht. Man spricht in diesem Fall davon, der Pfandgläubiger habe ein "besseres" Recht zum Besitz.

cc) Umstritten ist, ob auch die Ausschlussgründe des § 1007 II S. 1, letzter Hs. BGB auf den Anspruch aus Abs. 1 (analog) anzuwenden sind.

119

Für den Ausschlussgrund des § 1007 II S. 1, letzter Hs., 1. Fall BGB (Anspruchsgegner ist Eigentümer) ist das sicher zu verneinen: Diese Regelung wird schon in ihrem unmittelbaren Anwendungsbereich in § 1007 II BGB als überflüssig (wegen §§ 1007 III S. 2, 986 BGB) und irreführend empfunden.

Diskutiert wird aber, ob man § 1007 I BGB als ausgeschlossen erachten soll, wenn die Sache dem gegenwärtigen Besitzer selbst vor der Besitzzeit des Klägers abhandengekommen ist (§ 1007 II S.1, letzter Hs., 2. Fall BGB). Die Analogie wird hier teils bejaht, teils abgelehnt.[199]

---

2. Voraussetzungen des § 1007 II BGB

Voraussetzungen des § 1007 II BGB

> **Voraussetzungen des Anspruchs aus § 1007 II BGB:**
>
> 1. bewegliche Sache
> 2. Anspruchsteller früher Besitzer
> 3. Anspruchsgegner gegenwärtiger Besitzer
> 4. Abhandenkommen beim Anspruchsteller
> 5. kein Anspruchsausschluss nach § 1007 II S. 1 letzter Hs., II S. 2 oder § 1007 III BGB.

120

Hinsichtlich der ersten drei Voraussetzungen gilt das zu § 1007 I BGB Gesagte. Nur muss hier der Anspruchsgegner nicht bei Besitzerwerb bösgläubig gewesen sein.

Abhandenkommen

Abhandenkommen i.S.d. § 1007 II BGB bedeutet dasselbe wie in § 935 I BGB, also einen unfreiwilligen Verlust des *unmittelbaren* Besitzes. In analoger Anwendung des § 935 I S. 2 BGB muss es ausreichen, wenn die Sache dem Besitzmittler des Anspruchsinhabers abhandengekommen ist.

121

---

197   Palandt, § 1007, Rn. 6, 7.
198   Ob es sich dabei um eine Einwendung oder eine Einrede handelt, hängt von dem Streit zu § 986 BGB ab, dazu oben Rn. 53.
199   Eine h.M. ist nicht auszumachen.

Ausschlussgründe des § 1007 II S. 1 BGB

Nach § 1007 II S. 1, letzter Hs., 1. Fall BGB ist der Anspruch ausgeschlossen, wenn der Anspruchsgegner Eigentümer der Sache ist. Diese Vorschrift ist überflüssig und irreführend zugleich:[200] Überflüssig deshalb, weil das Eigentum ein Recht zum Besitz gibt und der Anspruch damit in der Regel schon nach §§ 1007 III S. 2, 986 BGB ausgeschlossen ist.

122

Allerdings gilt dies nur in der Regel; dagegen dringt die Berufung des Beklagten auf sein Eigentum wie gesehen[201] nicht durch, wenn dieser - wie etwa der Pfandgläubiger gegenüber dem Eigentümer - ein besseres Recht zum Besitz hat.

Daran will aber auch § 1007 II S. 1, letzter Hs., 1. Fall BGB nichts ändern; insoweit ist die Vorschrift irreführend. Auch im Rahmen des § 1007 II BGB kann man also den Einwand des Beklagten, er sei Eigentümer, durch den Hinweis auf ein besseres Besitzrecht zerstreuen.[202]

Nach § 1007 II S. 1, letzter Hs., 2. Fall BGB ist der Anspruch ferner ausgeschlossen, wenn die Sache dem jetzigen Besitzer vor der Besitzzeit des Anspruchstellers abhandengekommen ist. Dieser Einwand erklärt sich daraus, dass der Anspruchsgegner die von ihm herauszugebende Sache aufgrund seines früheren Verlustes seinerseits sofort wieder nach § 1007 II BGB herausverlangen könnte.

§ 1007 II S. 2 BGB

Der Anspruch aus § 1007 II S. 2 BGB ist ferner bei Geld und Inhaberpapieren ausgeschlossen, § 1007 II S. 2 BGB. Dies beruht auf demselben Gedanken wie die Vorschrift des § 935 II BGB (Steigerung des Verkehrsschutzes).

123

§ 1007 III BGB

Hinsichtlich der Ausschlussgründe des § 1007 III BGB gilt das bereits zum Anspruch des § 1007 I BGB Gesagte.

3. Anspruchsinhalt bei § 1007 I und II BGB

Der Ansprüche aus § 1007 I bzw. II BGB richten sich jeweils auf Verschaffung des unmittelbaren Besitzes, soweit der Anspruchsberechtigte früher unmittelbarer Besitzer war.

124

War er lediglich *mittelbarer Besitzer*, kann er analog § 869 S. 2 BGB regelmäßig bloß Herausgabe an den bisherigen unmittelbaren Besitzer verlangen, an sich selbst dagegen nur, falls letzterer den Besitz nicht wieder übernehmen kann oder will.[203]

Wer eine bewegliche Sache in *Mitbesitz* gehabt hat, kann nur Einräumung von Mitbesitz oder analog §§ 1011, 432 BGB Herausgabe an alle früheren Mitbesitzer verlangen.[204]

---

200   Palandt, § 1007, Rn. 11.
201   Oben Rn. 18.
202   Palandt, § 1007, Rn. 11.
203   Palandt, § 1007, Rn. 2; ebenso vertretbar ist die analoge Anwendung des § 986 I 2 BGB.
204   Palandt, § 1007, Rn. 2.

§ 5 HERAUSGABEANSPRÜCHE AUS UNGERECHTFERTIGTER BEREICHERUNG

Es ist hier nicht der Ort, alle Voraussetzungen eines Anspruchs aus ungerechtfertigter Bereicherung zu erörtern.[205] Angesprochen werden nur die in Bezug auf die Herausgabeansprüche relevanten Aspekte.

125

Überblick über die Anspruchsgrundlagen

Leistungskondiktionen	Nichtleistungskondiktionen
⇨ § 812 I S. 1 Alt. 1 BGB (condictio indebiti)	⇨ § 812 I S. 1 Alt. 2 BGB
⇨ § 812 I S. 2 Alt. 1 BGB (condictio ob causam finitam)	⇨ § 816 I S. 1 BGB
⇨ § 812 I S. 2 Alt. 2 BGB (condictio ob rem)	⇨ § 816 I S. 2 BGB
⇨ § 817 S. 1 BGB (condictio ob turpem vel iniustam causam)	⇨ § 816 II BGB
⇨ § 813 I S. 1 BGB	⇨ § 822 BGB (str.)

Die Kondiktion richtet sich nach § 812 I S. 1 BGB auf Herausgabe des von dem Bereicherungsschuldner erlangten "etwas". Dieses ist nicht selten eine körperliche Sache, so dass sich auch aus dem Bereicherungsrecht Herausgabeansprüche ergeben können.[206]

A. Herausgabe des Sacheigentums

I. Während die soeben besprochenen sachenrechtlichen Herausgabeansprüche stets auf Übertragung *des Besitzes* gerichtet sind, wird mit der Kondiktion vielfach neben dem Besitz auch *das Eigentum* verlangt.

126

Oft ist der Gläubiger gerade deshalb auf die Kondiktion angewiesen, weil er das Eigentum und damit den Anspruch aus § 985 BGB verloren hat.

hemmer-Methode: Grund dafür ist das Abstraktionsprinzip: Hat V aufgrund eines nichtigen Rechtsgeschäfts eine ihm gehörende Sache an K übereignet, ist nach dem Abstraktionsprinzip diese Übereignung als Verfügung nicht schon deshalb unwirksam, weil es das Kausalgeschäft ist. Prinzipiell verliert also V sein Eigentum und muss von K kondizieren.

Anders verhält es sich bei Fehleridentität, also wenn derselbe Mangel (z.B. das Fehlen der Geschäftsfähigkeit des V oder eine arglistige Täuschung gem. § 123 BGB) in gleicher Weise das schuldrechtliche und das dingliche Geschäft betrifft.

---

205   Dafür sei auf Hemmer/Wüst, Bereicherungsrecht, verwiesen.

206   Zu der sehr examensrelevanten Frage, ob ein höherwertiges Aliud gem. § 812 I S.1 Alt.1 BGB kondiziert werden kann vgl. **Life&Law 2005, 268-272**.

Dann hat V sein Eigentum behalten, er kann nach § 985 BGB vindizieren; zudem hat er noch einen Anspruch aus § 812 I S. 1 Alt. 1 bzw. § 812 I S. 2 Alt. 2 BGB,[207] der folgerichtig nur auf Herausgabe des Besitzes gerichtet sein kann.

II. Gegen einen **gutgläubigen Erwerber** hat der frühere Eigentümer keinen Anspruch auf Rückübereignung.

127

Neben § 985 BGB scheidet auch eine Eingriffskondiktion nach § 812 I S. 1 Alt. 2 BGB aus, da der gutgläubige Erwerb auch gegenüber dem bisherigen Eigentümer mit Rechtsgrund erfolgt ist (arg. e § 816 I BGB).

hemmer-Methode: Zudem wird eine Eingriffskondiktion regelmäßig auch an dem Grundsatz der Subsidiarität scheitern.[208] I.Ü. scheitert auch ein Anspruch aus §§ 823 I, 249 I BGB (Eigentumsverletzung) gegen den Erwerber an der fehlenden Rechtswidrigkeit des Erwerbs.

B. Kondiktion des Besitzes

condictio possessionis

Es ist bereits erwähnt kann die Kondiktion auch nur auf die Übertragung des Besitzes gerichtet sein. Bei dieser condictio possessionis ist streng zwischen Leistungs- und Eingriffskondiktion zu unterscheiden.

128

I. Besitz als Gegenstand der Leistungskondiktion

Besitz als Gegenstand der Leistungskondiktion

Die lediglich auf den Besitz gerichtete *Leistungskondiktion* ist (neben dem Fall der Fehleridentität, in dem § 812 I S. 1 Alt. 1 BGB neben § 985 BGB tritt) insbesondere in zwei Fallgruppen gegeben:

129

⇨ Erstens kann zwischen den Parteien von vornherein bloß die Übertragung des Besitzes beabsichtigt gewesen sein (z.B. bei einem Mietvertrag); dann muss bei Nichtigkeit des Kausalgeschäfts auch nur der Besitz zurückübertragen werden.

⇨ Zweitens kann es so liegen, dass zwar die Übertragung von Besitz und Eigentum beabsichtigt war, die letztere aber gescheitert ist, etwa weil die zu übereignende Sache einem dritten Eigentümer abhandengekommen war (§ 935 I BGB).

hemmer-Methode: Auch hier kann bei Nichtigkeit des zugrunde liegenden Kaufvertrags lediglich der Besitz kondiziert werden. Diese Fälle der condictio possessionis als Leistungskondiktion sind unproblematisch.

---

207 Bei der Anfechtung ist umstritten, ob § 812 I S. 2 Alt. 1 oder - wegen der Rückwirkung der Anfechtung (§ 142 I BGB) - § 812 I S. 1 Alt. 1 BGB eingreift; vgl. zu diesem Streit Hemmer/Wüst, Bereicherungsrecht, Rn. 260 ff.

208 Hemmer/Wüst, Bereicherungsrecht, Rn. 81, 310 ff.

II. Besitz als Gegenstand der Eingriffskondiktion

Besitz als Gegenstand der Eingriffs-
kondiktion

Zweifelhaft ist dagegen, in welchem Umfang der Besitz Gegenstand der *Eingriffskondiktion* (als ein Fall der Bereicherung in sonstiger Weise, § 812 I S. 1 Alt. 2 BGB) sein kann.   **130**

Die Eingriffskondiktion setzt voraus, dass das "etwas" (hier der Besitz) durch einen Eingriff in den Zuweisungsgehalt eines Rechtes des Bereicherungsgläubigers erlangt ist.[209]

Kommt dem Besitz ein Zuweisungs-
gehalt zu?

Entscheidend ist also, inwieweit dem Besitz ein Zuweisungsgehalt zukommt. Der reine Besitz hat nach h.M. keinen Zuweisungsgehalt, wohl aber das Recht zum Besitz.[210]

Es führt also nur eine Entziehung des *rechtmäßigen* Besitzes zur Eingriffskondiktion; bei Entziehung des unrechtmäßigen Besitzes gelten dagegen allein die §§ 861 ff. BGB.

Der Schutz gegen Besitzentziehung durch die Eingriffskondiktion entspricht damit dem Schutz nach § 823 I BGB; auch dort wird nach h.M. nur der rechtmäßige Besitz als "sonstiges Recht" geschützt.[211]

hemmer-Methode: Dieser Gleichlauf mit dem Deliktsrecht entspricht dem deliktsähnlichen Charakter der Eingriffskondiktion.

> **Bsp.:** *Wird dem Dieb die gestohlene Sache weggenommen, besteht nur ein Anspruch des Diebes aus § 861 I BGB (aber § 861 II BGB beachten), nicht dagegen aus § 812 I S. 1 Alt. 2 BGB (und auch nicht aus § 823 I i.V.m. § 249 I BGB).*
>
> *Gegen den Dieb besteht aber wegen des Eingriffs in das Recht zum Besitz neben § 861 auch § 812 I S. 1 Alt. 2 BGB.*

hemmer-Methode: Nur der Entzug des berechtigten Besitzes greift also in den Zuweisungsgehalt eins fremden Rechtes ein, nur hier ist demnach die Eingriffskondiktion möglich. Hinter diesem Ergebnis steht auch folgende Wertung: Ist Gegenstand einer Eingriffskondiktion der Besitz, so steht dieser Herausgabeanspruch in Konkurrenz mit den Besitzschutzansprüchen der §§ 861 ff. BGB. Um die dort getroffenen Regelungen, insbesondere die Ausschlusstatbestände, nicht zu umgehen, ist eine auf Besitzherausgabe gerichtete Eingriffskondiktion nur zulässig, wenn ein über die bloße verbotene Eigenmacht hinausgehender Eingriff in fremde Rechte vorliegt.[212]
Die §§ 861 ff. BGB regeln nämlich allein den Eingriff in die tatsächliche Besitzstellung, unbeachtlich des Rechts zum Besitz. Die Eingriffskondiktion ist somit nur dann als subsidiär ausgeschlossen, wenn der Eingriff allein in dem Entzug dieser tatsächlichen Besitzstellung liegt. Geht der Eingriff aber darüber hinaus, wird also auch in ein Recht zum Besitz eingegriffen, ist die Eingriffskondiktion möglich.

III. Rückerwerb des Nichtberechtigten

Rückerwerb des Nichtberechtigten

Auch im Rahmen der Kondiktion kann sich die bereits erörterte[213] Konstellation ergeben, dass der Veräußerer bloß den Besitz verloren, der Erwerber aber Besitz und Eigentum erworben hat. Ergibt sich, dass das Kausalgeschäft unwirksam ist, muss der Erwerber dem Nichtberechtigten die Sache zurückgeben.   **131**

---

209   H.M.; vgl. Medicus/Petersen, Bürgerliches Recht, Rn. 704 ff.; Hemmer/Wüst, Bereicherungsrecht, Rn. 325 ff.
210   Vgl. Palandt, § 861, Rn. 2.
211   Vgl. dazu Larenz/Canaris II/2, § 76 II 4 f.
212   Palandt, § 861, Rn. 12.
213   Oben Rn. 31.

Bsp.: A verkauft und übereignet die von E geliehene Sache an den gutgläubigen D. Der Kaufvertrag stellt sich im Nachhinein als nichtig heraus.
A verlangt von D die Sache heraus.

Der Veräußerer erwirbt dadurch aber nach wohl h.M. kein Eigentum,
da der Rückerwerb nicht auf einem selbständigen neuen Rechtsgeschäft, sondern auf bloßer Rückabwicklung beruht.[214] Auch hier wird
also lediglich der Besitz kondiziert.

**hemmer-Methode: Lesen Sie zum Rückerwerb des Nichtberechtigten
noch einmal die Ausführungen zum Rücktrittsrecht.[215] Zur Vertiefung
empfehlen wir Ihnen die Lektüre von HEMMER/WÜST, Sachenrecht II,
Rn. 109 ff.**

C. Herausgabe anderer Vorteile

Herausgabe anderer Vorteile

Das erlangte "etwas" im Sinne von § 812 I S. 1 BGB umfasst nicht
nur (Eigentum und Besitz an) Sachen, sondern auch jeden anderen
Vorteil. § 812 II BGB nennt ausdrücklich noch das positive und das
negative Schuldanerkenntnis. Des Weiteren ist zu denken an Rechte, Grundbuchpositionen, Schuldbefreiungen, Dienst- und Werkleis-
tungen, Gebrauchsvorteile usw.[216]

132

"Herausgabe" kann hier dementsprechend ganz Unterschiedliches
bedeuten: Rechte sind zurückzuübertragen (z.B. Forderungen durch
Abtretung, § 398 BGB), Buchpositionen sind durch Einwilligung in
die Berichtigung des Grundbuchs (wie bei § 894 BGB) "herauszugeben".

**hemmer-Methode: Soweit die Herausgabe des erlangten "etwas" nicht
möglich ist - wie bei Schuldbefreiungen, Dienst- und manchen Wer-
kleistungen, Gebrauchsvorteilen -, besteht gemäß § 818 II BGB eine
Wertersatzpflicht.**

D. Herausgabe des durch die Verfügung eines Nichtberechtig-
ten Erlangten (§ 816 I BGB)

"Herausgabe" bei § 816 I BGB

Besonderer Erwähnung bedürfen noch die Kondiktionsansprüche
aus § 816 I S. 1 und S. 2 BGB.[217]

133

Der Anspruchsinhalt des § 816 I S. 2 BGB bereitet keine Probleme:
Derjenige, der gutgläubig unentgeltlich[218] eine Sache vom Nichtberechtigten erworben hat, ist verpflichtet, die Sache an den Berechtigten zurück zu übereignen.

Dagegen ist der genaue Anspruchsinhalt bei § 816 I S. 1 BGB umstritten. Herauszugeben ist das "durch die Verfügung Erlangte".
Nach h.M. ist dies der erzielte Veräußerungserlös, mag er auch den
objektiven Wert der veräußerten Sache übersteigen.[219]

134

Dem wird Folgendes entgegengehalten:[220] Der Veräußerer erlange
durch seine wirksame Verfügung nicht den Erlös (den erhält er aus
dem Kausalgeschäft, dem Kaufvertrag), sondern die Befreiung von
seiner Verbindlichkeit aus dem Kausalgeschäft (z.B. die Pflicht zur
Übereignung).

214   Vgl. oben Rn. 31.

215   Oben Rn. 21.

216   Vgl. im Einzelnen Hemmer/Wüst, Bereicherungsrecht, Rn. 83 ff.

217   Hinsichtlich der Anspruchsvoraussetzungen sei wieder auf Hemmer/Wüst, Bereicherungsrecht, Rn. 365 ff., verwiesen.

218   Nach einer Auffassung wird der rechtsgrundlose Erwerb dem unentgeltlichen gleichgestellt, zu dieser (nach h.L. abzulehnenden) Analogie Hem-
mer/Wüst, Bereicherungsrecht, Rn. 394 f.

219   Palandt, § 816, Rn. 24; Hemmer/Wüst, Bereicherungsrecht, Rn. 382 ff.

220   Medicus/Petersen, Bürgerliches Recht, Rn. 723.

Diese Schuldbefreiung könne nicht herausgegeben werden, so dass gem. § 818 II BGB Ersatz des objektiven[221] Wertes geschuldet werde.

Für die h.M. spricht aber § 816 I S. 2 BGB:[222] Dort geht das Gesetz offenbar davon aus, dass der unentgeltliche Veräußerer nichts erlangt hat, obwohl auch er von einer (Schenkungs-) Verpflichtung befreit worden sein kann.

Hinzu kommt: Der Berechtigte trägt unstreitig das Risiko einer Veräußerung unter dem objektiven Wert.[223] Dann soll er aber auch die Vorteile erhalten, wenn die Sache über Wert veräußert wurde.

hemmer-Methode: Mit diesem examenstypischen Problem um den Anspruchsinhalt des § 816 I S. 1 BGB müssen Sie unbedingt vertraut sein. Prägen Sie sich daher nicht nur das Ergebnis der h.M., sondern auch die einzelnen Argumente gut ein!

---

221 So die h.M. zu § 818 II BGB; vgl. Hemmer/Wüst, Bereicherungsrecht, Rn. 468.

222 So Medicus/Petersen, Bürgerliches Recht, Rn. 723 selbst.

223 Für die h.M. ergibt sich das daraus, dass nur der hinter dem Wert zurückbleibende Verkaufserlös aus der Verfügung erlangt ist. Nach der Gegenauffassung hat der Nichtberechtigte dagegen eine Schuldbefreiung in Höhe des objektiven Werts der Sache erlangt; soweit der Verkaufserlös hinter dem Wert zurückbleibe, sei er aber gemäß § 818 III BGB entreichert; vgl. Medicus/Petersen, Bürgerliches Recht, Rn. 722.

§ 6 HERAUSGABEANSPRÜCHE AUS UNERLAUBTER HANDLUNG

Bereits bei den Ansprüchen aus §§ 280 I, 241 II, 311 II BGB (Rn. 37) wurde dargelegt, dass jeder Schadensersatz über die Verpflichtung zur Naturalrestitution (§ 249 I BGB) auch einen Herausgabeanspruch darstellen kann. Das gilt auch für die deliktischen Ansprüche gem. §§ 823 ff. BGB.   **135**

Voraussetzungen des § 823 I BGB

1. Rechtsgutsverletzung

2. Verletzungshandlung: Tun oder Unterlassen

3. Haftungsbegründende Kausalität:

   - Äquivalenz

   - Adäquanz

   - Schutzzweck der Norm / Pflichtwidrigkeitszusammenhang

4. Rechtswidrigkeit

5. Verschulden

6. Schaden

7. Haftungsausfüllende Kausalität (Prüfung wie haftungsbegründende Kausalität)

8. Art/Umfang des Ersatzes, §§ 249 ff., 842, 843 BGB

9. Mitverschulden, Verjährung, etc.

Bsp.: Beim Diebstahl einer Sache ergeben sich Herausgabeansprüche des Eigentümers nicht nur aus §§ 985, 861 I, 1007 I, II und § 812 I S. 1 Alt. 2 BGB, sondern auch aus § 823 I, § 823 II BGB i.V.m. § 242 StGB und § 858 BGB[224] sowie aus § 826 BGB, jeweils i.V.m. § 249 I BGB.[225]

Speziell im Hinblick auf die Herausgabeansprüche ergeben sich folgende deliktsrechtliche Probleme:

Besitz als sonstiges Recht

Wird einem Besitzer, der nicht zugleich Eigentümer der Sache ist, der Besitz entzogen, stellt sich die Frage, inwieweit der Besitz als "sonstiges Recht" im Sinne des § 823 I BGB anzuerkennen ist.   **136**

Das ist jedenfalls für den *berechtigten* (unmittelbaren, mittelbaren oder Mit-) Besitz zu bejahen.[226] Für den mittelbaren Besitz gilt aber insoweit eine Einschränkung, als er gegenüber seinem Besitzmittler nicht geschützt ist, wie sich aus § 869 BGB ergibt.[227]

Der *unberechtigte* Besitz wird dagegen zumeist nicht als sonstiges Recht angesehen.[228]

---

224   Zur Frage, ob § 858 BGB ein Schutzgesetz im Sinne des § 823 II BGB darstellt, vgl. sofort im Text.

225   Bei Ladendiebstahl greift zudem §§ 280 I, 241 II, 311 II i.V.m. § 249 I S. 1 BGB ein, vgl. oben Rn. 37 ff.

226   Jauernig, § 823, Anm. II 5 d bb.

227   Jauernig, § 823, Anm. II 5 d bb.

228   Larenz/Canaris II/2, § 76 II 4f.; Wieser, JuS 1970, 557 ff.; Hemmer/Wüst, Deliktsrecht I, Rn. 46.

Eine M.M.[229] hingegen dehnt den Schutz des § 823 I BGB auch auf den unberechtigten Besitzer aus, soweit dieser redlich und unverklagt ist. In einem solchen Fall kommt dem unberechtigten Besitz nicht nur die Ausschlussfunktion der §§ 859 ff. BGB, sondern nach §§ 987 ff. BGB auch die Nutzungsfunktion zu.

hemmer-Methode: Auch der unberechtigte Besitz kann damit nach e.A. eigentumsähnlich sein und damit als sonstiges Recht i.S.d. § 823 I BGB behandelt werden.

§ 858 als Schutzgesetz im Sinne des § 823 II BGB?

Streitig ist ferner, ob sich ein Herausgabeanspruch auch aus § 823 II BGB i.V.m. § 858 BGB (und § 249 I BGB) ergeben kann.

137

Medicus/Petersen[230] verneinen den Schutzgesetzcharakter des § 858 BGB. Diese Vorschrift wolle in erster Linie den Rechtsfrieden wahren und nicht den Besitzer schützen.

Die h.M.[231] sieht § 858 BGB aber als Schutzgesetz i.S.d. § 823 II BGB. Es sei unerfindlich, weshalb eine Norm, die dem Allgemeinwohl diene, nicht *auch* den Schutz Einzelner bezwecken solle.

hemmer-Methode: Da § 858 BGB nicht nach der Art des Besitzes differenziert, müsste auch ein Anspruch des *unberechtigten* Besitzers aus §§ 823 II, 858 BGB bestehen.[232] Das ist bedenklich, da man so die bei § 823 I BGB vorgenommene Begrenzung des Besitzschutzes umgeht.[233]

---

229   Medicus/Petersen, Bürgerliches Recht, Rn. 607.

230   Medicus, AcP 165 (1965), 115 (118); vgl. auch ders., Bürgerliches Recht, Rn. 621.

231   Palandt, § 861, Rn. 13; Larenz/Canaris II/2, § 77 III 1c; Wieser, JuS 1970, 557 (559).

232   So Larenz/Canaris II/2, § 77 III 1c; Wieser, JuS 1970, 557 (560).

233   Vgl. Medicus/Petersen, Bürgerliches Recht, Rn. 621.

§ 7 SPEZIELLE HERAUSGABEANSPRÜCHE (VOLLMACHTSURKUNDEN, SCHULD- U. ERBSCHEINE)

Gegenstand der bisher behandelten Herausgabeansprüche konnte jede Sache, u.U. auch jeder unkörperliche Vorteil sein. Daneben gibt es einige Ansprüche, die nur für ganz bestimmte Gegenstände gelten: § 175 BGB für Vollmachtsurkunden, § 371 BGB für Schuldscheine und § 2362 I BGB für Erbscheine.

A. Vollmachtsurkunden

§ 175 BGB

Auf § 175 BGB, der die Herausgabe einer Vollmachtsurkunde nach Erlöschen der Vollmacht anordnet, wurde bereits im Rahmen der Ausführungen zu § 667 Alt. 1 BGB Bezug genommen.[234] Darauf sei hier verwiesen.

138

B. Schuldscheine und Vollstreckungstitel

§ 371 BGB

Ist über eine Forderung ein Schuldschein ausgestellt worden, so kann der Schuldner bei Erfüllung Rückgabe des Schuldscheins verlangen, § 371 S. 1 BGB. Diesen Anspruch hätte der Schuldner nicht schon nach § 985 BGB. Denn das Eigentum an dem Schuldschein steht gem. § 952 I BGB dem jeweiligen Gläubiger zu.

139

Wird die Forderung getilgt, *bleibt* der letzte Gläubiger Eigentümer. Ein Eigentumsübergang auf den Schuldner lässt sich weder aus § 952 I BGB noch aus anderen sachenrechtlichen Vorschriften herleiten.[235]

Daraus folgt zugleich, dass sich der Herausgabeanspruch aus § 371 S. 1 BGB auf Übereignung des Schuldscheins (und nicht nur auf Verschaffung des Besitzes) richtet.

analoge Anwendung des § 371 BGB

§ 371 BGB wird auf die Herausgabe des Vollstreckungstitels nach Erfüllung der Schuld analog angewandt.[236]

C. Erbscheine

Der wirkliche Erbe kann von dem Besitzer eines unrichtigen Erbscheins Herausgabe verlangen, allerdings nicht an sich selbst, sondern nur an das Nachlassgericht, § 2362 I BGB. Die Herausgabe an das Nachlassgericht hat die Wirkung einer Einziehung; d.h. der Erbschein wird kraftlos (§ 2361 I S. 2 BGB).

140

---

234   Oben Rn. 12 ff.
235   MüKo, § 371, Rn. 2; Palandt, § 371, Rn. 1 a.E.
236   MüKo, § 371, Rn. 8; Palandt, § 371, Rn. 4.

§ 8 GESAMTANSPRÜCHE AUF HERAUSGABE VON SONDERVERMÖGEN

Grundsatz: Einzelansprüche

Ansprüche oder Klagen auf Herausgabe von Sachgesamtheiten o-der Sachinbegriffen, bei denen eine Vielfalt von Einzelsachen durch einen gemeinsamen Zweck verbunden ist und im Verkehr als Einheit betrachtet wird (Inventar, Warenlager, Unternehmen), können grundsätzlich nicht im Wege eines einheitlichen dinglichen Gesamt-anspruchs geltend gemacht werden.

141

Aufgrund des sachenrechtlichen Spezialitätsgrundsatzes ist für jede einzelne Sache Herausgabeklage zu erheben.[237] Ist ein Inbegriff von Gegenständen herauszugeben, greift § 260 I BGB ein; danach ist der Schuldner verpflichtet, ein Verzeichnis des herauszugebenden Bestandes vorzulegen.

Ausnahme: Gesamtansprüche

In Sonderfällen sieht das Gesetz allerdings Gesamtansprüche zur Herausgabe von Sondervermögen vor, so wenn ein Vermögensver-walter den anderen ablöst (z.B. der Nacherbe den Vorerben; zu den einzelnen Fällen sogleich). Auch insoweit gilt § 260 I BGB.

142

Die Qualifizierung als Gesamtanspruch darf aber nicht zu dem Schluss verleiten, man könne eine Klage auf "Herausgabe des Son-dervermögens" (z.B. des Nachlasses) erheben.

auch bei Gesamtanspruch § 253 II Nr. 2 ZPO beachten

Vielmehr müssen die einzelnen Gegenstände im Klageantrag ein-zeln bezeichnet werden (§ 253 II Nr. 2 ZPO). Dies folgt daraus, dass der Tenor des Urteils, der auf dem Antrag beruht, Vollstreckungs-grundlage (§ 883 ZPO) wird und dem Gerichtsvollzieher die Zwangsvollstreckung ermöglichen muss.

143

Freilich wird der Gesamtanspruchsberechtigte in vielen Fällen gar nicht genau wissen, welche einzelnen Gegenstände zu dem heraus-zugebenden Vermögen gehören.

Er ist daher vielfach gezwungen, zunächst eine Klage auf Aus-kunftserteilung gem. § 260 I BGB (vgl. für den Erbschaftsanspruch auch die Erweiterung des § 260 I BGB in § 2027 BGB) zu erheben; erst danach kann er auf Herausgabe klagen. Beide Klagen lassen sich im Wege der Stufenklage (§ 254 ZPO) verbinden.[238]

hemmer-Methode: Wegen des Erfordernisses, die Herausgabegegen-stände gem. § 253 II Nr. 2 ZPO einzeln zu benennen, bringt also die ma-teriell-rechtliche Einordnung als Gesamtanspruch, jedenfalls was die Klageerhebung angeht, gegenüber Einzelansprüchen keinen Vorteil.[239]

Vorteil des Gesamtanspruchs: ein-heitlicher Gerichtsstand

Ein Vorteil liegt aber darin, dass der Gesamtanspruch in einem ein-heitlichen Gerichtsstand geltend gemacht werden kann (vgl. § 27 ZPO für die Erbschaftsklage), auch wenn für möglicherweise konkurrierende Einzelansprüche unterschiedliche Gerichtsstände gegeben wären.

144

Folgende Gesamtansprüche auf die Herausgabe von Sondervermö-gen gibt es:

---

237   Belke, Prüfungstraining I, S. 101, vgl. hierzu auch Hemmer/Wüst, Sachenrecht I, Rn. 52 ff.

238   Zu diesen prozessualen Besonderheiten vgl. näher unten Rn. 203.

239   Olzen, JuS 1989, 374-382 (376) zum Erbschaftsanspruch.

A. Herausgabeanspruch des Kindes bei Ende der elterlichen Sorge (§ 1698 I BGB)

§ 1698 I BGB

Endet die elterliche Sorge, so haben die Eltern dem Kind gem. § 1698 I BGB das Vermögen herauszugeben.

145

B. Herausgabeanspruch des Mündels/Betreuten bei Ende der Vormundschaft/Betreuung (§§ 1890 S. 1, 1908i I S. 1 BGB)

§§ 1890 S. 1, 1908i I S. 1 BGB

Nach Beendigung ihres Amtes müssen Vormund und Betreuer dem Mündel bzw. Betreuten das verwaltete Vermögen nach §§ 1890 S. 1, 1908i I S. 1 BGB herausgeben.

146

C. Herausgabeanspruch des Nacherben gegen den Vorerben (§ 2130 BGB)

Herausgabeanspruch des Nacherben gegen den Vorerben

Wenn Nacherbfolge angeordnet ist, endet mit dem Eintritt des Nacherbfalls (das ist im Zweifel der Tod des Vorerben, § 2106 I BGB) die Erbenstellung des Vorerben, § 2139 BGB.

147

Da hiermit der Nacherbe alleiniger Erbe (des Erblassers, nicht des Vorerben!) geworden ist, kann er nach § 2130 I BGB die Erbschaft vom Vorerben (oder dessen Erben) *herausverlangen*.

I. Voraussetzungen

Voraussetzungen

Voraussetzungen des Anspruchs sind also Anordnung von Vor- und Nacherbschaft und Eintritt des Nacherbfalls.

II. Anspruchsinhalt

1. Herausgabe der Erbschaft

Herausgabe der Erbschaft

Herauszugeben ist "die Erbschaft", also alle Gegenstände, die zur Erbschaft gehören. Dabei ist zu beachten, dass der Nacherbe schon kraft Gesetzes (§ 2139 BGB) Eigentümer der Nachlasssachen und Inhaber der Nachlassrechte wird. Daher braucht die Übertragung dieser Sachen und Rechte nicht verlangt zu werden. Vielmehr braucht der Nacherbe nur die Übertragung des Besitzes zu fordern. Soweit der Vorerbe im Grundbuch eingetragen worden ist, muss auch diese Position durch die Bewilligung der Berichtigung (wie bei § 894 BGB) herausgegeben werden.

148

2. Herausgabe der Surrogate

Herausgabe der Surrogate

Der Inhalt der Herausgabepflicht wird durch die in § 2111 BGB angeordnete dingliche Surrogation modifiziert. Denn soweit die Surrogation reicht, ist anstelle des zunächst aus der Erbschaft Erlangten der erworbene Gegenstand herauszugeben.

149

§ 2111 BGB: dingliche Surrogation

Die dingliche Surrogation führt dazu, dass das Surrogat im Wege der Fiktion dem Nachlassgegenstand gleichgestellt wird. Statt auf das ausgegebene Geld erstreckt sich das Eigentum des Erben nun z.B. auf das erworbene Kraftfahrzeug. Dadurch wird gewährleistet, dass dem Nacherben die Erbschaft möglichst ungeschmälert erhalten bleibt, und vermieden, dass der Nacherbe auf schuldrechtliche Ersatzansprüche gegen den Vorerben verwiesen wird.

hemmer-Methode: Lesen Sie zur dinglichen Surrogation auch noch einmal die Ausführungen zu § 1287 BGB.[240]

einfache oder gesetzliche Surrogation

a) § 2111 I BGB regelt zunächst die einfache oder gesetzliche Surrogation. Sie umfasst, was "aufgrund eines zur Erbschaft gehörenden Rechts" erworben wird (z.B. Zahlungen auf eine Nachlassforderung).

150

Die einfache Surrogation erstreckt sich ferner auf den "Ersatz für die Zerstörung, Beschädigung oder Entziehung eines Erbschaftsgegenstandes". Damit sind insb. Schadensersatz- und Bereicherungsansprüche sowie Ansprüche auf Versicherungsleistungen gemeint.

(rechtsgeschäftliche) Mittelsurrogation

b) § 2111 I BGB normiert aber auch die Surrogation solcher Gegenstände, die der Vorerbe "durch Rechtsgeschäft mit Mitteln der Erbschaft erwirbt" (sog. Mittelsurrogation).

151

aa) Der Ersatzgegenstand kann grundsätzlich in jedem rechtlichen oder tatsächlichen Vorteil bestehen (also Sachen, Forderungen, Schuldbefreiungen, Buchpositionen usw.).[241]

keine Surrogation bei höchstpersönlichen, unübertragbaren Rechten

Ausgeschlossen von der Surrogation sind aber aus *rechtlichen* Gründen höchstpersönliche, unübertragbare Rechte (etwa Nießbrauch, § 1059 BGB, beschränkte persönliche Dienstbarkeit, § 1092 BGB).[242]

anders BGH für Kommanditistenstellung

Anders entscheidet allerdings der BGH entgegen der früheren Rechtsprechung für den Fall, dass ein Erbschaftsgegenstand als Einlage in eine KG eingebracht wird.[243] Die Kommanditistenstellung werde trotz ihrer Unübertragbarkeit surrogiert.[244] Denn andernfalls eröffne man dem Erbschaftsbesitzer die Möglichkeit, durch Umtausch der Erbschaftsgegenstände in unübertragbare Rechte den durch die Surrogation bezweckten Schutz des Erben zu unterlaufen.[245]

152

Aus *tatsächlichen* Gründen entfällt die Surrogation, wenn der erlangte Vorteil völlig im Eigenvermögen des Erbschaftsbesitzers aufgeht, z.B. bei der Bezahlung eigener Schulden mit Erbschaftsmitteln.[246]

"durch Rechtsgeschäft"

bb) Der Ersatzgegenstand muss "durch Rechtsgeschäft" erworben sein. Da jedes Surrogat in den o.g. Grenzen in den Nachlass fällt, ist die Zweckrichtung des Rechtsgeschäfts unerheblich.[247] So fällt auch eine Brille, die ein Vorerbe für sich persönlich mit Nachlassmitteln anfertigen lässt, in den Nachlass.

153

"mit Mitteln der Erbschaft"

cc) Für den Erwerb müssen Erbschaftsmittel hingegeben werden. Ist der Erwerb teilweise mit Mitteln des Nachlasses erfolgt, fällt nur der entsprechende Anteil in den Nachlass.

154

Mittelsurrogation trotz Unwirksamkeit der Verfügung über den Erbschaftsgegenstand?

Fraglich ist, ob das Surrogat auch dann mit Erbschaftsmitteln erworben ist, wenn die Verfügung über den weggegebenen Erbschaftsgegenstand unwirksam ist, ob also z.B. der Erlös aus der Veräußerung eines Grundstücks auch dann in den Nachlass fällt, wenn die Veräußerung nach § 2113 I BGB unwirksam ist.

240　　Vgl. oben, Rn. 78.

241　　Brox, Erbrecht, Rn. 578.

242　　Brox, Erbrecht, Rn. 578.

243　　BGHZ 109, 214-220 = **juris**byhemmer.

244　　Ablehnend Erman, § 2019, Rn. 3.

245　　Vgl. BGHZ 109, 214-220 (218) = **juris**byhemmer.

246　　Brox, Erbrecht, Rn. 578.

247　　Brox, Erbrecht, Rn. 578.

Dieses Problem wird in erster Linie bei unwirksamen Verfügungen des Erbschaftsbesitzers, also im Rahmen der §§ 2018, 2019 I BGB, diskutiert. Im Anschluss an die dort erarbeitete Lösung des Problems[248] wird man sagen müssen: Der Nachlass hat zwar nicht das Eigentum, aber immerhin den Besitz am Grundstück verloren. Insoweit sind tatsächlich Erbschaftsmittel aufgewandt worden.

Indes darf dies nicht dazu führen, dass der Nacherbe nach §§ 2130 I, 2111 I BGB den Erlös vom Vorerben und zugleich nach § 985 BGB den Besitz am Grundstück von dem dritten Erwerber herausverlangen kann. Der Nacherbe wäre ja dann zu Unrecht doppelt begünstigt. Man behilft sich deshalb damit, dass in dem Herausverlangen des Erlöses konkludent die – durch die tatsächliche Herausgabe des Erlöses aufschiebend bedingte – Genehmigung (§ 185 II S. 1 Fall 1 BGB[249]) der Verfügung des Vorerben erblickt wird.

hemmer-Methode: Es handelt sich letztlich um dasselbe Problem wie bei den Ansprüchen aus §§ 687 II S. 1, 681 S. 2, 667 BGB,[250] §§ 985, 285 BGB[251] und § 816 I S. 1 BGB.[252] Der Anspruchsberechtigte soll nicht durch Erlös und Herausgabe der Sache doppelt begünstigt werden. Wenn man dies erkannt hat, kann man auf die Lösung bei § 2130 I BGB ganz von selbst kommen.

3. Herausgabe im Zustand ordnungsmäßiger Verwaltung

Herausgabe im Zustand ordnungsmäßiger Verwaltung

§ 2130 I S. 1 BGB geht über die Herausgabe der noch vorhandenen Erbschaftsgegenstände und der Surrogate hinaus. Denn die Erbschaft soll in demjenigen Zustand herausgegeben werden, "der sich bei einer bis zur Herausgabe fortgesetzten ordnungsgemäßen Verwaltung ergibt". § 2130 I S. 1 BGB setzt also eine Pflicht des Vorerben gegenüber dem Nacherben zu ordnungsmäßiger Verwaltung voraus.   155

§ 2130 BGB ist nicht nur Herausgabe-, sondern auch Schadensersatzanspruch

Verletzt der Vorerbe diese Pflicht nach dem Maßstab des § 2131 BGB (eigenübliche Sorgfalt), haftet er auf Schadensersatz, soweit die Erbschaft nicht in dem Zustand ist, wie sie bei ordnungsgemäßer Verwaltung wäre. Dieser Schadensersatz wird mit dem Herausgabeanspruch aus § 2130 I BGB geltend gemacht. Damit hat der Herausgabeanspruch aus § 2130 I BGB einen ganz eigenen, Erbschaft, Surrogate und Schadensersatz umfassenden Charakter.[253]   156

Allerdings kann der Erblasser bestimmen, dass der Vorerbe nur das herauszugeben hat, was von der Erbschaft (einschließlich Surrogaten) noch übrig ist (vgl. §§ 2137 f. BGB).

III. Verhältnis zu anderen Ansprüchen

Wenn der Vorerbe den Eintritt der Nacherbfolge zu Unrecht bestreitet, liegen an sich auch die Voraussetzungen des Erbschaftsanspruchs[254] aus § 2018 BGB vor: Der Vorerbe besitzt Erbschaftsgegenstände unter Anmaßung eines ihm in Wirklichkeit nicht (mehr) zustehenden Erbrechts.   157

---

248   Vgl. Palandt, § 2019, Rn. 3; näher Rn. 167.

249   Der Vorerbe ist zwar Berechtigter, zugleich aber bedingt Nichtberechtigter, so dass § 185 BGB zumindest entsprechend anwendbar ist; vgl. Brox, Erbrecht, Rn. 350.

250   Oben Rn. 45.

251   Oben Rn. 76.

252   Oben Rn. 45.

253   Medicus, JuS 1985, 657 (660).

254   Dazu unten Rn. 158.

Doch ist nach – allerdings bestrittener – Auffassung[255] § 2130 I BGB lex specialis gegenüber dem Erbschaftsanspruch und seinen Nebenfolgen (§§ 2018 ff. BGB).

Neben § 2130 I BGB bleiben die Einzelansprüche des Vorerben (z.B. aus § 985 oder § 894 BGB) bestehen.

D. Erbschaftsanspruch (§ 2018 BGB)

Erbschaftsanspruch

Der für den Examenskandidaten bei weitem wichtigste Gesamtanspruch ist der Erbschaftsanspruch des wahren Erben gegen den Erbschaftsbesitzer nach § 2018 BGB.

158

Zweck des Anspruchs aus § 2018 BGB

§ 2018 BGB ist *Gesamt*anspruch, d.h.: durch *einen* Anspruch kann Herausgabe des *gesamten* Nachlasses verlangt werden; § 985 BGB gibt Einzelansprüche bzgl. *einzelner* Sachen

Prozessuale Vereinfachung zugunsten des Erben

Tatsächlicher Erbe kann durch *eine* Klage und vor *einem* Gericht (Gerichtsstand: § 27 ZPO) Herausgabe des Nachlasses geltend machen. Allerdings muss in der Klage jeder Einzelgegenstand genau bezeichnet werden, § 253 II Nr. 2 ZPO

I. Voraussetzungen

1. Anspruchsberechtigter

Voraussetzungen

Anspruchsberechtigt ist der (Mit-) Erbe. Im Falle von Vor- und Nacherbschaft (§§ 2100 ff. BGB) ist der Vorerbe bis zum Eintritt des Nacherbfalls (§ 2139 BGB), danach der Nacherbe Anspruchsberechtigter.

159

2. Anspruchsgegner

Erbschaftsbesitzer

Anspruchsgegner ist der Erbschaftsbesitzer, nach der Legaldefinition des § 2018 BGB also derjenige, "der aufgrund eines ihm in Wirklichkeit nicht zustehenden Erbrechts etwas aus der Erbschaft erlangt hat".

160

Diese Definition beinhaltet ein objektives und ein subjektives Element:

---

255   Palandt, § 2130, Rn. 2; § 2018, Rn. 7; Brox, Erbrecht, Rn. 551; Staudinger, § 2130, Rn. 23; Staudinger, § 2018, Rn. 12 mit Nachweisen auf die Gegenmeinung.

Erbschaftsbesitzer, § 2018 BGB
= wer etwas aus dem Nachlass erlangt hat und unter Berufung auf ein tatsächlich nicht bestehendes Erbrecht dem tatsächlichen Erben vorenthält
z.B.: Erbe beruft sich auf unwirksames oder wirksam angefochtenes Testament

 Der vorläufige Erbe ist **nicht** Erbschaftsbesitzer: §§ 1958 f. BGB stellen eine abschließende Sonderregelung dar

a) "Etwas aus der Erbschaft erlangt"

etwas aus der Erbschaft erlangt

In objektiver Hinsicht muss der Anspruchsgegner "etwas" aus der Erbschaft erlangt haben. Das kann der Besitz von Sachen sein, die dem Erblasser gehörten oder an denen er auch nur ein Besitzrecht hatte[256] (die der Erblasser z.B. angemietet hatte). Es kann sich aber auch um andere Vorteile handeln, etwa die Erlangung einer Buchposition durch Eintragung im Grundbuch oder eine Schuldbefreiung, die der Erbschaftsbesitzer durch eine (z.B. nach § 2367 BGB wirksame) Aufrechnung einer Nachlassforderung gegenüber seinen persönlichen Gläubigern erlangt hat.[257] Für Forderungen kommt § 2018 BGB deshalb keine Bedeutung zu, weil der Erbe gem. § 1922 I BGB ihr Inhaber wird und sie selbst geltend machen kann. Dagegen sind Urkunden und Beweismittel, die zu ihrer Durchsetzung erforderlich sind, von der Herausgabepflicht erfasst.[258]

161

b) "Auf Grund eines ihm in Wirklichkeit nicht zustehenden Erbrechts"

"auf Grund eines ihm in Wirklichkeit nicht zustehenden Erbrechts"

Das subjektive Element besteht darin, dass der Vorteil "auf Grund eines ihm in Wirklichkeit nicht zustehenden Erbrechts" erlangt sein muss, d.h., der Erbschaftsbesitzer muss die Erbschaft (oder einen Teil davon) unter Berufung auf ein vermeintliches Erbrecht beanspruchen, er muss sich also ein Erbrecht anmaßen. Besitzt er aufgrund eines anderen (vermeintlichen) Rechtsgrundes, kommen lediglich die Einzelansprüche (aus § 985 BGB usw.) in Betracht.

162

> *Bsp.: Der Erbe verlangt ein bisher dem Erblasser gehörendes Auto vom Besitzer heraus: Beruft sich dieser auf ein in Wirklichkeit nichtiges Testament zu seinen Gunsten, ist (neben § 985 BGB[259]) § 2018 BGB anwendbar. Beruft er sich dagegen auf eine in Wirklichkeit unwirksame Übereignung oder ein vermeintliches Vermächtnis, kommt nur § 985 BGB in Betracht.*

hemmer-Methode: Dieses subjektive Element wird häufig übersehen. Merken Sie sich also: Erbschaftsbesitzer ist nur, wer aufgrund angemaßten Erbrechts besitzt!

§ 2030 BGB

Dem Erbschaftsbesitzer steht nach § 2030 BGB gleich, wer die Erbschaft durch Vertrag von einem Erbschaftsbesitzer erworben hat, sich also mittelbar auf das Erbrecht eines Rechtsvorgänger stützt.

163

---

256 Palandt, § 2018, Rn. 9.
257 Staudinger, § 2018, Rn. 18.
258 Olzen, JuS 1989, 374-382 (376).
259 Zur Konkurrenz mit den Einzelansprüchen unten Rn. 169.

vorläufiger Erbe kein Erbschaftsbesitzer

Kein Erbschaftsbesitzer ist der vorläufige Erbe, der später die Erbschaft ausgeschlagen hat. Er haftet vielmehr nach der besonderen Regelung des § 1959 BGB wie ein Geschäftsführer ohne Auftrag (§§ 677 ff. BGB).[260]

Vorerbe nach Eintritt der Nacherbfolge ebenfalls kein Erbschaftsbesitzer (str.)

Dem Vorerben steht vor Eintritt der Nacherbfolge wirklich ein Erbrecht zu; er kann also kein Erbschaftsbesitzer sein. Strittig ist dagegen, ob der Vorerbe, der den Eintritt der Nacherbfolge zu Unrecht bestreitet, als Erbschaftsbesitzer anzusehen ist. Das wird vielfach verneint, weil § 2130 I BGB insoweit lex specialis zu den §§ 2018 ff. BGB sei.[261] Wenn man das für richtig hält, wäre es allerdings konsequenter, nicht schon das Tatbestandsmerkmal "Erbschaftsbesitzer" zu verneinen, sondern die §§ 2018 ff. BGB erst auf Konkurrenzebene scheitern zu lassen.

II. Inhalt des Herausgabeanspruchs

1. Herausgabe des aus der Erbschaft Erlangten

§ 2018 BGB: Herausgabe des aus der Erbschaft Erlangten

Gegenstand der Herausgabepflicht nach § 2018 BGB ist das aus der Erbschaft Erlangte. Dabei richtet sich die Art der Herausgabe wie bei § 2130 I BGB nach der Art des Erlangten. Bei Sachen ist der Besitz zu übertragen; Eigentümer ist der Erbe bereits nach § 1922 I BGB. Eine unrichtige Grundbucheintragung ist durch die Bewilligung der Berichtigung (wie bei § 894 BGB) herauszugeben. Ist die Herausgabe nicht möglich (so bei erlangten Gebrauchsvorteilen oder einer Schuldbefreiung), wird Wertersatz geschuldet (§§ 2021, 818 II BGB).

164

2. Herausgabe der Surrogate

Herausgabe der Surrogate (§§ 2018, 2019 I BGB)

Wie bei §§ 2130 I, 2111 BGB wird auch der Inhalt der Herausgabepflicht nach § 2018 BGB durch die dingliche Surrogation beeinflusst, die § 2019 I BGB anordnet. Sie führt dazu, dass das für den Nachlassgegenstand erworbene Surrogat unmittelbar, d.h. ohne Durchgangserwerb beim Erbschaftsbesitzer, dem Erben zufällt.[262] Der Erbe wird also vor dem Zugriff der Gläubiger des Erbschaftsbesitzers auf den erworbenen Gegenstand geschützt; in der Insolvenz des Erbschaftsbesitzers hat er eine Aussonderungsrecht (§ 47 InsO).

165

Dingliche Surrogation, § 2019 BGB

Vor Zahlung	EB erlangt mit Mitteln der Erbschaft (Nachlassgegenstand) zunächst den Kaufpreisanspruch, § 433 II BGB Dieser **fällt** wg. § 2019 I BGB **in den Nachlass**, steht also dem tatsächlichen Erben zu! Dabei **unbeachtlich**, ob Veräußerung der Sache wirksam ist (i.d.R. (-) wg. §§ 935, 857 BGB!)

Nach Zahlung	⇨ Gezahlter Kaufpreis fällt wg. § 2019 I BGB in den Nachlass ⇨ Kaufpreisanspruch **erlischt** durch Zahlung an den EB bei Gutgläubigkeit des Käufers, §§ 2019 II, 407 BGB ⇨ Tats. Erbe hat zusätzl. Anspruch gg. EB aus §§ 2029, 816 II BGB

---

260   Dabei handelt es sich um eine partielle Rechtsgrundverweisung unter Ausnahme des Erfordernisses des Fremdgeschäftsführungswillens, vgl. oben Rn. 42.

261   Oben Rn. 157.

262   Palandt, § 2019, Rn. 1; Staudinger, § 2019, Rn. 3; Olzen, JuS 1989, 374-382 (377).

Im Vergleich zu § 2111 BGB[263] ist zu beachten, dass § 2019 I BGB ausweislich seines Wortlautes nur die (rechtsgeschäftliche) Mittelsurrogation regelt, nicht auch die einfache oder gesetzliche Surrogation.[264] Gleichwohl besteht Einigkeit, dass dem Erben auch die gesetzlichen Ersatzvorteile zustehen.[265]

Dies ergibt sich z.B. bei Schadensersatzansprüchen wegen Beschädigung von Erbschaftssachen schon aus seiner Stellung als Eigentümer: Dem Erben stehen die Ansprüche z.B. aus §§ 823 ff. BGB zu, ohne dass es insoweit einer Surrogationsvorschrift bedürfte.

Bewirkt dagegen ein Nachlassschuldner wirksam (z.B. wegen § 2367 BGB) eine Leistung an den Erbschaftsbesitzer, hätte der Eigentümer nur den schuldrechtlichen Anspruch aus § 816 II BGB. Die Mittelsurrogation nach § 2019 I BGB an dem Geleisteten versagt, da der Erbschaftsbesitzer das Surrogat nicht "durch Rechtsgeschäft mit Mitteln der Erbschaft" erworben hat. Doch befürwortet man hier eine Rechtsanalogie zu §§ 2041, 2111 I BGB, so dass trotz des Wortlauts des § 2019 I BGB auch die Fälle der einfachen (gesetzlichen) Surrogation abgedeckt sind.

(rechtsgeschäftliche) Mittelsurrogation

Demgegenüber entspricht die Anordnung der rechtsgeschäftlichen Mittelsurrogation in § 2019 I BGB wörtlich der Formulierung des § 2111 I S. 1 BGB. Es muss irgendein Ersatzgegenstand durch Rechtsgeschäft mit Mitteln der Erbschaft erworben sein. Insoweit kann auf die Ausführungen zu § 2111 I S. 1 BGB verwiesen werden.

166

Mittelsurrogation trotz Unwirksamkeit der Verfügung über den Erbschaftsgegenstand?

Wesentlich häufiger als bei § 2111 I BGB tritt im Rahmen des § 2019 I BGB das Problem auf, ob der Ersatzgegenstand auch dann "mit Mitteln der Erbschaft" erworben ist, wenn die Verfügung über den Erbschaftsgegenstand unwirksam ist. Denn Verfügungen des Erbschaftsbesitzers sind, soweit für ihn kein Erbschein ausgestellt ist, jedenfalls bei beweglichen Sachen wegen §§ 935 I, 857 BGB weithin unwirksam.

167

> **Bsp.:** *Der Erbschaftsbesitzer (EB) ohne Erbschein verkauft aus dem Nachlass einen Ring an K. Wem gehört das von K gezahlte Geld, dem EB oder dem wahren Erben E?*

EB hat den Kaufpreis durch Rechtsgeschäft erworben. Fraglich ist aber, ob dafür Erbschaftsmittel aufgewandt wurden.

Die Verfügung über den Ring ist gem. §§ 935 I, 857 BGB unwirksam.[266]

§ 857 BGB fingiert, dass mit dem Tod des Erblassers der Erbe in exakt die Besitzstellung einrückt, die zuvor der Erblasser innehatte. Unterstellt man, dass der Erblasser unmittelbarer Besitzer war, hatte auch E kraft Fiktion unmittelbaren Besitz. Diesen hat er unfreiwillig verloren, so dass ein Abhandenkommen i.S.d. § 935 I BGB vorliegt.

Der Nachlass hat deshalb zwar nicht das Eigentum, aber doch immerhin den Besitz verloren. Würde man das für § 2019 I BGB genügen lassen, scheint man zu dem misslichen Ergebnis zu gelangen, dass dem E einerseits der Anspruch aus § 985 BGB gegen K auf Herausgabe des Rings zusteht, andererseits mit dem Gesamtanspruch aus §§ 2018, 2019 I BGB u.a. auch der Verkaufserlös von EB herausverlangt werden könnte. E wäre also zu Unrecht doppelt begünstigt. EB dagegen wäre doppelt belastet: Er müsste den Kaufpreis an E abführen und dem Käufer nach §§ 437 Nr. 1-3, 440 BGB haften.

---

263 Dazu oben Rn. 150.

264 Zu diesen Begriffen oben Rn. 149 ff.

265 Brox, Erbrecht, Rn. 574; MüKo, § 2019, Rn. 4; Staudinger, § 2019, Rn. 13.

266 Anders wäre es nach § 2366 BGB, wenn ein Erbschein vorläge; vgl. Hemmer/Wüst, Erbrecht, Rn. 230.

Die h.M.[267] lässt gleichwohl den Verlust des Besitzes für das Tatbe-standsmerkmal "mit Mitteln der Erbschaft erworben" genügen und behilft sich wie folgt: In dem Herausgabeverlangen in Bezug auf das Surrogat (den Kaufpreis) liege die konkludente Genehmigung (§ 185 II S. 1 Fall 1 BGB) der Verfügung des EB, bedingt durch die tatsächliche Her-ausgabe des Surrogats.

hemmer-Methode: Vgl. das Parallelproblem bei §§ 687 II S. 1, 681 S. 2, 667,[268] §§ 985, 285,[269] § 816 I S. 1[270] und §§ 2130 I, 2111 BGB.[271]

Keine Erbschaftsmittel werden aufgewandt, wenn der Erbschafts-besitzer ohne Erbschein eine Nachlassforderung einzieht. Denn dadurch erlischt diese nicht (anders aber, wenn ein Erbschein vor-liegt, vgl. § 2367 BGB[272]); der Nachlass hat im Gegensatz zum vori-gen Fall, in dem er immerhin den Besitz verloren hat, kein Opfer er-litten.[273]

169

Anders ist es wiederum, wenn der Erbschaftsbesitzer die Forderung selbst begründet hat (wie z.B. die Kaufpreisforderung durch den Verkauf des Rings). Wenn er diese Forderung einzieht, ist der Dritte nach § 2019 II BGB geschützt. Zahlt der Dritte und erlischt die For-derung nach §§ 2019 II, 407 BGB, tritt an die Stelle der Forderung kraft Surrogation der Erlös.

III. Verhältnis des Gesamtanspruchs aus § 2018 (i.V.m. § 2019 I) BGB zu anderen Ansprüchen

§ 2130 BGB verdrängt als lex specialis nach bestrittener Ansicht die §§ 2018 ff. BGB, wenn der Vorerbe zu Unrecht den Eintritt der Nacherbfolge bestreitet.[274]

169

Neben dem Gesamtanspruch aus § 2018 (ggf. i.V.m. § 2019 I) BGB bleiben die allgemeinen Einzelansprüche, also insbesondere §§ 985, 861 I (857 beachten!), 1007 I, II, 823 ff. i.V.m. 249 I, 812 I S. 1 Alt. 2, 816 II BGB anwendbar. Dabei ist § 2018 BGB zuerst zu prüfen,[275] was für die Nebenfolgen des Erbschaftsanspruchs (Schadensersatz, Nutzungen gem. §§ 2020 ff. BGB) zwingend aus § 2029 BGB folgt.

Verhältnis zu Einzelansprüchen, § 2029 BGB

Die Einzelansprüche bleiben anwendbar; ihr Inhalt wird aber durch die §§ 2018 ff. BGB bestimmt, § 2029 BGB.
Sofern sich Abweichungen ergeben, erfahren die Einzelansprüche Modifikatio-nen, um das gleiche Ergebnis wie in den §§ 2018 ff. BGB zu erreichen.

z.B. muss Erbschaftsbesitzer (EB) Nutzungen wg. § 2020 BGB *immer* herausgeben: §§ 987, 988 BGB sind also entsprechend zu modifizieren.

Deshalb: §§ 2018 BGB zwingend **vor** den Einzelansprüchen prüfen!

---

267   Palandt, § 2019, Rn. 3; Medicus/Petersen, Bürgerliches Recht, Rn. 603 b; MüKo, § 2019, Rn. 9.

268   Oben Rn. 45.

269   Oben Rn. 76.

270   Oben Rn. 45.

271   Oben Rn. 154.

272   In diesem Fall greift die gesetzliche Surrogation analog §§ 2041, 2111 BGB ein, siehe dazu soeben im Text.

273   Medicus/Petersen, Bürgerliches Recht, Rn. 603 b; Olzen, JuS 1989, 374-382 (377).

274   Vgl. oben Rn. 157 und Rn. 163.

275   Medicus/Petersen, Bürgerliches Recht, Rn. 574g.

§ 9 ANSPRÜCHE AUF HERAUSGABE VON NUTZUNGEN

A. Allgemeines

Die Ansprüche auf Nutzungsherausgabe nehmen unter den Herausgabeansprüchen eine Sonderstellung ein. Zwar kann sich eine Verpflichtung zur Herausgabe von Nutzungen (zum Begriff vgl. § 100 BGB, dazu sogleich) schon aus den bereits erörterten allgemeinen Herausgabeansprüchen ergeben.

170

> **Bsp.:** *Hat A eigenmächtig das Ferienhaus des B vermietet und den Mietzins eingezogen, so ist der Mietzins als Nutzung (vgl. §§ 100, 99 III Alt. 1 BGB) nach §§ 687 II S. 1, 681 S. 2, 667 BGB an B herauszugeben.*

Neben den allgemeinen Herausgabeansprüchen bestehen aber noch einige Vorschriften, die speziell auf die Herausgabe von Nutzungen zugeschnitten sind (vgl. §§ 346 I, 347 I, 987 ff., 818 I, 2020, 2184 BGB). Auf sie soll im Folgenden eingegangen werden.

I. Begriff der Nutzungen (§ 100 BGB)

Legaldefinition der Nutzungen in § 100 BGB

Vorab ist der Begriff der Nutzung zu klären, der in § 100 BGB legaldefiniert ist. Nutzungen sind danach zum einen die Früchte einer Sache oder eines Rechts, zum anderen die Gebrauchsvorteile.

171

Früchte (§ 99 BGB)

Für die Früchte findet sich in § 99 BGB wiederum eine Legaldefinition. Zu unterscheiden sind unmittelbare Sachfrüchte (§ 99 I BGB), unmittelbare Rechtsfrüchte (§ 99 II BGB) und mittelbare Sach- oder Rechtsfrüchte (§ 99 III BGB):

unmittelbare Sachfrüchte (§ 99 I BGB)

Unmittelbare Sachfrüchte sind gem. § 99 I BGB Erzeugnisse, d.h. alle natürlichen Tier- und Bodenprodukte[276] (also Eier, Milch, Kälber, Obst, Pflanzen, Bäume usw.). Gleichgestellt wird die sonstige, aus der Sache bestimmungsgemäß gewonnene Ausbeute (etwa Kies, Sand oder Bodenschätze). Die Muttersache muss aber erhalten bleiben; das Fleisch eines Schlachttiers z.B. ist daher keine Sachfrucht.[277]

unmittelbare Rechtsfrüchte (§ 99 II BGB)

§ 99 II BGB definiert die sog. unmittelbaren Rechtsfrüchte als Erträge eines Rechts. Das sind beispielsweise die aufgrund eines Pachtrechts oder eines Nießbrauchs gewonnenen Sachfrüchte oder die Zinsen aus einer Darlehensforderung.[278]

mittelbare Sach- bzw. Rechtsfrüchte (§ 99 III BGB)

Als mittelbare Sach- bzw. Rechtsfrüchte schließlich bezeichnet man die Erträge, welche eine Sache oder ein Recht vermöge eines Rechtsverhältnisses gewährt (§ 99 III BGB). Mittelbare Sachfrucht ist etwa bei Miethäusern der Mietzins. Mittelbare Rechtsfrüchte (z.B. die Lizenzgebühr für die Überlassung eines Patentrechts) sind dagegen in Praxis und Examen kaum von Bedeutung.

Gebrauchsvorteile (§ 100 BGB)

Neben den Früchten bezeichnet § 100 BGB auch die Gebrauchsvorteile als Nutzungen. So bietet etwa der Gebrauch eines Wohnhauses den Vorteil des Wohnens, die Benutzung eines Kfz den Vorteil erleichterter Fortbewegung usw.

172

---

276   Palandt, § 99, Rn. 2.
277   Palandt, § 99, Rn. 2.
278   Palandt, § 99, Rn. 3.

Unternehmensertrag als Nutzung?

Der Gewinn aus einem Gewerbebetrieb wird als Nutzung des Unternehmens angesehen. Die Begründung variiert allerdings: Nach einer Auffassung sind auf das Unternehmen als Rechts- und Sachgesamtheit § 99 I und II BGB analog anzuwenden (nicht direkt, weil es sich bei dem Gewinn nicht um Früchte der einzelnen Sachen und Rechte handelt, sondern der Gesamtheit). Die Rechtsprechung geht dagegen von einem Gebrauchsvorteil im Sinne des § 100 BGB aus.[279]

173

Der Unternehmensertrag beruht allerdings nicht nur auf einer Nutzung des Gewerbebetriebs, sondern auch auf dem persönlichen Einsatz des jeweiligen Inhabers. Nutzung ist also nur der Teil des Gewinns, der nicht auf eine persönliche Leistung des Inhabers zurückzuführen ist. Wie hoch dieser sog. Eigenanteil des Inhabers ist, ist im Prozess ggf. nach § 287 ZPO zu ermitteln.[280]

II. "Herausgabe" von Nutzungen

Was heißt „Herausgabe" von Nutzungen?

Auch bei den Nutzungsherausgabeansprüchen kann "Herausgabe" wieder ganz Unterschiedliches bedeuten.[281]

1. Sachen als Nutzungen

bei Sachen als Nutzungen kann Herausgabe bloß Besitzverschaffung, aber auch Übereignung bedeuten

Nutzungen von Sachen können selbst Sachen sein, z.B. das geerntete Obst oder auch das als Mietzins eingegangene Geld. In diesem Fall hängt der Inhalt des auf Nutzungsherausgabe gerichteten Anspruchs davon ab, wem diese Sachen gehören. Stehen sie im Eigentum des Anspruchsgläubigers, so bedeutet "Herausgabe" lediglich die Verschaffung (unmittelbaren) Besitzes. Stehen sie dagegen im Eigentum des Schuldners, so bedeutet "Herausgabe" die Übereignung an den Gläubiger, also Verschaffung des Besitzes und des Eigentums.

174

a) Die danach für die Herausgabe von Sachen wesentliche Vorfrage nach dem Eigentum beantwortet sich für die *unmittelbaren Sachfrüchte*, nämlich die Erzeugnisse und sonstigen Bestandteile, nach den §§ 953 ff. BGB. Danach hat mit der Trennung von der Muttersache regelmäßig deren Eigentümer das Eigentum erworben (§ 953 BGB).[282]

b) Der Eigentumserwerb an *mittelbaren Sachfrüchten* richtet sich dagegen regelmäßig nach den allgemeinen Vorschriften, also nach den §§ 929 ff. BGB: Zahlt z.B. der Mieter an seinen Vermieter, den unberechtigten (mittelbaren) Besitzer eines Hausgrundstücks, den Mietzins, so geht das Eigentum an den Geldscheinen nach § 929 S. 1 BGB auf den Vermieter über. Muss der Vermieter (etwa nach § 987 I BGB) die Nutzungen "herausgeben", so bedeutet dies hier also Übereignung des Geldes.

2. Andere Nutzungen

Als Nutzungen kommen aber nicht nur Sachen in Betracht. Besteht die Nutzung z.B. in einer Forderung, so ist diese nach § 398 BGB "herauszugeben". Herausgabe bedeutet dann also Zession.

175

---

279   Vgl. den Überblick über den Meinungsstand bei Palandt, § 99, Rn. 3 a.E.

280   BGH, NJW 1978, 1578-1579 = **juris**byhemmer.

281   Vgl. zum Folgenden: Medicus, JuS 1985, 657 (657 f.).

282   Vgl. hierzu Hemmer/Wüst, Sachenrecht II, Rn. 286.

Wieder anders ist es bei den *Gebrauchsvorteilen*. Solche nicht gegenständlichen Vorteile können selbstverständlich nicht in natura herausgegeben werden. Deshalb kann hier "Herausgabe" von vornherein nur Wertersatz bedeuten. Maßgebend ist dabei der objektive Wert;[283] zu ersetzen ist somit der Betrag, der üblicherweise für die Benutzung des jeweiligen Gegenstands zu zahlen ist, bei der Benutzung von Häusern also z.B. der übliche Mietzins.

III. Übersicht

Übersicht

Der nun folgenden Erörterung der einzelnen Nutzungsherausgabeansprüche sei wiederum eine Übersicht vorangestellt.

176

Die wichtigsten Ansprüche auf Herausgabe von Nutzungen:

1. **Nutzungsherausgabe nach Rücktritt**

   a) § 346 I BGB (falls Gebrauchsüberlassung Hauptpflicht war)

   b) § 347 I BGB (nicht gezogene Nutzungen und Privilegierung des gesetzlich Rücktrittsberechtigten)

2. **Nutzungsherausgabe im Eigentümer-Besitzer-Verhältnis (§§ 987 ff. BGB)**

3. **Nutzungsherausgabe im Bereicherungsrecht**

   a) Gebrauchsüberlassung als erlangtes Etwas (§§ 812 I S. 1, 818 II BGB)

   b) Nutzungen als Nebenfolge (§ 818 I BGB)

4. **Nutzungsherausgabe im Erbrecht**

   a) Erbschaftsbesitzer (§§ 2020 ff. BGB)

   b) Vermächtnis (§ 2184 BGB)

B. Herausgabe von Nutzungen nach Rücktrittsrecht (§§ 346 I, 347 I BGB)

I. § 346 I BGB

§ 346 I BGB

Ist eine Sache zum Gebrauch überlassen worden, richtet sich im Falle des Rücktritts die Herausgabe der Nutzungen nach § 346 I BGB.

177

> **Bsp.:** *A hat B ein Kfz für ein Jahr vermietet. Nach einem Monat tritt A aufgrund eines vereinbarten Rücktrittsvorbehalts wirksam vom Mietvertrag zurück.*

§ 346 II S. 1 Nr. 1 BGB ordnet an, die erlangten Gebrauchsvorteile zu vergüten. A kann also für die Gebrauchsvorteile eine Vergütung von $^1/_{12}$ der vereinbarten Jahresmiete verlangen.

hemmer-Methode: Beachten Sie, dass es bei Gebrauchsüberlassungsverträgen wie Miete und Pacht keine Fälle des gesetzlichen Rücktrittsrechts gibt. Hier tritt an Stelle des Rücktritts die Kündigung mit der Folge, dass bereits erbrachte Leistungen nicht zurückzugewähren sind.[284] Wichtig ist dabei die Regelung des § 561 BGB, wonach bei einem Mietverhältnis über Wohnraum ein solches Rücktrittsrecht wie eine Kündigungsmöglichkeit behandelt wird.

---

283 Palandt, § 100, Rn. 2.
284 Palandt, vor § 346, Rn. 8.

II. § 347 I BGB

§ 347 I BGB

Nicht gezogene Nutzungen muss der Rückgewährschuldner nur ersetzen, wenn er sie nach den Regeln einer ordnungsgemäßen Wirtschaft hätte ziehen müssen, § 347 I S. 1 BGB.   *178*

> **Bsp.:** *Die verkaufte Kuh wird trächtig; obwohl bei der Geburt Komplikationen auftreten, zieht der Käufer K keinen Tierarzt hinzu und hilft der Kuh auch in sonstiger Weise nicht, sodass das Kalb verendet.*

> Bei dem Kalb handelt es sich um eine „Frucht" i.S.v. § 100 BGB und damit um eine Nutzung. Diese hätte K bei ordnungsgemäßer Bewirtschaftung ziehen müssen, sodass er dem Verkäufer zum Wertersatz verpflichtet ist, § 347 I S. 1 BGB.

III. Besonderheiten beim gesetzlichen Rücktrittsrecht

Der Rücktrittsberechtigte ist im Falle eines gesetzlichen Rücktrittsrechts privilegiert. Neben § 347 I S. 2 BGB kommt dies auch bei § 346 III S. 1 Nr. 3 BGB zum Tragen.   *179*

In Ausnahme zu § 346 III S. 1 Nr. 3 BGB muss der gesetzlich Rücktrittsberechtigte bei Verschlechterung oder Untergang keinen Wertersatz leisten, wenn er die eigenübliche Sorgfalt angewendet hat, § 277 BGB, unabhängig vom Zeitpunkt der Kenntnis vom Rücktrittsgrund.   *180*

> **Bsp.:** *A kauft bei Fahrradhändler F ein gebrauchtes Fahrrad. Nachdem A das Rad bei F abgeholt und den Kaufpreis gezahlt hat, ereignet sich auf dem Heimweg infolge eines Bremsenversagens ein Unfall. Bei diesem wird das Fahrrad vollständig zerstört.*

> *A erklärt wegen der mangelhaften Bremsen des Fahrrads den Rücktritt vom Kaufvertrag und will von F sein Geld zurück. F wendet ein, A müsste ihm den Wert des Fahrrads ersetzen.*

> **1.** Ein Anspruch des A auf Rückzahlung des Kaufpreises könnte sich aus § 346 I BGB i.V.m. § 326 I S. 1, IV BGB ergeben.

> Dies ist jedoch abzulehnen, da selbst bei einem unbehebbaren Mangel kein (teilweiser) Ausschluss der Gegenleistung anzunehmen ist, § 326 I S. 2 BGB.

> Bzgl. der Zerstörung des Fahrrades bei dem Unfall ist § 326 I BGB nicht einschlägig. Denn in diesem Zeitpunkt war die Pflicht des F zur Übereignung bereits erfüllt worden und damit gem. § 362 I BGB erloschen. Unmöglichkeit nach § 275 I-III BGB kommt nach Erfüllung nicht mehr in Betracht.[285]

> **2.** Allerdings kommt ein Rückzahlungsanspruch des A aus § 346 I BGB infolge Rücktritts nach §§ 437 Nr. 2, 326 V, 323 I, V S. 2 BGB in Betracht.

> Dies wäre der Fall, wenn die Pflicht des F zur Nacherfüllung (wegen der defekten Bremsen) gem. § 439 BGB unmöglich wäre. Denn § 326 V BGB setzt die Unmöglichkeit der zu erbringenden Leistung voraus. Die Nacherfüllung ist von F auch noch nicht erfüllt worden (F hatte die Bremsen nicht repariert) und konnte daher noch i.S.v. § 275 I-III BGB unmöglich werden. Dies ist infolge des Unfalls aufgrund der Zerstörung des Fahrrades nach § 275 I BGB geschehen.

> Auch ist der Mangel (defekte Bremsen) nicht unerheblich, sodass § 323 V S. 2 BGB dem Rücktritt nicht entgegensteht.

---

285   Vgl. Rn. 14.

3. Allerdings könnte dem F gegen A ein Anspruch auf Wertersatz zustehen.

a) Ein solcher ergibt sich zunächst aus § 346 II S. 1 Nr. 3 BGB. Vor der Erklärung des *Rücktritts* ist das nach § 346 I BGB zurückzugewährende Fahrrad infolge des Unfalls untergegangen.

b) Diese Wertersatzpflicht entfällt hier jedoch nach § 346 III S. 1 Nr. 3 BGB:

Denn F hat als Rücktrittsberechtigter bei Rücktritt aufgrund eines gesetzlichen Rücktrittsrechts (§§ 437 Nr. 2, 326 V, 323 I, V S. 2 BGB, s.o.) bei dem Unfall die eigenübliche Sorgfalt i.S.d. § 277 BGB beachtet. Hier wäre ihm selbst ein gewöhnlicher Fahrlässigkeitsvorwurf i.S.d. § 276 II BGB nicht zu machen.

Ergebnis: A kann von F den gezahlten Kaufpreis zurückverlangen. Ein Wertersatzanspruch des F gegen A besteht hingegen nicht.

C. Nutzungsherausgabe im Eigentümer-Besitzer-Verhältnis (§§ 987 ff. BGB)

Sehr klausurrelevant sind die Vorschriften zur Nutzungsherausgabe im Eigentümer-Besitzer-Verhältnis (§§ 987 ff. BGB). *181*

Anspruch auf Nutzungs-herausgabe	
redlicher, unverklagter Besitzer	§ 993 I HS. 2 BGB: grds. kein Anspruch
unentgeltlicher Besitzer	§ 988 BGB
verklagter Besitzer (nach Rechtshängigkeit)	§ 987 BGB
bösgläubiger Besitzer	§§ 990 I S. 1, 987 BGB

Grundvoraussetzung: Vorliegen einer Vindikationslage

In ihrem unmittelbaren Anwendungsbereich setzen die §§ 987 ff. BGB zunächst das Vorliegen einer Vindikationslage voraus. Das bedeutet, dass zu dem Zeitpunkt, zu dem die Nutzungen gezogen wurden, der Besitzer dem Herausgabeanspruch des Eigentümers nach § 985 BGB ausgesetzt gewesen sein muss. Die §§ 987 ff. BGB sind Nebenfolgen der Vindikation gem. § 985 BGB.

Nutzungen im Sinne der §§ 987 ff. BGB

Für die Definition der Nutzungen sind wiederum zunächst die §§ 99 f. BGB maßgeblich. Allerdings ist zu beachten, dass nach § 985 BGB nur Sachen vindiziert werden können. *182*

Folglich beziehen sich die §§ 987 ff. BGB als Nebenfolgen der Vindikation nur auf *Sach*nutzungen im Sinne der §§ 99 I, III, 100 BGB, nicht auch auf Nutzungen eines Rechts.[286]

---

286 Palandt, § 987, Rn. 2.

Der Ertrag eines zum Betrieb überlassenen Unternehmens ist keine Nutzung der einzelnen zu dem Betrieb gehörigen Sachen, sondern eine Nutzung des Unternehmens als Sach- und Rechtsgesamtheit.[287] §§ 987 ff. BGB sind also nicht unmittelbar anwendbar, doch wird eine analoge Anwendung der §§ 987 ff. BGB befürwortet.[288] Der Gewinn ist aber nur insoweit Nutzung des Unternehmens, als er nicht auf einer persönlichen Leistung des Inhabers beruht.[289]

hemmer-Methode: Beachte: Ist dem Besitzer nur ein Grundstück überlassen worden, auf dem der Besitzer erst selbst einen Gewerbebetrieb aufgebaut hat, ist der Unternehmensgewinn keine Nutzung des Grundstücks,[290] sondern steht allein dem Besitzer zu. Nutzung ist hier also nur der Gebrauchsvorteil in Höhe des üblichen Miet- oder Pachtzinses für ein vergleichbares Grundstück.

I. Gutgläubiger, unverklagter Besitzer

1. Grundsatz des § 993 I, 2.Hs. BGB

redlicher Besitzer schuldet grundsätzlich keine Nutzungsherausgabe

Der gutgläubige und unverklagte Besitzer haftet nach § 993 I Hs. 2 BGB grundsätzlich nicht auf Herausgabe von Nutzungen. Ausnahmen gelten in den Fällen der §§ 993 I Hs. 1, 992 und 988 BGB (dazu sogleich).

183

Konkurrierende Nutzungsherausgabeansprüche nach den allgemeinen Vorschriften (insbesondere aus ungerechtfertigter Bereicherung) werden durch § 993 I Hs. 2 BGB prinzipiell ausgeschlossen.[291] Eine Ausnahme wird bei der Leistungskondiktion diskutiert.[292]

2. Übermaßfrüchte

Übermaßfrüchte

Er hat jedoch nach § 993 I Hs. 1 BGB die gezogenen Übermaßfrüchte nach Bereicherungsrecht herauszugeben.[293] Übermaßfrüchte sind nach § 993 I BGB solche Früchte, die nach den Regeln einer ordnungsmäßigen Wirtschaft nicht als Ertrag der Sache anzusehen sind (z.B. der Kahlschlag eines Waldes).

184

3. Deliktischer Besitzer (§ 992 BGB)

gutgläubiger Deliktsbesitzer

Nutzungsherausgabe bzw. -ersatz schuldet gemäß §§ 992, 823 ff. BGB derjenige, der sich den Besitz durch verbotene Eigenmacht oder durch eine Straftat verschafft hat. Das kann u.U. auch ein gutgläubiger Besitzer sein.[294]

185

---

287   Vgl. oben unter I, Rn. 173.
288   Palandt, § 987, Rn. 2.
289   Der sog. Eigenanteil des Inhabers ist nach § 287 ZPO zu ermitteln und von dem Gewinn abzurechnen; vgl. oben Rn. 173.
290   BGH NJW 1978, 1578-1579 = jurisbyhemmer; Palandt, § 987, Rn. 2.
291   Ganz h.M.; vgl. Palandt, vor § 987, Rn. 11.
292   Näher dazu unten Rn. 188.
293   Es handelt sich um eine Rechtsfolgenverweisung auf das Bereicherungsrecht; Staudinger, § 993, Rn. 5.
294   Näher zum Deliktsbesitzer unten Rn. 194.

4. Unentgeltlicher Besitzer (§ 988 BGB)

unentgeltlicher Besitzer (§ 988 BGB)

Ferner ergibt sich eine Haftung des redlichen Besitzers auf Nutzungsherausgabe ausnahmsweise dann, wenn er den Besitz unentgeltlich erlangt hat. § 988 BGB ordnet für diesen Fall eine Nutzungsherausgabe nach Bereicherungsrecht an.[295]

186

hemmer-Methode: Die Vorschrift beruht (ähnlich wie §§ 816 I S. 2 und 822 BGB) auf dem Gedanken, dass derjenige, der den Besitz ohne Gegenleistung erhalten hat, weniger schutzwürdig ist als derjenige, der ein Vermögensopfer erbracht hat.

> *Bsp.: S hat B eine Kuh geschenkt, die bald darauf bei B kalbt. Nun stellt sich heraus, dass die Kuh vor einiger Zeit dem E gestohlen worden war.*
>
> *E verlangt die Kuh und das Kalb von B heraus.*

a) Die Kuh kann E nach § 985 BGB von B herausverlangen.

b) Hinsichtlich des Kalbs besteht dagegen kein Anspruch des E aus § 985 BGB. Denn an dem Kalb hat nicht E, sondern B gem. § 955 I S. 1 BGB Eigentum erworben.

c) Doch besteht ein Herausgabeanspruch nach §§ 988, 818 I BGB. Zwischen E und B bestand eine Vindikationslage; B war gutgläubiger unentgeltlicher Besitzer. Das Kalb als unmittelbare Sachfrucht (§ 99 I BGB) ist auch eine Nutzung im Sinne des § 100 BGB. Herausgabe des Kalbs bedeutet dabei in diesem Fall Übereignung an E.

Im Zusammenhang mit § 988 BGB sollte man sich insbesondere zwei Details einprägen:

a) Gilt § 988 BGB auch für den Fremdbesitzer, der aufgrund eines (vermeintlichen) obligatorischen Besitzrechts besitzt?

§ 988 BGB gilt auch für den Fremdbesitzer, der sich auf ein vermeintliches obligatorisches Nutzungsrecht stützt

Nach seinem Wortlaut gilt § 988 BGB nur für den Eigenbesitzer und für den Fremdbesitzer, der aufgrund eines vermeintlichen *dinglichen* Nutzungsrechts besitzt (z.B. aufgrund eines unentgeltlich bestellten Nießbrauchs).

187

Trotz der Formulierung "Nutzungsrecht *an* der Sache" ist aber anerkannt, dass § 988 BGB auch auf den Fremdbesitzer Anwendung findet, der aufgrund eines vermeintlichen *obligatorischen* Nutzungsrechts (z.B. Leihe) besitzt.

> *Bsp.: D stiehlt das Auto des E und verleiht es an den redlichen B. Nach dem Grundsatz des § 993 I Hs. 2 BGB hätte B keine Nutzungen (hier: die Gebrauchsvorteile) herauszugeben. Doch greift § 988 BGB trotz seines zu engen Wortlauts auch bei einem vermeintlichen schuldrechtlichen Besitzrecht (hier Leihe) ein. B schuldet also nach §§ 988, 818 II BGB Wertersatz für die Gebrauchsvorteile.*

b) Ist § 988 BGB analog auf den rechtsgrundlosen Besitzer anwendbar?

rechtsgrundlos = unentgeltlich?

Hauptstreitpunkt im Rahmen des § 988 BGB ist die Frage seiner analogen Anwendung auf den rechtsgrundlosen Erwerber.

188

---

295 Auch dies ist eine Rechtsfolgenverweisung; Staudinger, § 988, Rn. 9.

**Rechtsgrundlos = unentgeltlich?
§ 988 BGB**

Nach Wortlaut § 988 BGB eher (-), da auf *Inhalt*, nicht *Wirksamkeit* der zugrundeliegenden schuldrechtl. Vereinbarung abzustellen ist

Gefahr des Wertungswiderspruchs bei gescheitertem Kauf:
⇨ ist Übereignung wirksam, besteht i.R.d. §§ 812 I S. 1 Alt. 1, 818 I BGB Anspruch auf Nutzungsersatz
⇨ bei Unwirksamkeit der Übereignung (⇨ EBV) würde bei Versagung des Nutzungsersatzanspruchs Besitzer *besser* stehen als bei Erwerb des Eigentums (s.o.)
⇨ Anspruch (+); BGH: § 988 BGB analog; Lit.: §§ 812 ff. BGB direkt

Bsp.: Der unerkannt geisteskranke E verkauft und übergibt sein Auto für 10.000 € an B. Als der Betreuer des E davon erfährt, verlangt er in dessen Namen das Auto und die gezogenen Nutzungen von B heraus. Zu Recht?

aa) Das Herausgabeverlangen ist jedenfalls in Bezug auf das Auto gem. § 985 BGB begründet. Die Übereignung war nach §§ 104 Nr. 2, 105 I BGB nichtig; B hatte kein Besitzrecht.

bb) Ein Nutzungsherausgabeanspruch aus §§ 990, 987 I BGB scheidet dagegen aus, da B nicht bösgläubig war.

cc) In Betracht kommt aber ein Anspruch aus § 988 BGB. B war gutgläubiger Besitzer; doch fehlt es an einer unentgeltlichen Besitzübertragung.

Da die Voraussetzungen der §§ 987 ff. BGB nicht vorliegen, müsste also nach dem Grundsatz des § 993 I Hs. 2 BGB ein Nutzungsanspruch eigentlich ausscheiden. Wegen der Sperrwirkung des Eigentümer-Besitzer-Verhältnisses müsste an sich auch ein Nutzungsanspruch aus § 812 I S. 1 Alt. 1, 818 I BGB ausgeschlossen sein.

Dieses Ergebnis wird aber allgemein als unhaltbar angesehen. Wäre nämlich nur der schuldrechtliche Vertrag, nicht auch die Übereignung nichtig gewesen, hätte kein Eigentümer-Besitzer-Verhältnis vorgelegen. Mangels Anwendbarkeit der §§ 987 ff. BGB hätte B dann die gezogenen Nutzungen nach §§ 812 I S. 1 Alt. 1, 818 I, II BGB herausgeben müssen.

E stünde also hinsichtlich der Nutzungen besser, wenn er sein Eigentum verloren hätte, als wenn er es behalten hat. Das ist insbesondere dann unbillig, wenn der Grund für die Nichtigkeit der Übereignung gerade darin besteht, den Eigentümer zu schützen (wie im Falle der Geschäftsunfähigkeit).

In Rechtsprechung und Literatur werden zwei Lösungswege vorgeschlagen:

Rechtsprechung: rechtsgrundlos = unentgeltlich

(1) Die Rechtsprechung will mit einer analogen Anwendung des § 988 BGB helfen.[296] Der rechtsgrundlose Besitzer sei dem unentgeltlichen gleichzustellen, weil auch der rechtsgrundlose Besitzer keine Gegenleistung zu erbringen brauche.

Literatur: Anwendung der Leistungskondiktion

(2) Die ganz h.L. lehnt dagegen die Analogie zu § 988 BGB ab und schließt die entstehende Lücke dadurch, dass sie Ansprüche aus *Leistungskondiktion* mit den §§ 987 ff. BGB konkurrieren lässt, insoweit also die Sperrwirkung des § 993 I Hs. 2 BGB aufhebt.[297]

---

296   Ständige Rechtsprechung seit RGZ 163, 348 ff.; zuletzt BGH NJW 1983, 164-165 = **juris**byhemmer.
297   Vgl. Medicus/Petersen, Bürgerliches Recht, Rn. 600.

gleiche Ergebnisse im Zweipersonenverhältnis

Liegt wie im vorliegenden Fall ein Zweipersonenverhältnis vor, wirkt sich der Streit nicht aus. Nach der Rechtsprechung kann E gemäß §§ 988, 818 I, II BGB Wertersatz für die Gebrauchsvorteile verlangen, nach der Literatur gemäß §§ 812 I S. 1 Alt. 1, 818 I, II BGB. Maßgebend ist jeweils der objektive Wert des Gebrauchsvorteils, als der Betrag, der üblicherweise für die Überlassung eines vergleichbaren KfZ gezahlt werden müsste.

Im konkreten Fall kann also eine Streitentscheidung unterbleiben. Dem E steht der von seinem Betreuer geltend gemachte Nutzungsanspruch nach beiden Auffassungen zu.

Auswirkungen im Dreipersonenverhältnis

Praktische Auswirkungen hat der Meinungsstreit im Dreipersonenverhältnis. Hier zeigt sich die Überlegenheit der von der Literatur vertretenen Auffassung.

189

> **Bsp.:** *Der Dieb D hat eine Sache des E an den redlichen B verkauft; der Kaufvertrag ist unerkannt nichtig.*

Hier muss B nach der Rechtsprechung analog § 988 BGB die Nutzungen an E herausgeben, obwohl B den Kaufpreis an D gezahlt hat, also für den Erwerb ein Opfer gebracht hat.[298] Ein solches Ergebnis widerspricht dem § 988 BGB, denn danach soll B nur dann zur Nutzungsherausgabe verpflichtet sein, wenn er für die Besitzerlangung keinerlei Opfer erbracht hat. Eine Analogie zu § 988 BGB wäre daher allenfalls dann zu rechtfertigen, wenn B noch keine Gegenleistung erbracht hat.

Nach der h.L. besteht kein Nutzungsherausgabeanspruch des E gegen B. Die Sperrwirkung des § 993 I Hs. 2 BGB wird nicht aufgehoben, da zwischen E und B keine Leistungsbeziehung vorliegt.

Folgt man der h.L., kann vielmehr nur D die Nutzungen von B nach §§ 812 I S. 1 Alt. 1, 818 I, II BGB kondizieren. B kann dem die Kaufpreiszahlung einredeweise entgegenhalten (§§ 273, 274 BGB) bzw. bei Gleichartigkeit aufrechnen.

E kann dann seinerseits von D die Nutzungen, die er selbst gezogen hätte, nach §§ 992, 823, 249 BGB ersetzt verlangen. Soweit E die Nutzungen nicht gezogen hätte, kann er sie von D zumindest nach §§ 687 II S. 1, 681 S. 2, 667 BGB fordern.

Im Ergebnis kommen die von B herauszugebenden Nutzungen also auch hier zu E, aber auf dem Umweg über D. Dieser Umweg ist nötig, um dem B die Verrechnung seines Vermögensopfers nicht unmöglich zu machen.[299]

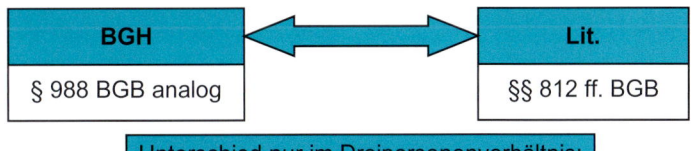

BGH		Lit.
§ 988 BGB analog		§§ 812 ff. BGB

Unterschied nur im Dreipersonenverhältnis:

z.B.: **D** stiehlt Sache von Eigentümer **E**, veräußert sie an (gutgl.) **K**, Kaufvertrag nichtig (z.B. Anfechtung)

Nach **BGH**: § 988 BGB analog E gegen K
Nach **Lit.**: E hat keinen Anspruch aus § 812 I S. 1 Alt. 2 BGB gegen K, da Nutzungen durch D geleistet wurden: Vorrang der Leistungsbeziehung!

⇨ E muss sich an D halten; K kann Nutzungsersatzanspruch des D Rückzahlungsanspruch aus § 812 I S. 1 Alt. 1 BGB entgegenhalten

---

298   Zwar kann B den Kaufpreis von D zurückverlangen, dies kann aber z.B. an der Insolvenz oder Unauffindbarkeit des D scheitern.
299   Medicus/Petersen, Bürgerliches Recht, Rn. 600.

II. Bösgläubiger oder verklagter Besitzer

unredlicher Besitzer

Der unredliche und der verklagte Besitzer sind nicht schutzwürdig. §§ 987, 990 BGB ordnen deshalb eine verschärfte Haftung an. Bösgläubigkeit im Sinne des § 990 I S. 1 BGB setzt dabei zumindest grobe Fahrlässigkeit in Bezug auf das fehlende Besitzrecht voraus. Der Maßstab des § 932 II BGB wird also, bezogen auf das Besitzrecht, entsprechend herangezogen. Wichtig ist, dass die grobe Fahrlässigkeit beim Besitzerwerb vorliegen muss. Danach schadet gemäß § 990 I S. 2 BGB nur noch positive Kenntnis.

190

1. § 987 I BGB

§ 987 I BGB

Nach §§ 987 I, 990 BGB sind die gezogenen Nutzungen in vollem Umfang herauszugeben. Bei Gebrauchsvorteilen kann der Anspruch von vornherein nur auf Wertersatz gerichtet sein. Bei den Früchten ist zu differenzieren:

191

⇨ Unproblematisch ist es, wenn die Früchte noch unterscheidbar beim Besitzer vorhanden sind. Dann muss dem Eigentümer der Besitz verschafft werden. Die Eigentumsverschaffung ist nicht nötig (und auch möglich), da der dinglich Berechtigte in einer solchen Konstellation das Eigentum bereits nach § 954 BGB erworben hat.

⇨ Sind die Früchte zwar noch beim Besitzer vorhanden, aber nicht mehr unterscheidbar (z.B. der eingezogene Mietzins), bedeutet Herausgabe wie bei den Gebrauchsvorteilen Wertersatz.

⇨ Es verbleibt der Fall, dass die Früchte beim Besitzer auch dem Wert nach nicht mehr vorhanden sind. Da § 987 BGB nicht auf das Bereicherungsrecht verweist, kann § 818 III BGB keine Anwendung finden. Es gelten vielmehr die allgemeinen Regeln der §§ 275, 280, 285 BGB. Bei unverschuldetem Untergang der Früchte wird der Besitzer also frei. Diese Haftung verschärft sich erst im Schuldnerverzug des Besitzers; dann trifft ihn nach §§ 990 II, 280 I, II, 286, 287 S. 2 BGB eine Zufallshaftung.[300]

2. § 987 II BGB

§ 987 II BGB

Nach §§ 987 II, 990 I BGB hat der verklagte bzw. bösgläubige Besitzer zudem noch die Nutzungen zu ersetzen, die infolge seines Verschuldens nicht gezogen worden sind.[301]

192

3. Ausnahme des § 991 I BGB

§ 991 I BGB

Der bösgläubige Fremdbesitzer, der für einen Dritten besitzt, haftet ausnahmsweise nicht nach §§ 987, 990 BGB, wenn sein Oberbesitzer gutgläubig und unverklagt ist (§ 991 I BGB).

193

---

300 Zu beachten ist dabei, dass § 990 II BGB nach seiner systematischen Stellung nur für den bösgläubigen, nicht auch für den verklagten Besitzer gilt, Hemmer/Wüst, Sachenrecht I, Rn. 367.

301 Lesen Sie dazu nochmals Rn. 178 zu § 347 I S. 1 BGB.

§ 991 I BGB

Bösgl. Besitzmittler soll Nutzungen dann nicht ersetzen müssen, wenn er gutgl. mittelb. Besitzer in Regress nehmen könnte ⇨ mittelb. Besitzer wird geschützt!

(1) Voraussetzungen der §§ 990, 987 BGB beim Besitzmittler

(2) Mittelbarer Besitzer ist gutgläubig / unverklagt

(3) Besitzmittler könnte diesen in Regress nehmen, z.B. §§ 536 III, 536a I BGB gegen Vermieter (jedoch (-), wenn pos. Kenntnis des Mieters, § 536b BGB!)

Rechtsfolge: Nutzungsersatzanspruch gegen **Besitzmittler** ist ausgeschlossen

Gäbe es die Vorschrift des § 991 I BGB nicht, müsste der Fremdbesitzer die Nutzungen gem. §§ 987, 990 BGB an den Eigentümer abführen und könnte möglicherweise aus dem mit seinem Oberbesitzer abgeschlossenen Vertrag Regressansprüche herleiten. Damit würde letztlich der redliche Oberbesitzer haften. Dies zu verhindern, ist der Sinn und Zweck des § 991 I BGB.[302]

Bsp.: B ist redlicher Eigenbesitzer eines Hauses. Er vermietet das Haus an M. Dem wahren Eigentümer E gelingt der Nachweis, dass M bei der Einräumung des Besitzes infolge grober Fahrlässigkeit die mangelnde Berechtigung des V nicht erkannt hat. Kann E von M Nutzungsherausgabe (z.B. wegen der Gebrauchsvorteile) verlangen?

Ein Anspruch aus §§ 987 I, 990 BGB scheitert an § 991 I BGB. Daneben ist ein Anspruch aus Eingriffskondiktion gem. §§ 812 I S. 1 Alt. 2, 818 I, II BGB gesperrt (§ 993 I Hs. 2 BGB); er würde im Übrigen auch am Vorrang der Leistungskondiktion scheitern, da B dem M den Besitz an dem Haus geleistet hat.

Abwandlung: M hatte positive Kenntnis der Nichtberechtigung des B.

Auch hier scheint ein Anspruch aus §§ 987 I, 990 BGB wegen § 991 I BGB ausscheiden zu müssen. Indes droht dem B hier wegen §§ 536 b BGB kein Regressanspruch des M. Die oben beschriebene ratio legis des § 991 I BGB entfällt damit; die Vorschrift ist demgemäß teleologisch zu reduzieren: Sie ist nur anwendbar, wenn dem Oberbesitzer tatsächlich ein Regressanspruch droht.

III. Deliktischer Besitzer (§ 992 BGB)

deliktischer Besitzer (§ 992 BGB)

Der unrechtmäßige Besitzer, der sich die Sache durch eine (schuldhafte) verbotene Eigenmacht oder durch eine Straftat verschafft hat, haftet gemäß §§ 992, 823 BGB ebenfalls auf Nutzungsherausgabe bzw. -ersatz. Bei einer leicht fahrlässigen verbotenen Eigenmacht kann auch ein gutgläubiger Besitzer unter § 992 BGB fallen (z.B. B treibt irrigerweise die Kuh des E in seinen Stall).

194

---

302   Vgl. Medicus/Petersen, Bürgerliches Recht, Rn. 584.

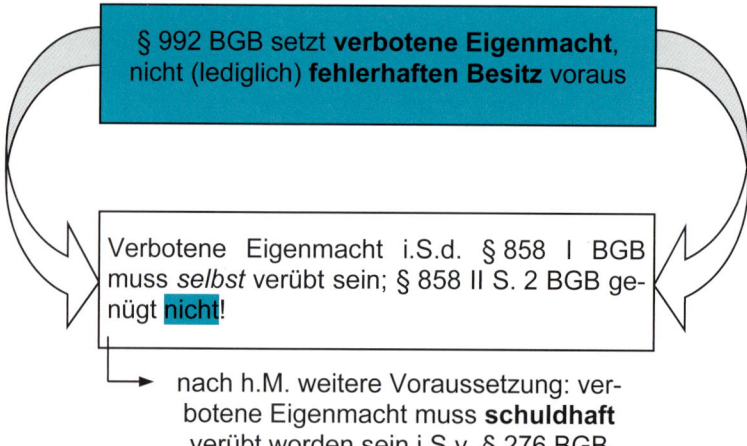

§ 992 BGB setzt **verbotene Eigenmacht**, nicht (lediglich) **fehlerhaften Besitz** voraus

Verbotene Eigenmacht i.S.d. § 858 I BGB muss *selbst* verübt sein; § 858 II S. 2 BGB genügt nicht!

⟶ nach h.M. weitere Voraussetzung: verbotene Eigenmacht muss **schuldhaft** verübt worden sein i.S.v. § 276 BGB

Gezogene Nutzungen sind, wenn möglich, in Natur herauszugeben (§ 249 I BGB), ansonsten ist Wertersatz zu leisten (§ 251 I BGB). Nicht gezogene Nutzungen sind nach §§ 992, 823 ff., 252 BGB zu ersetzen, wenn der Eigentümer zu der Nutzung in der Lage gewesen wäre.

D. Nutzungsherausgabe aus ungerechtfertigter Bereicherung

Nutzungen können in zweierlei Hinsicht Gegenstand einer Herausgabepflicht aus ungerechtfertigter Bereicherung sein.   *195*

Zum einen kann schon das Erlangte im Sinne von § 812 I BGB in Nutzungen bestehen, so etwa bei der Rückabwicklung eines nichtigen Mietvertrags.

§ 818 I BGB   Zum anderen können Nutzungen aus dem Erlangten gezogen worden sein (z.B. Gebrauchsvorteile aus einem aufgrund nichtigen Kaufvertrags veräußerten KfZ). Gem. § 818 I BGB sind *diese Nutzungen, die Nebenfolge eines anderen Hauptanspruchs sind*, ebenfalls Gegenstand der Kondiktion, aber nur, soweit sie tatsächlich gezogen worden sind.   *196*

Die Unterscheidung danach, ob die Nutzungsmöglichkeit das primär Erlangte oder nur eine Nebenfolge des Erlangten ist, hat dabei durchaus praktische Auswirkungen.

Beispiele :

– *A hat von B aufgrund eines nichtigen Kaufvertrags den Kaufpreis von 10.000 € erhalten.*

A muss zunächst die 10.000 € zurückerstatten (§ 812 I S. 1 Alt. 1 BGB). Daneben muss A nur dann Zinsen (als Nutzung aus der Überlassung der Darlehenssumme) zahlen, wenn er den Kaufpreis tatsächlich verzinslich angelegt hat. Denn § 818 I BGB gilt nur für die *gezogenen* Nutzungen. Eine verschärfte Haftung könnte sich nur über §§ 818 IV, 819 I, 292, 987 ff. BGB ergeben.

– *A hat bei der Bank B einen verzinslichen Kredit in Höhe von 10.000 € aufgenommen. Nach einem Jahr stellt sich heraus, dass der Darlehensvertrag wegen Dissenses nichtig war.*

Auch hier muss A 10.000 € zurückübereignen. Gem. § 818 I BGB müsste er Zinsen nur dann zahlen, wenn er die Darlehenssumme seinerseits verzinslich oder sonst Gewinn bringend angelegt hat. Doch greift § 818 I BGB hier nicht ein.

Der Anspruch der B auf Zahlung der (marktüblichen) Zinsen ergibt sich nämlich bereits aus § 812 I S. 1 BGB. Bei Darlehen wie bei anderen Gebrauchsüberlassungsverträgen stellt die Einräumung der Nutzungsmöglichkeit eine Hauptpflicht und damit die eigentliche vertragliche Leistung dar. Sie ist daher bereits das "erlangte Etwas" im Sinne des § 812 BGB und wird folglich schon vom Hauptanspruch des § 812 I S. 1 BGB und nicht erst durch den Nebenfolgeanspruch des § 818 I BGB erfasst. Da die Gebrauchsmöglichkeit als solche nicht herausgabefähig ist, wird gem. § 818 II BGB Wertersatz in Höhe des üblichen Zinssatzes geschuldet, ohne dass es darauf ankommt, dass A das Geld tatsächlich Gewinn bringend genutzt hat.

E. Nutzungsherausgabe im Erbrecht

Nutzungsherausgabe im Erbrecht

Besondere Vorschriften für die Herausgabe von Nutzungen finden sich schließlich im Erbrecht.

I. §§ 2020 ff. BGB

§§ 2020 ff. BGB

Wichtig sind insbesondere die Vorschriften der §§ 2020 ff. BGB. Dabei handelt es sich um Nebenfolgen des Erbschaftsanspruchs aus § 2018 BGB. Es müssen also zunächst die Voraussetzungen des § 2018 BGB gegeben sein.[303]

197

1. Gutgläubiger, unverklagter Erbschaftsbesitzer

gutgläubiger, unverklagter Erbschaftsbesitzer (§§ 2020, 2021 BGB)

Der gutgläubige, unverklagte Erbschaftsbesitzer hat dem Erben die gezogenen Nutzungen herauszugeben. Das gilt nach § 2020 BGB auch für die Früchte, an denen er (z.B. gem. § 955 BGB) Eigentum erworben hat.

198

Soweit der gutgläubige, unverklagte Erbschaftsbesitzer zur Herausgabe außerstande ist, greift die Rechtsfolgenverweisung[304] des § 2021 BGB auf das Bereicherungsrecht ein. Der Erbschaftsbesitzer kann sich also ggf. auf Entreicherung (§ 818 III BGB) berufen.

Die Stellung des gutgläubigen, unverklagten Erbschaftsbesitzers gleicht damit der des gutgläubigen, unentgeltlichen Besitzers im Eigentümer-Besitzer-Verhältnis (vgl. § 988 BGB).

Diese Gleichstellung ist deshalb berechtigt, weil der Erbschaftsbesitzer den Besitz an den Nachlassgegenständen im Regelfall unentgeltlich erworben hat.

2. Verklagter oder bösgläubiger Erbschaftsbesitzer

verklagter oder bösgläubiger Erbschaftsbesitzer (§§ 2023 II, 2024 BGB)

Ist der Erbschaftsbesitzer verklagt oder bösgläubig, gelten für die Nutzungsherausgabe die den unredlichen Besitzer betreffenden Vorschriften der §§ 987 ff. BGB entsprechend (§§ 2023 II, 2024 BGB).

199

Maßstab für die Bösgläubigkeit im Sinne des § 2024 BGB ist wiederum § 932 II BGB, hier bezogen auf das Erbrecht.[305]

---

303   Dazu oben Rn. 158 ff.
304   Palandt, § 2021, Rn. 1.
305   Brox, Erbrecht, Rn. 557.

3. Deliktischer Erbschaftsbesitzer

deliktischer Erbschaftsbesitzer

Schließlich ist für den deliktischen Erbschaftsbesitzer die Vorschrift des § 2025 BGB zu beachten. Insoweit gilt das zur Parallelvorschrift des § 992 BGB Gesagte entsprechend.[306]

200

Die verbotene Eigenmacht im Sinne des § 2025 BGB muss nach h.M. wie bei § 992 BGB schuldhaft erfolgt sein.[307] Zu beachten ist die Besonderheit des § 2025 S. 2 BGB: Ein gutgläubiger Erbschaftsbesitzer haftet wegen verbotener Eigenmacht nur, wenn der Erbe den Besitz der Sache bereits tatsächlich ergriffen hatte.

Gezogene Nutzungen sind, soweit möglich, in Natur herauszugeben (§ 249 I BGB), ansonsten ist Wertersatz zu leisten (§ 251 I BGB). Nicht gezogene Nutzungen sind nach §§ 2025, 823 ff., 252 BGB zu ersetzen, wenn der wahre Erbe die Nutzung hätte ziehen können.

4. Verhältnis zu den Einzelansprüchen

§ 2029 BGB

Konkurrierende Einzelansprüche sind neben den §§ 2018 ff. BGB nicht ausgeschlossen. § 2029 BGB stellt aber klar, dass sich auch bei Geltendmachung von Einzelansprüchen der Umfang der Haftung des Erbschaftsbesitzers nach den §§ 2020 ff. BGB bestimmt. Klagt also der Erbe nur auf Herausgabe einer einzelnen Nachlasssache nebst Nutzungen, gelten für den Umfang der Nutzungsherausgabe gleichwohl die §§ 2020 ff. BGB und nicht die §§ 987 ff. BGB.

201

hemmer-Methode: Wegen § 2029 BGB ist im Gutachten immer mit der Prüfung des Erbschaftsanspruchs und seiner Nebenfolgen zu beginnen, bevor auf die Einzelansprüche eingegangen wird.[308]

II. § 2184 BGB

Ein weiterer Anspruch auf Herausgabe von Nutzungen besteht zugunsten des Vermächtnisnehmers in § 2184 BGB. Danach sind die Früchte (nicht auch die Gebrauchsvorteile, § 2184 S. 2 BGB), die seit dem Anfall des Vermächtnisses aus dem betreffenden Gegenstand tatsächlich gezogen worden sind, dem Vermächtnisnehmer herauszugeben. Sind die Früchte nicht mehr vorhanden, richtet sich die Haftung des Beschwerten nach den §§ 280 ff. BGB.[309]

202

---

306   Vgl. oben Rn. 194.
307   Brox, Erbrecht, Rn. 558.
308   Medicus/Petersen, Bürgerliches Recht, Rn. 574 g; Olzen/Wank, Klausurenlehre, S. 595.
309   Palandt, § 2184, Rn. 1.

§ 10 PROZESSUALE BESONDERHEITEN

Bislang sind lediglich die materiell-rechtlichen Voraussetzungen der einzelnen Herausgabeansprüche erörtert worden. Daneben bestehen einige prozessuale Besonderheiten, auf die im Folgenden näher einzugehen ist.

A. Erkenntnisverfahren

Erkenntnisverfahren

I. Bestimmte Bezeichnung des Herausgabegegenstandes im Klageantrag

§ 253 II Nr. 2 ZPO

Im Bereich des Erkenntnisverfahrens ist gerade bei den Herausgabeansprüchen besonders darauf zu achten, dass der Klageantrag hinreichend bestimmt sein muss, vgl. § 253 II Nr. 2 ZPO. **203**

Bezeichnung des Herausgabegegenstandes bei Sachgesamtheiten und Sondervermögen

Schwierigkeiten bereitet dies vor allem bei den Ansprüchen auf Herausgabe von Sachgesamtheiten und Sondervermögen.[310] Denn § 253 II Nr. 2 ZPO verlangt, dass jeder einzelne Gegenstand im Klageantrag angeführt wird.[311] Dazu ist der Kläger jedoch oft schon deshalb nicht in der Lage, weil er keinen Einblick in den herauszugebenden Bestand hat. Er ist daher zumeist darauf angewiesen, zunächst einen Auskunftsanspruch (aus § 260 I BGB; vgl. auch § 2027 BGB) geltend zu machen, bevor er anschließend Klage auf Herausgabe der nun einzeln zu bezeichnenden Gegenstände erhebt.

Stufenklage (§ 254 ZPO)

Das Gesetz gestattet dem Kläger, beide Klagen miteinander zu verbinden und dabei hinsichtlich der Herausgabeklage zunächst von einem bestimmten Antrag abzusehen, sog. Stufenklage (§ 254 ZPO). Der Kläger kann so Kosten sparen und erreichen, dass der zunächst unbestimmte Antrag bereits zum Zeitpunkt der Erhebung der Stufenklage rechtshängig wird; letzteres ist insbesondere für die Frage der Hemmung der Verjährung (§ 204 I BGB) von Bedeutung. **204**

Über die Herausgabeklage als zweite Stufe darf erst entschieden werden, wenn die erste Stufe (die Auskunftserteilung) z.B. durch Teilurteil oder übereinstimmende Erledigterklärung abgeschlossen ist.[312] Hat der Kläger die für die Geltendmachung des Herausgabeanspruchs erforderlichen Informationen erhalten, so muss er den bislang unbestimmten Antrag nun genau beziffern.

II. Besondere und ausschließliche Gerichtsstände bei Herausgabeansprüchen

Besonderheiten beim Gerichtsstand

Ferner bestehen hinsichtlich der Herausgabeansprüche einige Besonderheiten in Bezug auf die Gerichtsstände.[313] **205**

dinglicher Gerichtsstand (§ 24 I ZPO)

So ist insbesondere für die Vindikation (§ 985 BGB) *unbeweglicher* Sachen der ausschließliche Gerichtsstand des § 24 I ZPO zu beachten (sog. dinglicher Gerichtsstand).

---

310 Dazu oben Rn. 141 ff.

311 Der Grund für dieses Erfordernis liegt darin, dass der Tenor des Urteils, der auf dem Antrag beruht, Vollstreckungsgrundlage wird und dem Gerichtsvollzieher ohne langwierige Nachprüfungen die Zwangsvollstreckung ermöglichen muss.

312 Vgl. Thomas, § 254, Rn. 6.

313 Allgemein zu den Gerichtsständen Hemmer/Wüst, ZPO I, Rn 156 ff.

hemmer-Methode: Merke: § 24 ZPO gilt nur für dingliche Ansprüche *aus* dem Eigentum, also nicht etwa auch für den Anspruch *auf* Übereignung aus § 433 I BGB.

Gerichtsstand bei Gesamtansprüchen (§§ 31, 27 ZPO)

Besondere Gerichtsstände gelten für die Gesamtansprüche auf Herausgabe von Sondervermögen.[314] Hinsichtlich des Erbschaftsanspruchs (§ 2018 BGB) ist § 27 ZPO zu beachten.

B. Zwangsvollstreckungsverfahren

Zwangsvollstreckungsverfahren

Spezielle Vorschriften für die Zwangsvollstreckung von Ansprüchen auf Herausgabe von beweglichen und unbeweglichen Sachen enthalten die §§ 883 ff. ZPO.

**Vollstreckung zur Erwirkung der Herausgabe
(= Vollstreckung aus Herausgabetitel)**

Unbewegliche Sachen	Bewegliche Sachen
⇨ GV setzt Schuldner aus dem Besitz und weist Gläubiger in Besitz ein, § 885 ZPO ⇨ Bei Gewahrsam mehrerer Personen ist ein Titel gegen alle Gewahrsamsinhaber erforderlich ⇨ Besonderheiten bei Mietverhältnissen über Wohnraum (§§ 721 I S. 1, 765a ZPO)	⇨ Sachen im Alleingewahrsam des Schuldners hat der GV wegzunehmen und dem Gläubiger zu übergeben, § 883 ZPO ⇨ Wird eine Sache nicht vorgefunden, hat der Schuldner auf Antrag eine eidesstattliche Versicherung abzugeben

---

I. Herausgabevollstreckung bei beweglichen Sachen

1. Anwendungsbereich der §§ 883 f. ZPO

Herausgabevollstreckung bei beweglichen Sachen

Bei der Zwangsvollstreckung aus einem Herausgabetitel kommt es zunächst auf dessen genauen Inhalt an:

206

a) Ist mit Herausgabe lediglich die *Verschaffung des unmittelbaren Besitzes* gemeint (wie im Regelfall der §§ 985, 861, 1007 I, II BGB), richtet sich die Durchführung der Vollstreckung allein nach § 883 ZPO; d.h. der Gerichtsvollzieher nimmt dem Schuldner die Sache weg und übergibt sie dem Gläubiger bzw. im Fall der §§ 986 I S. 2, 869 S. 2 BGB dem früheren unmittelbaren Besitzer. Dies gilt für vertretbare (vgl. § 91 BGB) und unvertretbare Sachen gleichermaßen, § 884 ZPO.

b) Lautet der Herausgabetitel auf *Übereignung* einer beweglichen Sache, dann wird vom Schuldner außer der Übergabe der Sache auch die Einigungserklärung (§ 929 S. 1 BGB) verlangt. Diese ist eine Willenserklärung und gilt mit der Rechtskraft des Urteils als abgegeben (§ 894 I S. 1 ZPO). Die daneben erforderliche Besitzverschaffung wird nach § 897 ZPO vollstreckt.

---

314   Dazu oben Rn. 141 ff.

beache: bei Herausgabe von Geld zwischen §§ 803 ff. ZPO und §§ 883 f. ZPO unterscheiden

c) Bei Ansprüchen auf Herausgabe (Besitzverschaffung und/oder Übereignung) von *Geld* stellt sich die Frage nach der Abgrenzung zwischen Herausgabevollstreckung (§§ 883 f. ZPO) und der Vollstreckung von Geldforderungen (§§ 803 ff. ZPO).

207

Hier gilt: Sind bestimmte Geldzeichen herauszugeben, sind die §§ 883 f. ZPO anzuwenden. Kommt es dagegen nicht auf die konkreten Geldzeichen, sondern nur auf den Geldbetrag bzw. -wert an, handelt es sich also um einen echten Zahlungsanspruch, gelten die §§ 803 ff. ZPO.[315]

Diese Abgrenzung kann im Einzelfall Schwierigkeiten bereiten. Auf Herausgabe der konkreten Geldzeichen sind etwa die sachenrechtlichen Ansprüche aus §§ 861, 1007 I, II und 985 BGB gerichtet.[316] Ihre Vollstreckung richtet sich nach den §§ 883 f. ZPO. Demgegenüber steht bei den Erlösherausgabeansprüchen (z.B. §§ 667, 816 BGB) der erlangte Geld*wert* im Mittelpunkt.[317] Hier liegt also eine echte Geldschuld vor; die Vollstreckung erfolgt nach den §§ 803 ff. ZPO.

hemmer-Methode: Die maßgebliche Frage im Zwangsvollstreckungsrecht lautet: „Wegen was wird in was vollstreckt?" Die korrekte Beantwortung dieser Frage ist (mit-)entscheidend für Erfolg oder Misserfolg in einer Zwangsvollstreckungsklausur.

2. Durchführung der Vollstreckung

Durchführung der Vollstreckung

a) Ist der Anwendungsbereich der §§ 883 f. ZPO eröffnet, nimmt der Gerichtsvollzieher die herauszugebende Sache dem Schuldner weg und übergibt sie dem Gläubiger (§ 883 I BGB). Hinsichtlich des Verfahrens gelten die allgemeinen Vorschriften der §§ 757-763 ZPO.

208

Durchsuchung von Wohnräumen: einschränkende Auslegung des § 758 ZPO wegen Art. 13 II GG?

aa) Der Gerichtsvollzieher hat also insbesondere dieselben Zwangsbefugnisse wie bei der Vollstreckung wegen Geldforderungen.

209

Gemäß §§ 758, 758a ZPO ist er vor allem befugt, die Wohnung des Schuldners zu durchsuchen. Soweit nicht Gefahr im Verzug ist, bedarf er hierfür jedoch einer richterlichen Anordnung gemäß § 758a ZPO.

hemmer-Methode: § 758a ZPO geht auf eine Entscheidung des BVerfG zurück.
Zunächst ging der Gesetzgeber davon aus, dass eine besondere Anordnung durch den Richter bei der Herausgabevollstreckung dann nicht mehr erforderlich sei, wenn die Herausgabeverpflichtung in einem richterlichen Vollstreckungstitel enthalten sei.[318] Dem Richtervorbehalt des Art. 13 II GG sei damit bereits Rechnung getragen. Eine erneute richterliche Überprüfung erübrige sich, da bei der Herausgabevollstreckung – anders als bei der Vollstreckung wegen Geldforderungen – von vornherein neben der freiwilligen Herausgabe nur die zwangsweise Wegnahme in Betracht komme.
Allerdings wird auch bei einem Herausgabetitel zunächst nur die Leistungspflicht festgestellt, sodass offen bleibt, ob und wo tatsächlich vollstreckt werden muss. Man kann also den Herausgabetitel nicht ohne weiteres zugleich als Durchsuchungsanordnung ansehen. Entbehrlich kann die Durchsuchungsanordnung allenfalls bei solchen richterlichen Titeln sein, die nach ihrem Inhalt zwangsläufig die Genehmigung einschließen, die Wohnung des Schuldners auch gegen dessen Willen zu betreten.[319]

---

315   Vgl. etwa BL, Grundzüge, vor § 803, Rn. 1.
316   Vgl. Staudinger, vor § 244, Rn. C 3.
317   H.M., etwa Staudinger, vor § 244, Rn. C 3; a.A. für § 667 BGB: MüKo, § 279, Rn. 7; vgl. bereits oben Rn. 12 ff.
318   Brox/Walker, Rn. 1054.
319   Zöller, § 758, Rn. 10; Lippross, VollstreckungsR, § 16 II 1.

Das BVerfG[320] hat ausdrücklich festgestellt, dass die verfassungskonforme Auslegung des § 758 ZPO im Hinblick auf Art. 13 II GG verlange, dass eine Wohnungsdurchsuchung nur nach vorheriger richterlicher Anordnung möglich sein soll. Diese Entscheidung hat der Gesetzgeber mit § 758a ZPO umgesetzt.

Damit hat sich der obige Streit, der aus historischen Gründen noch interessant ist, erledigt. Jedenfalls sollten Sie bei § 758a ZPO immer Art. 13 II GG im Kopf haben.

Bsp.: Titel zur Demontage und Wegnahme eines in der Wohnung installierten Stromzählers.[321]

Pfändungsschutzvorschriften der §§ 811 ff. ZPO nicht anwendbar

bb) Zu beachten ist, dass die Pfändungsschutzvorschriften der §§ 811 ff. ZPO bei der Herausgabevollstreckung nicht anwendbar sind, da sich diese Vorschriften ihrer Stellung im Gesetz nach nur auf die Zwangsvollstreckung wegen Geldforderungen beziehen.

210

Auch eine analoge Anwendung kommt nach allgemeiner Meinung nicht in Betracht.[322]

Bsp.: Vollstreckt ein Vorbehaltsverkäufer aus einem Herausgabetitel (aufgrund der §§ 346 I, 985 BGB), greifen die Pfändungsverbote des § 811 ZPO nicht ein. Betreibt er dagegen wegen der Kaufpreisforderung die Zwangsvollstreckung in die Kaufsache, muss der Gerichtsvollzieher die Einschränkungen aus § 811 ZPO beachten.[323]

hemmer-Methode: Der Grund für die verschiedene Behandlung liegt in Folgendem: Bei der Vollstreckung wegen Geldforderungen dient das gesamte Vermögen als Haftungsobjekt; lediglich der Pfändung und Verwertung bestimmter Gegenstände müssen aus sozialen Gründen Grenzen gesetzt werden.

Bei der Herausgabevollstreckung geht es dagegen nicht um den Zugriff auf das Vermögen des Schuldners schlechthin, sondern von vornherein um die Durchsetzung eines Rechtsanspruchs hinsichtlich eines bereits im Titel genannten bestimmten Gegenstandes. Mit der Bejahung dieses Anspruchs in einem Vollstreckungstitel steht zugleich fest, dass dem Zugriff auf den genannten Gegenstand soziale Gesichtspunkte nicht entgegenstehen.[324]

Vermögensauskunft, §§ 802c ff. ZPO

b) Wird die herauszugebende Sache nicht vorgefunden, so ist der Schuldner verpflichtet, auf Antrag des Gläubigers zu Protokoll an Eides statt zu versichern, dass er die Sache nicht besitze, auch nicht wisse, wo die Sache sich befinde, § 883 II S. 1 ZPO.

211

Der gemäß § 802e ZPO zuständige Gerichtsvollzieher lädt den Schuldner zur Abgabe der eidesstattlichen Versicherung entsprechend den §§ 802f IV bis 802j ZPO.

Herausgabevollstreckung gegen Dritte?

c) Befindet sich die Sache im Gewahrsam eines Dritten, ist zu unterscheiden:

212

Wenn der Dritte zur Herausgabe bereit ist, vollstreckt der Gerichtsvollzieher nach § 883 ZPO, indem er die Sache von dem Dritten übernimmt und sie dem Gläubiger übergibt.

Verweigert der Dritte dagegen die Herausgabe, so darf aus dem Titel, der gegen den Schuldner gerichtet ist, nicht gegen den Dritten vollstreckt werden. Doch hat der Gläubiger nach § 886 i.V.m. §§ 829, 835 ZPO die Möglichkeit, den Herausgabeanspruch, den der Schuldner gegen den Dritten hat, pfänden und sich überweisen zu lassen.

320   BVerfGE 51, 97-115 = **juris**byhemmer; Hemmer/Wüst, ZPO II, Rn. 115.
321   LG Berlin, DGVZ 1988, 118.
322   Thomas, § 811, Rn. 1; Zöller, § 811, Rn. 2; Brox/Walker, Rn. 1055.
323   § 811 ZPO findet nach h.M. auch bei der Pfändung gläubigereigener Sachen Anwendung, vgl. ausführlich dazu Hemmer/Wüst, ZPO II, Rn. 112.
324   Brox/Walker, Rn. 1055.

Verweigert der Dritte weiterhin die Herausgabe, kann der Vollstreckungsgläubiger den gepfändeten und überwiesenen Anspruch gegen ihn einklagen (§ 836 ZPO) und aus einem obsiegenden Urteil nach den §§ 883 ff. ZPO vollstrecken.

hemmer-Methode: Unterscheiden Sie diese Vollstreckung wegen eines Herausgabeanspruchs von der Vollstreckung wegen einer Geldforderung in einen Herausgabeanspruch des Schuldners gegen einen Dritten nach §§ 846-848 ZPO. Diese Vorschriften gelten nicht bei der Pfändung eines Herausgabeanspruchs nach § 886 ZPO.[325]

II. Herausgabevollstreckung bei unbeweglichen Sachen

1. Anwendungsbereich des § 885 ZPO

Herausgabevollstreckung bei unbeweglichen Sachen

Auch hier ist zunächst auf den genauen Inhalt des Herausgabetitels zu achten:

213

Richtet sich der Titel allein auf Besitzverschaffung (wie etwa der Anspruch des Vermieters gegen den Mieter nach Ablauf des Mietvertrags, §§ 546, 985 BGB), gilt für die Vollstreckung ausschließlich § 885 ZPO; d.h. der Gerichtsvollzieher setzt den Schuldner aus dem Besitz und weist den Gläubiger in den Besitz ein.

Lautet der Titel dagegen auf Übereignung des Grundstücks, sind die Auflassung und die Eintragung des Gläubigers im Grundbuch erforderlich (§§ 925, 873 BGB).

Hier greift § 894 ZPO ein: Die Auflassungserklärung gilt mit der Rechtskraft des Urteils als abgegeben. Ist der Schuldner daneben auch zur Übergabe verpflichtet, findet insoweit wiederum § 885 ZPO Anwendung.

2. Durchführung der Vollstreckung

Durchführung der Vollstreckung

a) Nach § 885 I ZPO hat der Gerichtsvollzieher den Schuldner - notfalls mit Gewalt, § 758 II, III ZPO - aus dem Besitz zu setzen und den Gläubiger in den Besitz einzuweisen. Bewegliche Sachen, die nicht Gegenstand der Zwangsvollstreckung sind (z.B. dem Mieter gehörendes Mobiliar), hat der Gerichtsvollzieher nach § 885 II ZPO wegzuschaffen und dem Schuldner zu übergeben. Ist der Schuldner abwesend, muss der Gerichtsvollzieher die Sachen in Verwahrung nehmen, § 885 III ZPO.

214

Besondere richterliche Anordnung i.S.d. Art. 13 II GG nötig?

Sehr streitig ist wiederum,[326] ob neben einem Herausgabetitel (bei unbeweglichen Sachen spricht man häufig auch von Räumungstitel) noch eine besondere richterliche Anordnung i.S.d. Art. 13 II GG erforderlich ist.

Eine Ansicht hält auch hier an dem Erfordernis einer besonderen richterlichen Anordnung strikt fest.[327]

Demgegenüber geht die h.M. (anders als bei beweglichen Sachen) zu Recht davon aus, dass bei richterlichen Räumungstiteln die Anordnung entbehrlich ist.[328]

---

325   Thomas, § 886, Rn. 1.

326   Vgl. bereits oben Rn. 209 zur Herausgabevollstreckung bei beweglichen Sachen.

327   Kühne, DGVZ 1979, 145 (147).

328   OLG Düsseldorf, NJW 1980, 458-459; Zöller, § 758, Rn. 10; Brox/Walker, Rn. 1059; Lippross, VollstreckungsR, § 17 I 2 (S. 110).

Denn der Räumungstitel schließt bereits zwangsläufig die Anordnung ein, die Räume gegen den Willen des Schuldners zu betreten und ihn zur Besitzaufgabe zu zwingen. Soweit der Räumungstitel von einem Richter erlassen wurde, ist also dem Vorbehalt des Art. 13 II GG bereits Rechnung getragen.

Herausgabevollstreckung gegen Dritte?

b) Befindet sich die herauszugebende unbewegliche Sache im (Allein-) Gewahrsam eines Dritten, ist der Gläubiger nur dann von dem Gerichtsvollzieher in den Besitz einzuweisen, wenn der Dritte herausgabebereit ist. **215**

Ist das nicht der Fall, so darf aus dem Titel, der gegen den Schuldner gerichtet ist, nicht gegen den Dritten vollstreckt werden. Dem Gläubiger bleibt wie bei einer beweglichen Sache nur die Möglichkeit, nach § 886 ZPO vorzugehen.[329]

Herausgabevollstreckung gegen Mitbewohner?

c) Fraglich und sehr umstritten ist die Rechtslage, wenn andere Personen neben dem Schuldner *Mit*gewahrsam an der herauszugebenden unbeweglichen Sache haben. **216**

Hier stellt sich die Frage, ob aus dem Titel gegen den Schuldner auch gegen die (nicht herausgabebereiten) Mitgewahrsamsinhaber vollstreckt werden kann.

Relevant wird dies vor allem bei der Räumungsvollstreckung gegen Eheleute, die regelmäßig unmittelbaren Mitbesitz an ihrer gemeinsamen Wohnung haben.

Im Vordingen ist die Auffassung, die stets auch einen Titel gegen den mitbesitzenden Ehegatten verlangt.[330]

Demgegenüber unterscheidet die noch h.M.[331] danach, ob der Ehegatte den Mietvertrag mitunterzeichnet hat. Nur wenn dies der Fall sei, wenn der Ehegatte also als Mitmieter aus eigenem Recht besitze, sei ein Titel gegen ihn erforderlich. Andernfalls genüge der Titel gegen den Ehegatten, der Partei des Mietvertrags sei.

Zur Begründung wird auf § 885 II ZPO verwiesen: Danach seien bei der Zwangsräumung die beweglichen Sachen des Schuldners in seiner Abwesenheit „einer zu seiner Familie gehörigen erwachsenen Person" zu übergeben. Das Gesetz gehe also als selbstverständlich davon aus, dass aus dem Räumungstitel gegen den Schuldner auch gegen dessen Familienangehörige vollstreckt werden dürfe.

Derselbe Meinungsstreit findet sich auch in Bezug auf nicht eheliche Lebensgemeinschaften.[332] Unstreitig ist dagegen kein Titel erforderlich gegen bloße Besitzdiener, die keinen „Gewahrsam" i.S.d. § 886 ZPO haben; dies betrifft z.B. die in der Wohnung des Schuldners lebenden Kinder.[333]

hemmer-Methode: Die Frage, inwieweit auch gegen Mitgewahrsamsinhaber ein Räumungstitel gegeben sein muss, ist ein in der Praxis sehr häufig auftretendes und bislang noch nicht höchstrichterlich geklärtes Problem. Angesichts seiner Aktualität ist es auch in Examensklausuren zu erwarten.

329　Siehe oben Rn. 212.

330　OLG Oldenburg, NJW-RR 1994, 715 = Rpfleger 1994, 366 = **juris**byhemmer; Zöller, § 885, Rn. 5a m.w.N.

331　Vgl. etwa LG Heidelberg, DGVZ 1994, 9-10; Thomas, § 885, Rn. 5; Brox/Walker, Rn. 1047 m.w.N.

332　Vgl. einerseits Zöller, § 885, Rn. 5e; andererseits (für die h.M.) Brox/Walker, Rn. 1047.

333　Zöller, § 885, Rn. 5b; Brox/Walker, Rn. 1047. Das gilt auch für volljährige Kinder, da der Eintritt der Volljährigkeit allein an den Besitzverhältnissen nichts ändert; vgl. OLG Hamburg, MDR 1991, 453-454 = **juris**byhemmer.

3. Räumungsschutz, Vollstreckungsschutz

Räumungsschutz

Wegen der besonderen Härte, die die Räumung von Wohnraum mit sich bringen kann, hat der Gesetzgeber spezielle Schutzvorschriften für den Räumungsschuldner erlassen. Er hat gegenüber der Räumungsklage stufenweise die Möglichkeit zum Widerspruch.   **217**

Widerspruch nach § 574 I BGB

a) Der Mieter kann zunächst nach § 574 I BGB im Härtefall Widerspruch gegen eine Kündigung des Mietvertrags einlegen. Dann trifft notfalls der Richter eine Bestimmung darüber, wie lange das Mietverhältnis fortzusetzen ist, § 574a II BGB.

Räumungsfrist, § 721 I S.1 ZPO

b) Erstreitet der Vermieter nach Ablauf des u.U. schon nach § 574 BGB verlängerten Mietverhältnisses ein Räumungsurteil, kann der Mieter zusätzlich noch eine Räumungsfrist nach § 721 I S. 1 ZPO beantragen. Nach § 721 V ZPO darf die Frist nicht länger als ein Jahr betragen.

Vollstreckungsschutz in Härtefällen (§ 765a ZPO)

c) Schreitet der Gläubiger schließlich zur Vollstreckung, bleibt dem Räumungsschuldner zudem noch der allgemeine Vollstreckungsschutz gemäß § 765a ZPO, soweit durch die Vollstreckung wegen besonderer Umstände eine unzumutbare Härte droht.

Zusammenspiel von § 765a und § 721 ZPO

Für das Verhältnis zwischen § 765a und § 721 ZPO gilt: Kann die Räumungsfrist noch beantragt werden (ggf. nach Wiedereinsetzung in den vorigen Stand), ist der Schuldner des Schutzes durch § 765a ZPO nicht bedürftig; für eine Anwendung dieser Vorschrift ist dann neben § 721 ZPO kein Raum.[334]

Hat der Schuldner dagegen die Antragsfrist des § 721 I S. 2 ZPO versäumt oder ist die Jahresfrist nach § 721 V ZPO abgelaufen, kann noch auf § 765a ZPO zurückgegriffen werden. Das gilt nach wohl h.M. auch dann, wenn die Antragsfrist des § 721 I S. 2 ZPO schuldhaft versäumt wurde;[335] denn § 765a ZPO gewährt unabhängig vom Verschulden Schutz gegen sittenwidrige Härten der Zwangsvollstreckung.

> *Bsp. (für das Zusammenspiel von § 721 und § 765a ZPO):* Der 80-jährige S ist zur Räumung seiner Mietwohnung verurteilt worden. Auf seinen Antrag hat ihm das Gericht gemäß § 721 ZPO eine Räumungsfrist von einem Jahr gewährt. Als der Gläubiger G nach Ablauf der Frist vollstrecken will, beantragt S nach § 765a ZPO beim Vollstreckungsgericht, die Frist für zwei Monate zu verlängern, weil er aufgrund der angespannten Situation auf dem Wohnungsmarkt erst dann eine Wohnung beziehen könne und sein Gesundheitszustand einen zweimaligen Umzug nicht zulasse.

Der Antrag des S ist nicht etwa deshalb unbegründet, weil die spezielle Vorschrift des § 721 ZPO den allgemeinen Vollstreckungsschutz aus § 765a ZPO verdrängen würde. Zwar muss S primär Schutz aus § 721 ZPO suchen. Ist jedoch wie im vorliegenden Fall die nach § 721 V ZPO maximal zu gewährende Räumungsfrist erschöpft, kann er auf § 765a ZPO zurückgreifen. Hier liegt auch tatsächlich eine unzumutbare Härte vor, da das Interesse des G durch die nur relativ kurzzeitige Verzögerung nicht allzu gravierend beeinträchtigt wird und andererseits erhebliche Schäden an der Gesundheit des S drohen. Das Vollstreckungsgericht wird daher dem Antrag des S stattgeben und die Vollstreckung aus dem Räumungstitel einstweilen untersagen.

evtl. (Rück-) Einweisung durch Ordnungsbehörden

d) Nach der Vollstreckung hilft dem Mieter möglicherweise die Ordnungsbehörde. Sie kann u.U. bei drohender Obdachlosigkeit den vollstreckenden Gläubiger (Vermieter) als Nichtstörer in Anspruch nehmen und den Mieter wieder in die Wohnung zwangseinweisen.   **218**

---

334   Zöller, § 765a, Rn. 13.

335   Vgl. etwa Zöller, § 765a, Rn. 13, str.

§ 11 ANHANG: EXAMENSTYPISCHE KLAUSUR

hemmer-Methode: Nachfolgend haben wir für Sie eine examenstypische Herausgabeklausur aufbereitet und kommentiert. Versuchen Sie zunächst eine eigene Lösung oder entwerfen Sie zumindest eine kurze Gliederung. Das steigert den Lerneffekt!

Nina Nett und Sebastian Süß ziehen zusammen in eine gemeinsame Wohnung. Einige Wochen zuvor hatten sie geheiratet und sich gegenseitig „ewige Treue" gelobt. Die Liste der Neuanschaffungen für die gemeinsame Wohnung scheint aber auch in der Folgezeit nicht abzureißen: Schon kurze Zeit nach dem Einzug geht der alte Fernseher des Sebastian kaputt. Sebastian, der „seinen alten Kasten" noch nie leiden mochte, kommt dieser Umstand ganz recht. Kurz entschlossen begibt er sich in das Elektronikfachgeschäft des Achim Ahnungslos, wo er für 999 € einen schicken Farbfernseher erwirbt. Den Preis für den neuen Fernseher lässt er von seinem Konto abbuchen.

Wegen dieser Anschaffung kommt es zwischen den Eheleuten in der Folgezeit immer häufiger zu Spannungen. Nina sieht durch die sich häufenden „Abende vor der Glotze" das bisher harmonische Eheleben in Gefahr. Sie beschließt kurzerhand, sich des neuen Fernsehers zu entledigen und überlässt das Gerät, ohne Sebastian vorher gefragt zu haben, ihrer Arbeitskollegin Helga Höflich für 400 €. Da sie schon einmal dabei ist, veräußert Nina auch gleich die Videokamera ihres Mannes an den sechzehnjährigen Schüler Frieder Faul für ebenfalls 400 €, dem Sohn eines anderen Arbeitskollegen. Dessen Vater ist mit dem „Schnäppchenkauf" auch einverstanden. Zum Zeitpunkt des Abschlusses dieser Geschäfte wissen weder Helga noch Frieder etwas von der Ehe der Nina und hatten vielmehr angenommen, Sebastian und Nina würden „einfach so" zusammen leben. Sebastian ist über die „Aktionen" seiner Frau naturgemäß nicht sonderlich begeistert und macht ihr heftige Vorwürfe.

Zum darauf folgenden 1. Hochzeitstag am 26. Juni überrascht Sebastian - auch zur Versöhnung - „seine liebe Frau Nina" mit einem wertvollen Brillantring.

Leider verläuft die Ehe zwischen Sebastian und Nina - auch abgesehen von dem Vorfall mit dem Fernseher und der Kamera - nicht ganz spannungsfrei. Als Sebastian nun noch auf einem Klassentreffen mit seiner alten Jugendliebe Johanna Joop „abstürzt" und sich daraus eine Affäre entwickelt, in deren Folge Nina ihren Ehemann in flagranti mit Johanna im ehelichen Schlafzimmer überrascht, ist das Eheglück endgültig zerstört. Nina, die sich nicht mehr beherrschen kann, schlägt voller Wut und Enttäuschung im Affekt mit einer herumstehenden Kaminzange auf Sebastian ein. Dieser zieht sich schwere Verletzungen zu.

Nach der Entlassung aus dem Krankenhaus verlässt Sebastian umgehend die gemeinschaftliche Ehewohnung und reicht unverzüglich die Scheidung ein. Er will nun sowohl „seinen" Fernseher, die Videokamera sowie den Brillantring, den ihm Nina nach den bekannten Vorfällen ja wohl nicht hinreichend gedankt habe, wieder zurück haben. Nina hingegen ist der Auffassung „einmal geschenkt, immer geschenkt"; abgesehen davon habe dann auch sie Ansprüche, die sie nunmehr geltend mache. Im Übrigen habe die Johanna ihre Ehe zerstört und solle deswegen auch Ninas Kosten für das anstehende Scheidungsverfahren tragen.

Mit der Prüfung seiner Ansprüche beauftragt Sebastian RA Stefan Schlau. Nina beauftragt ihrerseits RAin Dr. Tina Taff.

Vermerk für die Bearbeiter*: Prüfen Sie in einem Gutachten folgende Fragen:*

1. Kann Sebastian im Fall der Scheidung von Nina den Brillanten zurück verlangen?

2. Kann Sebastian von Helga den Fernseher, von Frieder die Videokamera herausverlangen?

LÖSUNG:

Frage 1:

I. Anspruch aus § 1378 BGB i.V.m. §§ 1372 ff. BGB

Sebastian könnte gegen Nina einen Anspruch auf Ausgleich des Zugewinns haben. Der Anspruch auf Zugewinnausgleich richtet sich jedoch **nicht** auf die **Herausgabe einer einzelnen Sache**, § 1378 I BGB.[336] Die Herausgabe des Brillanten ist daher auf der Grundlage des § 1378 BGB i.V. mit §§ 1372 ff. BGB nicht zu erreichen.

hemmer-Methode: Demonstrieren Sie Verständnis! Sie schreiben hier keine reine Familienrechtsklausur. Geben Sie dem Korrektor aber zu verstehen, dass auch das nicht schlimm wäre und Sie sich auch dort auskennen. Spielen Sie mit dem Gedanken an den Zugewinnausgleich. Wählen Sie andererseits aber eine knappe Sprache und machen so deutlich, dass es sich hier nur um einen Nebenkriegsschauplatz handelt.

II. Anspruch aus Schenkungswiderruf gem. §§ 530 I, 531 II, 812 I S. 1 Alt. 1 BGB

Eine Rückforderung des Brillanten könnte sich auf einen Anspruch aus Schenkungswiderruf, §§ 530 I, 531 II i.V.m. 812 ff. BGB, stützen lassen. Dann müsste zunächst aber überhaupt eine Schenkung vorgelegen haben, mithin Sebastians Überraschung mit dem „wertvollen Brillanten" als eine solche zu qualifizieren sein.

1. Ein Anspruch auf Herausgabe aus §§ 530 I, 531 II, 812 ff. BGB käme nämlich dann nicht in Betracht, wenn es sich gar nicht um eine Schenkung gehandelt hätte, sondern eine sog. **unbenannte (ehebedingte) Zuwendung** vorlag.

2. Auf eine unbenannte (ehebedingte) Zuwendung findet das Schenkungsrecht keine Anwendung, da das Merkmal der Unentgeltlichkeit nicht gegeben ist. Eine solche müsste vorliegend gegeben sein. Unter einer unbenannten (ehebedingten) Zuwendung ist „jede Ehegattenzuwendung, der die Vorstellung oder Erwartung zugrunde liegt, dass die eheliche Lebensgemeinschaft Bestand haben werde, oder die sonst um der Ehe willen und als Beitrag zur Verwirklichung oder Ausgestaltung, Erhaltung oder Sicherung der ehelichen Lebensgemeinschaft erbracht wird und die darin ihre Geschäftsgrundlage hat"[337] zu verstehen. Die unbenannte (ehebedingte) Zuwendung ist nämlich gerade keine Leistung ohne Gegenleistung, sondern eine „Leistung gegen mannigfache Gegenleistung", resultierend aus der ehelichen Gemeinschaft und der sich daraus ergebenden Rechte und Pflichten.

Vorliegend tritt deutlich die Verknüpfung von ehelicher Lebensgemeinschaft und Zuwendung hervor, da der Brillantring von Sebastian gerade anlässlich des einjährigen Hochzeitstages angeschafft wurde. Darin spiegelt sich auch die der Zuwendung zugrunde liegende Zweckvorstellung: Ausweislich des SV wollte Sebastian den Brillanten auch gerade „seiner Ehefrau Nina" zukommen lassen, was gerade dafür spricht, dass es sich hierbei um eine Zuwendung handelt, der die Vorstellung zugrunde liegt, die eheliche Lebensgemeinschaft habe Bestand. Eine ehebedingte unbenannte Zuwendung liegt demnach vor.

hemmer-Methode: Ehebedingte Zuwendungen sind ein Klassiker. Auch wenn das Familienrecht zumindest im Ersten Staatsexamen kein Schwerpunktbereich ist, müssen Sie diese Abgrenzung zur Schenkung parat haben!

3. Ergebnis: Demnach liegt vorliegend keine Schenkung, sondern eine unbenannte Zuwendung vor. Damit scheitert ein Schenkungswiderruf.

---

336 Palandt, § 1378, Rn. 1, der klarstellt, dass es sich bei der güterrechtlichen Ausgleichsforderung um eine „lediglich auf Geld gerichtete persönliche Forderung" handelt.

337 Palandt, § 1372, Rn. 3.

III. Anspruch aus § 812 I S. 2 Alt. 2 BGB

Ein Rückforderungsanspruch könnte sich aber aus § 812 I S. 2 Alt. 2 BGB (condictio ob rem) ergeben.[338] Dann müsste die Nina etwas, nämlich einen vermögenswerten Vorteil, durch Leistung des R erlangt haben und der mit der Leistung nach dem Inhalt des Rechtsgeschäfts bezweckte Erfolg dürfte nicht eingetreten sein.

1. Nina hat von Sebastian zum Hochzeitstag Besitz und Eigentum am Brillanten, mithin einen Vermögensvorteil und damit ein bereicherungsrechtliches „etwas" erlangt.

2. Dies geschah auch durch auf bewusste und zweckgerichtete Vermögensmehrung gerichtete Zuwendung, also durch Leistung des Sebastian.

3. Fraglich ist vorliegend aber der Nichteintritt des mit der Zuwendung bezweckten Erfolges. Dann müsste ein bestimmter, über den Erfüllungszweck hinausreichender zukünftig eintretender Erfolg rechtlicher oder tatsächlicher Natur nach dem Inhalt vorausgesetzt worden sein, der später aber nicht eingetreten ist.

a. Als eine solche Zweckbestimmung kommt vorliegend das „Fortdauern der Ehe" in Betracht. Dann müssten sich Nina und Sebastian tatsächlich über die der Leistung zugrundeliegende Zweckbestimmung, hier also möglicherweise über das Fortdauern der Ehe, geeinigt haben.

b. Eine explizite Erklärung liegt allerdings nicht vor. Doch könnte eine konkludente, tatsächliche Einigung vorliegen.

aa. Für eine tatsächliche Einigung ist eine explizite Willensübereinstimmung hinsichtlich des Zuwendungszweckes erforderlich, wobei jedoch auch eine stillschweigende Einigung genügen soll.[339] Eine stillschweigende Einigung i.d.S. ist nach der Rechtsprechung des BGH gegeben, wenn mit der Leistung ein bestimmter Erfolg bezweckt wird, der Empfänger dies erkennt und mit der Annahme der Leistung billigt. Erkennt er nämlich die Zweckbestimmung und nimmt die Leistung trotzdem an, so ist er nach Treu und Glauben zum Widerspruch verpflichtet, wenn die Zweckbestimmung nicht Grundlage der Leistung sein soll.

bb. Eine solche Einigung könnte sich aus dem Anlass der Zuwendung ergeben, die zum Hochzeitstag erfolgte. Doch ist damit lediglich eine Motivation des Sebastian benannt. Aus dem SV ist aber nicht erkennbar, dass damit auch eine Erklärung verbunden worden wäre.

4. Ergebnis: Demnach scheitert vorliegend ein Anspruch aus § 812 I S. 2 Alt. 2 BGB.

IV. Ausgleichsregelung nach den Grundsätzen der Störung der Geschäftsgrundlage, § 313 BGB

Ein Herausgabeanspruch könnte sich jedoch nach den Grundsätzen der Störung der Geschäftsgrundlage ergeben, §§ 313 I, III, 346 BGB.

1. Die Anschaffung des Brillanten ist als ehebedingte (unbenannte) Zuwendung zu qualifizieren (s.o.).

2. Als Geschäftsgrundlage dieses familienrechtlichen Vertrages sui generis könnte man die Erwartung einer „fortdauernden Ehe" bzw. einer „fortdauernden ehelichen Lebensgemeinschaft" qualifizieren wollen. Diese Geschäftsgrundlage könnte durch das Scheidungsbegehren des Sebastian (eventuell sogar schon durch den Auszug des Sebastian aus der gemeinsamen ehelichen Wohnung) nunmehr entfallen sein.

3. Fraglich ist allerdings, ob vorliegend nicht andere Ausgleichsregelungen anzuwenden sind, da die Regeln über den Fortfall der Geschäftsgrundlage als Billigkeitsausgleich gegenüber den gesetzlichen Ausgleichsmodi subsidiär sind.

---

338   Ausführlich zur condictio ob rem Hemmer/Wüst, Bereicherungsrecht, Rn. 270 ff.
339   Palandt, § 812, Rn. 86.

a. Vorrangige spezielle vertragliche Vereinbarungen für den Fall des Fehlens oder des Wegfalls bestimmter Umstände sind nicht ersichtlich.

b. Auf die Vorschrift des § 530 I BGB ist, mangels Anwendbarkeit des Schenkungsrechts (s.o.), nicht abzustellen.

c. Schließlich ist auch die condictio ob rem, § 812 I S. 2 Alt. 2 BGB, nicht einschlägig, da für eine (beidseitige) Zweckvereinbarung nichts ersichtlich ist (s.o.).

hemmer-Methode: Merken Sie sich: In Abgrenzung zu § 812 I S. 2 Alt. 2 BGB ist der Zweck im Rahmen der Störung der Geschäftsgrundlage nur vorausgesetzt, jedoch nicht vereinbart!

4. Etwas anderes könnte sich aber daraus ergeben, dass Nina und Sebastian verheiratet waren und - ausweislich fehlender anderweitiger Angaben im SV - im **gesetzlichen Güterstand der Zugewinngemeinschaft**, §§ 1363, 1371 BGB, lebten.

a. Im gesetzlichen Güterstand der Zugewinngemeinschaft ist ein schuldrechtlicher Ausgleich über die Grundsätze des Wegfalls der Geschäftsgrundlage grundsätzlich nicht möglich, da die güterrechtlichen Vorschriften der §§ 1372 ff. BGB eine **Sperrwirkung** entfalten, mithin die Grundsätze des Wegfalls der Geschäftsgrundlage von den Regeln des Zugewinnausgleichs verdrängt werden.[340] Das gilt insbesondere auch für unbenannte Zuwendungen, die insbesondere in § 1380 BGB berücksichtigt werden können.[341]

b. Fraglich könnte allerdings sein, ob nicht vorliegend die **Sperrwirkung** dieser Regelungen **aufgrund besonderer Umstände durchbrochen** wird.[342] Dies ist dann der Fall, wenn besondere Umstände den güterrechtlichen Ausgleich als nicht tragbare Lösung erscheinen lassen. Das könnte sich hier aus dem Angriff der Nina auf den Sebastian ergeben.

Man könnte argumentieren wollen, dass in einem solchen Fall der grundsätzliche Vorrang der Regelungen über den Zugewinnausgleich nicht gelten soll, damit quasi wieder Raum für die Anwendung der Grundsätze der Störung der Geschäftsgrundlage wäre. Eine solche Argumentation könnte sich auf den Rechtsgedanken des § 1381 BGB stützen wollen, der im Rahmen des Zugewinnausgleichs bei grober Unbilligkeit ein Leistungsverweigerungsrecht gegenüber dem jeweiligen Ausgleichsgläubiger einräumt.[343]

Jedoch ergeben sich aus der (schweren) Körperverletzung des Sebastian durch die Nina, gerade auch vor dem Hintergrund der vorangegangenen „Provokation" eines solchen Verhaltens durch den untreuen Sebastian, der eine „Affekthandlung" der Nina nahe liegen lässt, keine die Regelung des Zugewinnausgleichs abweichend zu beurteilenden Gesichtspunkte.

Der Zugewinnausgleich soll gerade keinen Vermögensausgleich auf der Grundlage der Kategorie „Schuld" erreichen, sodass an eine „grobe Unbilligkeit" nur in solchen Fällen zu denken ist, die dem Gerechtigkeitsempfinden „in unerträglicher Weise" widersprechen.

5. Ergebnis: Damit scheidet auch ein Anspruch auf Herausgabe aufgrund der Grundsätze über die Störung der Geschäftsgrundlage i.V. mit § 812 I S. 1 Alt. 1 BGB aus.

hemmer-Methode: Das Fehlen eines Herausgabeanspruchs im Rahmen der Vorschriften über den Zugewinnausgleich darf nicht als Argument herangezogen werden, einen Herausgabeanspruch über §§ 313 III, 346 BGB zu bejahen. Die Wertung des Gesetzgebers geht nur dahin, einen Ausgleich durch Gewährung eines schuldrechtlichen Anspruchs auf Zahlung einer Geldsumme zu gewähren. Eine Lösung über die Störung der Geschäftsgrundlage würde diese Wertung unterlaufen.

---

340 Palandt, § 1373, Rn. 4; Palandt, § 242, Rn. 158.

341 Dazu Jauernig, § 1374 BGB, Rn. 9.

342 Palandt, § 1372, Rn. 4 m. w. N.

343 Palandt, § 1381, Rn. 2, 15.

Denken Sie in diesem Zusammenhang auch immer an eine Lösung über das Gesellschaftsrecht. Der BGH geht im Einzelfall bei entsprechender Willensrichtung der Parteien vom Bestehen einer BGB-Innengesellschaft aus, so dass bei Beendigung (konkludent durch Trennung bzw. Scheidung) ein Ausgleich über die §§ 705 ff. BGB erfolgen kann. Der gesellschaftsrechtliche Zweck muss über die Ehe hinausgehen.[344]

Noch problematischer stellt sich die Rechtslage bei nichtehelichen Lebensgemeinschaften dar. Baut z.B. ein Partner mit wesentlichen Mitteln des anderen Partners ein Haus und kommt es danach zur Trennung, stellt sich die Frage nach Ausgleichsforderungen. Hier ist insbesondere darauf zu achten, die Gedanken der §§ 1372 ff. BGB nicht mit einer vorschnellen Bejahung einer GbR zu unterlaufen. Die Partner dokumentieren mit ihrer „Nicht-Heirat" ja gerade, dass sie sich nicht den Regelungen dieser Vorschriften unterstellen wollen.[345]

Im vorliegenden Fall wäre der Ansatz über das Gesellschaftsrecht jedoch verfehlt, denn in der Hingabe eines Rings kann nicht eine konkludente Zweckvereinbarung im Sinne des Gesellschaftsrechts gesehen werden.

Frage 2:

A. Ansprüche des Sebastian gegen die Helga wegen des Fernsehers

I. Anspruch auf Herausgabe aus § 985 BGB

Sebastian könnte gegen Helga einen Anspruch auf Herausgabe des Fernsehers gem. § 985 BGB haben. Dann müsste Sebastian Eigentümer, Helga unberechtigte Besitzerin des Fernsehers sein.

1. Helga ist - ausweislich des SV - unmittelbare Besitzerin des Fernsehers.

2. Fraglich ist jedoch, ob Sebastian weiter Eigentümer des Fernsehers ist.

a. Ursprünglich stand der Fernseher im Eigentum des Achim Ahnungslos. Von diesem könnte Sebastian das Eigentum gem. § 929 S. 1 BGB erlangt haben. Von einer wirksamen Einigung der Parteien und der Übergabe der Sache, sowie von einer Berechtigung des Veräußerers ist - ausweislich fehlender anderweitiger Angaben im SV - auszugehen. Ein Eigentumserwerb des Sebastian an dem Fernseher ist daher grundsätzlich zu bejahen.

b. Etwas anderes ergibt sich auch nicht aus der Tatsache, dass Sebastian verheiratet ist. Soweit keine Gütergemeinschaft nach den §§ 1415 ff. BGB vereinbart wurde, ändert die Ehe nach § 1363 II BGB an den Eigentumsverhältnissen nichts.[346]

Da Sebastian und Nina mangels Ehevertrag, §§ 1408 ff. BGB, im gesetzlichen Güterstand der Zugewinngemeinschaft leben, § 1363 I BGB, bleibt es bei dem Grundsatz der Vermögenstrennung, sodass eine dingliche Beteiligung der Nina an dem Fernseher allein aufgrund der Ehe ausscheidet.

c. Fraglich ist aber, ob § 1357 BGB dazu führt, dass Sebastian und Nina Miteigentümer des Fernsehers sind, obwohl Sebastian den Fernseher allein und mit eigenen Mitteln erworben hat.

aa. Das könnte dann der Fall sein, wenn **§ 1357 BGB** auch **dingliche Wirkung** entfaltet und folglich vorliegend dazu führen würde, dass der Erwerb durch den Sebastian auch Miteigentum für die Nina begründete. Dies ist umstritten, wird jedoch von der h.M. verneint[347], da dadurch das Publizitätsprinzip des Sachenrechts durchbrochen würde.

---

344   Siehe für den Aufbau eines Unternehmens BGH, NJW 1999, 2962 = **juris**byhemmer.

345   Vgl. zu dieser Problematik bei der neLG die Rechtsprechung des **BGH, Life&Law 2008, Heft 4, 227-236** = NJW 2008, 443-445 = **juris**byhemmer.

346   Palandt, vor § 1363, Rn. 3.

347   MüKo, § 1357, Rn. 37; Palandt, § 1357, Rn. 20.

Im Übrigen würde eine dingliche Wirkung auch dem Grundsatz der Vermögenstrennung, § 1363 II BGB, widersprechen. Der Zugewinnausgleich soll nicht durch Miteigentumserwerb nach § 1357 BGB vorweggenommen werden.

hemmer-Methode: Diese Bezüge zum Familienrecht müssen bekannt sein. Systematisch gehört die Vorschrift des § 1357 BGB zum Stellvertretungsrecht im BGB AT!

bb. Der Streit kann jedoch offen bleiben, wenn § 1357 BGB schon aus anderen Gründen nicht eingreift. Von § 1357 BGB werden nämlich nur solche Geschäfte erfasst, die der **angemessenen Deckung des Lebensbedarfs** dienen. Das sind insbesondere die Geschäfte des täglichen Lebens, die nicht der Absprache beider Ehegatten bedürfen. Dabei sind die durchschnittlichen Gebrauchsgewohnheiten einer Familie in vergleichbarer sozialer Lage als Vergleichsmaßstab zugrunde zu legen.

cc. Sebastian und Nina sind erst seit kurzer Zeit erwerbstätig, haben kein bedeutendes Vermögen und hatten bisher einen alten Fernseher. Die Anschaffung eines teuren Farbfernsehers dient damit nicht mehr der angemessenen Deckung ihres Lebensbedarfs, sondern stellt für sie ein außergewöhnliches Geschäft dar (*a.A. vertretbar – dann ist allerdings auch zur oben angesprochenen Kontroverse Stellung zu nehmen*).

dd. (Zwischen-)Ergebnis: Die Vorschrift des § 1357 BGB ist vorliegend nicht anwendbar.

3. Sebastian könnte allerdings das Eigentum durch die Übereignung von Nina an Helga gem. §§ 929, 932 BGB wieder verloren haben.

Ein gutgläubiger Erwerb der Helga scheitert aber an § 935 I S. 1 BGB, wenn dem Sebastian der Fernseher abhandengekommen ist.

Danach ist eine Sache dem Mitbesitzer abhandengekommen, wenn er seinen Mitbesitz ohne seinen Willen verloren hat. Da Sebastian mit der Weggabe des Fernsehers durch Nina nicht einverstanden war, ist ihm der Fernseher abhandengekommen. Nina konnte den Willen des Sebastian auch nicht nach § 1357 BGB ersetzen, da § 1357 BGB keine Veräußerungsgeschäfte erfasst.

4. Ergebnis: Da Sebastian Eigentümer geblieben ist, steht ihm ein Anspruch aus § 985 BGB auf Herausgabe des Fernsehers gegen Helga zu.

II. Anspruch auf Herausgabe aus § 861 BGB

Ein Herausgabeanspruch des Sebastian könnte sich auch aus § 861 BGB ergeben. Dazu müsste der Besitz der Helga dem Sebastian gegenüber fehlerhaft im Sinne von § 858 II BGB sein. Das wäre der Fall, wenn Helga den Besitz durch verbotene Eigenmacht erlangt hätte, § 858 I BGB.

1. Helga hat den Besitz aber von der Nina mit deren Willen erlangt. Zwar wurde dadurch dem Sebastian der Mitbesitz an dem Fernseher ohne dessen Willen entzogen. Dies geschah jedoch nicht durch Helga, sondern durch Nina.

2. Damit wäre ein Anspruch aus § 861 BGB gegen Helga nur dann gegeben, wenn sie nach § 858 II S. 2 Alt. 2 BGB die Fehlerhaftigkeit des Besitzes ihrer Vorgängerin Nina gegen sich gelten lassen müsste. Dies ist aber deswegen nicht der Fall, da Helga die Fehlerhaftigkeit des Besitzes der Nina bei ihrem Besitzerwerb nicht positiv kannte.

3. Ergebnis: Ein Anspruch auf Herausgabe des Fernsehers aus § 861 BGB scheidet somit aus.

III. Anspruch auf Herausgabe aus § 1007 I BGB

Ein Herausgabeanspruch aus § 1007 I BGB scheidet aus, da Helga nach dem SV bei Besitzerwerb gutgläubig war.

IV. Anspruch auf Herausgabe aus § 1007 II BGB

Sebastian könnte gegen die Helga aber einen Anspruch aus § 1007 II BGB auf Herausgabe des Fernsehers haben.

1. Dazu müsste Sebastian früher Besitzer des Fernsehers gewesen sein. Da Sebastian und Nina nach dem SV gemeinsam die tatsächliche Sachherrschaft über den Fernseher ausüben und auch bei beiden von einem Besitzwillen ausgegangen werden kann, hat Sebastian neben der Nina zumindest Mitbesitz im Sinne von § 866 BGB.

2. Der Fernseher müsste Sebastian abhandengekommen sein. Der Begriff ist hier genauso zu verstehen wie in § 935 I BGB.[348] Danach ist eine Sache dem Sebastian abhandengekommen (s.o.).

V. Anspruch auf Herausgabe aus § 812 I S. 1 Alt. 2 BGB

Sebastian könnte auch aus § 812 I S. 1 Alt. 2 BGB einen Anspruch auf Besitzübertragung gegen Helga haben.

1. Der Besitzerwerb der Helga stellt einen Eingriff in den Zuweisungsgehalt des Mitbesitzes von Sebastian dar.

2. Fraglich ist allerdings, ob die Nichtleistungskondiktion überhaupt anwendbar ist. Helga hat nämlich den Besitz an dem Fernseher durch Leistung der Nina erlangt (s.o.). Wegen des Subsidiaritätsdogmas könnte ein Anspruch des Sebastian aus Nichtleistungskondiktion grundsätzlich ausgeschlossen sein. Der Schutzzweck, den das Subsidiaritätsdogma gegenüber dem Bereicherungsschuldner verfolgt, greift hier jedoch nicht: **Grundsätzlich soll dadurch im sachenrechtlichen Dreieck der gutgläubige Erwerb kondiktionsfest gemacht werden.**

Vorliegend besteht gegen Helga aber wegen § 935 I S. 1 BGB ohnehin schon ein Anspruch des Sebastian aus § 985 BGB und § 1007 II BGB auf Herausgabe des Fernsehers.

3. Ergebnis: Ein Anspruch des R aus Besitzkondiktion ist demnach gegeben (a.A. vertretbar).

C. Ansprüche des Sebastian gegen Frieder wegen der Videokamera

I. Anspruch auf Herausgabe aus § 985 BGB

Zwar ist Frieder Besitzer der Videokamera. Fraglich ist aber, ob Sebastian nicht das Eigentum daran verloren hat. Das könnte durch die Veräußerung der Nina an Frieder geschehen sein.

1. Die dingliche Einigung i.S. von § 929 BGB war wirksam. Insbesondere steht ihr die beschränkte Geschäftsfähigkeit des F, § 106 BGB, schon deswegen nicht entgegen, weil der Eigentumserwerb einen lediglich rechtlichen Vorteil darstellt, § 107 I BGB. Die Genehmigung des Vaters des Frieder geht also ins Leere.

2. Fraglich ist allenfalls die Verfügungsberechtigung der Nina, da die Videokamera nicht in ihrem Eigentum stand. In Betracht kommt insofern nur ein gutgläubiger Erwerb der Kamera durch Frieder gem. § 932 I BGB.

3. Dann müsste ein gutgläubiger Erwerb vom Nichtberechtigten in der hier vorliegenden Konstellation überhaupt möglich sein. Dem könnte von vornherein ein Erwerbshindernis in Form von § 1369 BGB (analog) entgegenstehen.

a. § 1369 BGB ist in Konstellationen wie der vorliegenden nicht unmittelbar anwendbar, da es sich bei der Kamera nicht um einen Gegenstand handelte, der ihr gehörte, § 1369 I BGB.

---

348   Palandt, § 1007, Rn. 10.

b. Fraglich ist aber die Übertragung des Regelungsgedankens auf Konstellationen, in denen ein Gegenstand **des jeweils anderen Ehegatten** veräußert werden soll. Diese Frage ist strittig.

aa. Teile der Lehre[349] lehnen die Übertragung des Rechtsgedankens der Norm ab. Dafür spricht insbesondere der eng gefasste Wortlaut der Norm und die Verweisung auf §§ 1366-1368 BGB. Demnach wäre ein gutgläubiger Erwerb im Grundsatz möglich.

bb. Die wohl h.M. geht von der Übertragbarkeit des Regelungsgedankens auf Konstellationen wie die vorliegende aus.[350] Dafür spricht der Schutzzweck der Vorschrift, die Substanz des gemeinsamen Familienlebens zu erhalten. Für diese Zwecksetzung ist die Eigentumssituation an Haushaltsgegenständen ohne Belang. Demnach wäre gutgläubiger Erwerb des F vorliegend nicht möglich.

cc. Doch könnte die Kontroverse dahinstehen, wenn ein Erwerb des Frieder aus anderen Gründen scheitern muss. Vorliegend steht dem Erwerb des Frieder nämlich § 935 I BGB entgegen. Nach dem SV hat Nina die Kamera des Sebastian ohne dessen Wissen und Willen an sich genommen. Sebastian war Eigentümer der Kamera. Demnach ist die Kamera abhandengekommen, § 935 I BGB. Bereits hieran scheitert also der Erwerb. Die Frage, ob auch in den Mitbesitz des Sebastian eingegriffen wurde, ist hier also ohne Belang. Damit kann die oben dargestellte Kontroverse dahin stehen.

c. Ein Eigentumsverlust des Sebastian an Frieder fand nicht statt.

4. Ergebnis: Sebastian hat also das Eigentum an der Videokamera behalten. Ihm steht damit ein Herausgabeanspruch aus § 985 BGB zu.

II. Anspruch aus § 861 BGB i.V. mit § 858 I BGB

Ein Anspruch aus § 861 BGB i.V. mit § 858 I BGB scheitert vorliegend am guten Glauben des Frieder, da die Fehlerhaftigkeit des Besitzes von Nina, § 858 II S. 1 BGB, gem. § 858 II S. 2 BGB nicht gegen Frieder wirkt.

III. Anspruch aus § 1007 I, II BGB

Ein Anspruch aus § 1007 I BGB scheitert am guten Glauben des Frieder. Dagegen steht Sebastian ein Anspruch aus § 1007 II S. 1 i.V. mit § 935 BGB zu.

IV. Anspruch aus § 812 I S. 1 Alt. 2 BGB

Frieder schuldet dem Sebastian auch gem. § 812 I S. 1 Alt. 2 BGB Herausgabe des Besitzes. Zwar hat er den Besitz durch Leistung der Nina erlangt, doch ist auch hier die Leistungskondiktion nachrangig, da das Subsidiaritätsprinzip im Blick auf die Wertung von § 935 BGB nicht eingreifen kann.[351]

V. Anspruch aus § 823 II BGB i.V. mit § 1369 BGB (analog)

Deliktische Ansprüche aus § 823 II BGB i.V. mit § 1369 BGB (analog) scheitern am mangelnden Verschulden des Frieder, § 823 II S. 2 BGB.

hemmer-Methode: Geschafft! Sie sehen, auch eine Herausgabeklausur kann schwierig sein. Die Vorstellung, eine Herausgabeklausur habe immer ihren Schwerpunkt auf § 985 BGB und einer umfassenden Eigentumsprüfung, trügt. Es lassen sich unendlich viele Kombinationsmöglichkeiten denken. Daher ist es so wichtig, die Systematik und die Verbindungen der einzelnen Anspruchsgrundlagen zueinander zu verstehen. Dem trägt dieses Skript Rechnung. Herausgabeklausuren sind examenstypisch!

---

349   Vgl. etwa Jauernig, § 1369 BGB, Rn. 4.

350   So auch Palandt, § 1369, Rn. 1 m. w. N.

351   Vgl. nur Jauernig, § 812 BGB, Rn. 85.

Die Zahlen verweisen auf die Randnummern des Skripts

§ hemmer/wüst
Verlagsgesellschaft mbH

Mergentheimer Str. 44 / 97082 Würzburg
Tel.: 09 31 /7 97 82 38 / Fax: 09 31/7 97 82 40

Internet: www.hemmer-shop.de

ISBN 978-3-86193

Auflage/Jahr/Euro

Grundwissen für Anfangssemester

V10 (-344-1) ___ BGB-AT Theorieband zu den wicht. Fällen	7.A/14 · 9,90
V11 (-276-5) ___ SchuldR-AT Theorieband zu den wicht. Fällen	6.A/14 · 9,90
V12 (-257-4) ___ SchuldR-BT I Theorieband zu den wicht. Fällen	6.A/13 · 9,90
V13 (-399-1) ___ SchuldR-BT II Theoriebd. zu den wicht. Fällen	6.A/15 · 9,90
V14 (-357-1) ___ Sachenrecht I Theorieband zu den wicht. Fällen	6.A/15 · 9,90
V15 (-256-7) ___ Sachenrecht II Theorieband zu den wicht. Fällen	5.A/14 · 9,90
V20 (-294-9) ___ Strafrecht AT Theorieband zu den wicht. Fällen	6.A/14 · 9,90
V21 (-301-4) ___ Strafrecht BT Theorieband zu den wicht. Fällen	5.A/14 · 9,90
V30 (-308-3) ___ StaatsR Theorieband zu den wicht. Fällen	6.A/14 · 9,90
V31 (-269-7) ___ VerwaltungsR Theorieband zu den wicht. Fällen	6.A/14 · 9,90

Die wichtigsten Fälle

F0 (-198-0) ___ Sonderband: Der Streit- und Meinungsstand im neuen Schuldrecht	5.A/13 · 14,80
F1 (-354-0) ___ 76 Fälle - BGB AT	8.A/14 · 12,80
F2 (-386-1) ___ 55 Fälle - Schuldrecht AT	9.A/15 · 12,80
F3 (-273-4) ___ 51 Fälle - Schuldrecht BT - Kauf/WerkV	8.A/14 · 12,80
F4 (-351-9) ___ 42 Fälle - GoA/Bereicherungsrecht	8.A/14 · 12,80
F5 (-345-8) ___ 45 Fälle - Deliktsrecht	7.A/14 · 12,80
F6 (-304-5) ___ 44 Fälle - Verwaltungsrecht	8.A/14 · 12,80
F25 (-400-4) ___ 30 Fälle - Verwaltungsrecht BT Bayern	4.A/15 · 12,80
F7 (-253-6) ___ 32 Fälle - Staatsrecht	9.A/13 · 12,80
F8 (-362-5) ___ 34 Fälle - Strafrecht AT	9.A/15 · 12,80
F9 (-350-2) ___ 44 Fälle Strafrecht BT I - Vermögensd.	9.A/14 · 12,80
F10 (-377-9) ___ 44 Fälle Strafrecht BT II - Nicht-Vermögensd.	8.A/15 · 12,80
F11 (-263-5) ___ 50 Fälle - Sachenrecht I	7.A/13 · 12,80
F12 (-328-1) ___ 43 Fälle - Sachenrecht II - ImmobiliarSR	8.A/14 · 12,80
F13 (-346-5) ___ 40 Fälle - ZPO I - Erkenntnisverfahren	7.A/14 · 12,80
F14 (-283-3) ___ 25 Fälle - ZPO II - ZwangsvollstreckungsV	6.A/14 · 12,80
F15 (-423-3) ___ 35 Fälle - Handelsrecht	7.A/15 · 12,80
F16 (-307-6) ___ 36 Fälle - Erbrecht	6.A/14 · 12,80
F17 (-274-1) ___ 26 Fälle - Familienrecht	7.A/14 · 12,80
F18 (-416-5) ___ 32 Fälle - Gesellschaftsrecht	6.A/15 · 12,80
F19 (-341-0) ___ 39 Fälle - Arbeitsrecht	6.A/14 · 12,80
F20 (-339-7) ___ 35 Fälle - Strafprozessrecht	5.A/14 · 12,80
F21 (-428-8) ___ 23 Fälle - Europarecht	5.A/15 · 12,80
F22 (-422-6) ___ 10 Fälle - Musterkl. Examen ZivilR	7.A/15 · 14,80
F23 (-079-2) ___ 10 Fälle - Musterkl. Examen StrafR	5.A/11 · 14,80
F24 (-391-5) ___ 8 Fälle - Musterkl. Examen SteuerR	8.A/15 · 14,80

Skripten Basics (110)

J/1 (-165-2) ___ Zivilrecht I - BGB AT u.vertragl. SchuldV	9.A/12 · 16,90
J/2 (-251-2) ___ Zivilrecht II - Sachenrecht/gesetzl. SV	7.A/13 · 16,90
J/3 (-277-2) ___ Zivilrecht III - FamilienR/ErbR	7.A/14 · 16,90
J/4 (-364-9) ___ Zivilrecht IV - ZivilprozessR	8.A/15 · 16,90
J/5 (-309-0) ___ Zivilrecht V - Handels-/GesellschR	7.A/14 · 16,90
J/6 (-258-1) ___ Zivilrecht VI - ArbeitsR	5.A/13 · 16,90
II (-122-5) ___ Strafrecht	6.A/12 · 16,90
III/1 (-268-0) ___ Öffentliches Recht I - VerfassR/StaatsHR	6.A/14 · 16,90
III/2 (-388-5) ___ Öffentliches Recht II - VerwaltungsR	7.A/15 · 16,90
IV (-403-5) ___ Steuerrecht - EstG & AO	9.A/15 · 16,90
V (-314-4) ___ Europarecht	8.A/14 · 16,90

ISBN 978-3-86193

Auflage/Jahr/Euro

Skripten Zivilrecht (120)

1 (-415-8) ___ BGB-AT I, Ensteh.d.Primäranspruchs	14.A/15 · 19,90
2 (-296-3) ___ BGB-AT II, Scheitern des Primäranspr.	13.A/14 · 19,90
3 (-343-4) ___ BGB-AT III, Erlösch.d. Primäranspruchs	13.A/14 · 19,90
4 (-278-9) ___ Schadensersatzrecht I	8.A/14 · 19,90
5 (-109-6) ___ Schadensersatzrecht II	6.A/12 · 19,90
6 (-293-2) ___ Schadensersatzrecht III (§§ 249 ff.)	11.A/14 · 19,90
7 (-342-7) ___ Verbraucherschutzrecht	4.A/14 · 19,90
51 (-443-1) ___ Schuldrecht AT	10.A/15 · 19,90
52 (-359-5) ___ Schuldrecht BT I	9.A/15 · 19,90
53 (-379-3) ___ Schuldrecht BT II	9.A/15 · 19,90
8 (-318-2) ___ Bereicherungsrecht	14.A/14 · 19,90
9 (-321-2) ___ Deliktsrecht I	12.A/14 · 19,90
10 (-203-1) ___ Deliktsrecht II	9.A/13 · 19,90
11 (-265-9) ___ Sachenrecht I	12.A/14 · 19,90
12 (-264-2) ___ Sachenrecht II	10.A/14 · 19,90
12A (-378-6) ___ Sachenrecht III	12.A/15 · 19,90
13 (-333-5) ___ Kreditsicherungsrecht	11.A/14 · 19,90
14 (-259-8) ___ Familienrecht	12.A/13 · 19,90
15 (-266-6) ___ Erbrecht	12.A/14 · 19,90
16 (-313-7) ___ Zivilprozessrecht I	12.A/14 · 19,90
17 (-317-5) ___ Zivilprozessrecht II	11.A/14 · 19,90
18 (-433-2) ___ Arbeitsrecht	15.A/15 · 19,90
19A (-155-3) ___ Handelsrecht	10.A/12 · 19,90
19B (-360-1) ___ Gesellschaftsrecht	13.A/15 · 19,90
31 (-128-7) ___ Herausgabeansprüche	6.A/12 · 19,90
32 (-254-3) ___ Rückgriffsansprüche	7.A/13 · 19,90

Skripten Strafrecht (120)

20 (-295-6) ___ Strafrecht AT I	12.A/14 · 19,90
21 (-385-4) ___ Strafrecht AT II	12.A/15 · 19,90
22 (-355-7) ___ Strafrecht BT I	12.A/14 · 19,90
23 (-392-2) ___ Strafrecht BT II	12.A/15 · 19,90
30 (-374-8) ___ Strafprozessordnung	11.A/15 · 19,90

Skripten Öffentliches Recht (120/130)

24 (-285-7) ___ Verwaltungsrecht I	12.A/14 · 19,90
25 (-380-9) ___ Verwaltungsrecht II	12.A/15 · 19,90
26 (-347-2) ___ Verwaltungsrecht III	12.A/14 · 19,90
27 (-300-7) ___ Staatsrecht I	11.A/14 · 19,90
28 (-287-1) ___ Staatsrecht II	9.A/14 · 19,90
29 (-240-6) ___ Europarecht	11.A/13 · 19,90
40 (-335-9) ___ Staatshaftungsrecht	4.A/14 · 19,90
33 (-369-4) ___ Baurecht/Bayern	11.A/15 · 19,90
33 (-086-0) ___ Baurecht/Nordrhein-Westfalen	8.A/11 · 19,90
33 (-435-6) ___ Baurecht/Baden-Württembg.	4.A/15 · 19,90
33 (-331-1) ___ Baurecht/Hessen	2.A/14 · 19,90
33 (-847-0) ___ Baurecht/Saarland	1.A/08 · 19,90
34 (-327-4) ___ Polizei- u. Sicherheitsrecht/Bayern	10.A/14 · 19,90
34 (-097-6) ___ Polizei- u. Ordnungsrecht/NRW	5.A/12 · 19,90
34 (-432-5) ___ Polizeirecht/Baden-Württembg.	4.A/15 · 19,90
34 (-417-2) ___ Polizei- u. Ordnungsrecht/Hessen	2.A/15 · 19,90
34 (-028-0) ___ Polizei- u. Ordnungsrecht/Rheinl.-Pfalz	1.A/11 · 19,90
34 (-877-7) ___ Polizei- u. Sicherheitsrecht/Saarland	1.A/09 · 19,90
35 (-371-7) ___ Kommunalrecht/Bayern	10.A/15 · 19,90
35 (-076-1) ___ Kommunalrecht/NRW	8.A/11 · 19,90
35 (-261-1) ___ Kommunalrecht/Baden-Württembg.	4.A/13 · 19,90

§ hemmer/wüst Verlagsgesellschaft mbH

Mergentheimer Str. 44 / 97082 Würzbur
Tel.: 09 31 /7 97 82 38 / Fax: 09 31/7 97 82 4

Internet: www.hemmer-shop.de

ISBN 978-3-86193		Auflage/Jahr/Euro

Lexikon/Definitionen

D1	(-288-8)	Definitionen Strafrecht - schnell gemerkt	4.A/14 · 19,90
D2	(-065-5)	Legal terms für Juristen - Fachwörterbuch Englisch - Deutsch	1.A/11 · 19,90

Skripten Schwerpunkt (120)

P1	(-429-5)	Kriminologie	7.A/15 · 21,90
P2	(-245-1)	Völkerrecht	8.A/13 · 21,90
P4	(-349-6)	Kapitalgesellschaftsrecht	5.A/14 · 21,90
P7	(-243-7)	Rechtsgeschichte I	3.A/13 · 21,90
P8	(-119-5)	Rechtsgeschichte II	2.A/12 · 21,90
P11	(-085-3)	Rechts- und Staatsphilosophie sowie Rechtssoziologie	2.A/11 · 21,90
P12	(-183-6)	Insolvenzrecht	3.A/12 · 21,90
P13	(-805-0)	Wasser- und ImmissionsschutzR	1.A/08 · 21,90

Skripten Steuerrecht (120)

42	(-173-7)	Abgabenordnung	8.A/12 · 21,90
43	(-267-3)	Einkommensteuerrecht	8.A/14 · 21,90

Skripten für BWL´er, WiWi & Steuerberater

W1	(-430-1)	PrivatR f. BWL'er, WiWi & Steuerberat	8.A/15 · 19,90
W2	(-102-7)	Ö-Recht f. BWL'er, WiWi & Steuerberat	4.A/12 · 19,90
W3	(-480-9)	Musterkl. für´s Vordiplom PrivatR	2.A/04 · 19,90
W4	(-197-6)	Musterkl. für´s Vordiplom Ö-R	1.A/00 · 19,90
WF1	(-250-5)	Die 74 wicht. Fälle (BGB AT, SchuldR AT/BT)	4.A/13 · 19,90
WF2	(-247-5)	Die 44 wicht. Fälle (GoA, BerR, GesR, ...)	2.A/13 · 19,90

Skripten Fachbegriffe & Erläuterungen

G1	(-146-1)	Mikroökonomie & Makroökonomie	1.A/12 · 19,90
G2	(-147-8)	Buchführung/Jahresabschl./Rechnungsw.	1.A/12 · 19,90
G6	(-151-5)	HandelsR/GesellschaftsR/WirtschaftsR	1.A/12 · 19,90
G7	(-152-2)	Öffentl. Recht/EuropaR/VölkerR	1.A/12 · 19,90

Basics Karteikarten

BK1	(-329-8)	Basics - Zivilrecht	6.A/14 · 16,90
BK2	(-441-7)	Basics - Strafrecht	4.A/15 · 16,90
BK3	(-320-5)	Basics - Öffentliches Recht	4.A/14 · 16,90

Karteikarten Zivilrecht

KK1	(-408-0)	BGB-AT I	9.A/15 · 16,90
KK2	(-305-2)	BGB-AT II	7.A/14 · 16,90
KK3	(-340-3)	Schuldrecht AT I	9.A/14 · 16,90
KK4	(-271-0)	Schuldrecht AT II	7.A/14 · 16,90
KK5	(-252-9)	Schuldrecht BT I (Kauf-u.WerkVR)	7.A/13 · 16,90
KK6	(-201-7)	Schuldrecht BT II	6.A/13 · 16,90
KK7	(-202-4)	Arbeitsrecht	4.A/13 · 16,90
KK8	(-413-4)	Bereicherungsrecht	7.A/15 · 16,90
KK9	(-306-9)	Deliktsrecht	6.A/14 · 16,90
KK11	(-286-4)	Sachenrecht I	8.A/14 · 16,90
KK12	(-244-4)	Sachenrecht II	7.A/13 · 16,90
KK13	(-947-7)	Kreditsicherungsrecht	3.A/10 · 16,90
KK14	(-336-6)	Familienrecht	4.A/14 · 16,90
KK15	(-188-1)	Erbrecht	4.A/13 · 16,90
KK16	(-225-3)	ZPO I	6.A/13 · 16,90
KK17	(-168-3)	ZPO II	5.A/12 · 16,90
KK18	(-358-8)	Handelsrecht	5.A/14 · 16,90
KK19	(-383-0)	Gesellschaftsrecht	6.A/15 · 16,90

Die Shorties (Minikarteikarten) inkl. Box

SH1	(-373-1)	**Box 1:** BGB AT, Schuldrecht AT	8.A/15 · 2
SH2/I	(-326-7)	**Box 2/1:** vertragliches Schuldrecht	5.A/14 · 2
SH2/II	(-316-8)	**Box 2/2:** gesetzliches Schuldrecht	5.A/14 · 2
SH3	(-405-9)	**Box 3:** Sachenrecht, ErbR, FamR	7.A/15 · 2
SH4	(-368-7)	**Box 4:** ZPO I/II, GesellschaftsR, HGB	6.A/15 · 2
SH5	(-319-9)	**Box 5:** Strafrecht	8.A/14 · 2
SH6	(-382-3)	**Box 6:** Grundrecht, StaatsOrgR, BauR, u.a.	7.A/15 · 2

Karteikarten Strafrecht

KK20	(-324-3)	Strafrecht AT I	8.A/14 · 1
KK21	(-376-2)	Strafrecht-AT II	8.A/15 · 1
KK22	(-275-8)	Strafrecht-BT I	8.A/14 · 1
KK23	(-410-3)	Strafrecht-BT II	8.A/15 · 1
KK24	(-409-7)	StPO	6.A/15 · 1

Karteikarten Öffentliches Recht

KK25	(-315-1)	Verwaltungsrecht I	8.A/14 · 1
KK26	(-348-9)	Verwaltungsrecht II	6.A/14 · 1
KK27	(-352-6)	Verwaltungsrecht III	6.A/14 · 1
KK28	(-389-2)	Staats- u. Verfassungsrecht	9.A/15 · 1
KK29	(-161-4)	Europarecht	3.A/12 · 1

Überblickskarteikarten

ÜK I	(-337-3)	BGB im Überblick I	11.A/14 · 30
ÜK II	(-282-6)	BGB im Überblick II (Nebengebiete)	7.A/14 · 30
ÜK III	(-312-0)	StrafR im Überblick	8.A/14 · 30
ÜK IV	(-325-0)	Öffentl.-R im Überblick	9.A/14 · 19
ÜK V	(-289-5)	Öffentl.-R im Überblick II Bayern	7.A/14 · 19
ÜK VI	(-787-9)	Öffentl.-R im Überblick II NRW	2.A/08 · 19
ÜK VII	(-242-0)	Europarecht	5.A/13 · 19

Assessor-Basics/Theoriebände (410)

A IV	(-401-1)	Die zivilrechtl. Anwaltsklausur/Teil 1	11.A/15 · 19
A VII	(-372-4)	Das Zivilurteil	11.A/15 · 19
A VIII	(-270-3)	Die Strafrechtskl. im Assessorexamen	7.A/14 · 19
A IX	(-412-7)	Die Assessorklausur Öffentl. Recht	6.A/15 · 19

Assessor-Basics/Klausurentraining

A I	(-281-9)	Zivilurteile	16.A/14 · 19
A II	(-298-7)	Arbeitsrecht	14.A/14 · 19
A III	(-411-0)	Strafrecht	12.A/15 · 19
A V	(-396-0)	Zivilrechtl. Anwaltsklausuren/Teil 2	11.A/15 · 19
A VI	(-390-8)	Öff.rechtl. u. strafrechtl.Anwaltskl.	6.A/15 · 19

Assessorkarteikarten

AK I	(-353-3)	Zivilprozessrecht im Überblick	6.A/14 · 19
AK II	(-272-7)	Strafprozessrecht im Überblick	7.A/14 · 19
AK III	(-384-7)	Öffentliches Recht im Überblick	5.A/15 · 19
AK IV	(-195-9)	Familien- und Erbrecht im Überblick	2.A/13 · 19

Lieferung erfolgt in aktueller Auflage

hemmer/wüst
Verlagsgesellschaft mbH

Mergentheimer Str. 44 / 97082 Würzburg
Tel.: 09 31 /7 97 82 38 / Fax: 09 31/7 97 82 40

Internet: www.hemmer-shop.de

Sonderartikel
Euro

Lernkarteikartenbox (28.01)

B _____	Die praktische Lernbox für die Karteikarten	1,99
810 ____	Din A4, 80 Blatt 10er Pack	17,50

Der Referendar (70.01)
24 Monate zwischen Genie und Wahnsinn (Format A6)   9,80

Der Rechtsanwalt (70.02)
Meine größten Rein-) Fälle (Format A6)   9,80

Der Jurist (70.03)
Ein Lehrbuch für Leader (Format A6)   9,80

Coach dich! (70.05)
Psychologischer Ratgeber   19,80

Lebendiges Reden (70.06)
Psychologischer Ratgeber inkl. Audio-CD   21,80

NLP für Einsteiger (71.01)
Psychologischer Ratgeber   12,80

Prüfungen als Herausforderung (70.08)
Psychologischer Ratgeber   14,80

Wiederholungsmappe (75.01)   9,90
Intelligentes Lernen
inkl. Handbuch und Kurzskript

Ordner hemmer.group (88.20)   2,50
Ringbuchmappe für Einlagen, DIN A4

(100.201) ___ AudioCards auf CD: BGB AT I - III   59,95
Das Frage-Antwort-System der hemmer-Skripten zum Hören

-200-0) ____ Die wahren Paradiese - 15 traumhafte Gärten   39,80
Gebunden (Hardcover) mit Schutzumschlag, 208 Seiten
(275 x 255 mm)

Dieses Buch begleitet Sie durch 15 wunderschöne Gär-
ten in Deutschland und Österreich. Die beschreibenden
Texte wurden von den Gartenbesitzern selbst verfasst.
So individuell wie die Gartengeschichten sind auch die
gezeigten Gärten. Vom eleganten Landhausgarten und
überbordende Rosengärten bis hin zum verwunschenen
Waldgarten - den Leser erwartet eine lustvolle grüne
Reiseroute.

Life&Law
Euro

_____	Einzelheft der Life&LAW	6,80
AboLL____	Abonnement der Life&LAW	
	Life&Law 3 Monate kostenfrei, danach erhalten Sie die Life&Law zum Preis von	5,80
LLJ _____	Life&LAW Jahrgangsband 1999 - 2013	
_____	bitte Jahrgang eintragen	je 50,00
LLJ14 ____	Life&LAW Jahrgangsband 2014	80,00
LLE _____	Einband für Life&LAW Jahrgang	je 6,00

Die AnwaltsBasics
Herausgeber: hemmerVerlag für Anwälte GmbH

978-3-9813969-0-4 _____ **Die AnwaltsBasics Erbrecht**
1. Auflage, November 2010, 429 S.   39,90

978-3-9813969-5-9 _____ **Die AnwaltsBasics Mediation**
erweiterte 2. Auflage, November 2013, 237 S.   23,90

978-3-9813969-4-2 _____ **Die AnwaltsBasics Mietrecht**
1. Auflage, November 2013, 401 S.   39,90

Endsumme:

Lieferung erfolgt in aktueller Auflage

Kundennummer   D | | | | |

Prüfen Sie in Ruhe zuhause!
Alle Produkte dürfen innerhalb von 14 Tagen an den Verlag (Originalzu-
stand) zurückgeschickt werden. Es wird ein uneingeschränktes gesetz-
liches Rückgaberecht gewährt. Hinweis: Der Besteller trägt bei einem
Bestellwert bis 40 Euro die Kosten der Rücksendung. Über 40 Euro Bestellwert trägt er ebenfalls die Kosten, wenn zum Zeitpunkt der Rückgabe
noch keine (An-) Zahlung geleistet wurde.

Die Lieferung erfolgt (ausschließlich innerhalb Deutschlands) versand-
kostenfrei an Ihre angegebene Adresse.
Ich weiß, dass meine Bestellung nur bearbeitet wird, wenn ich zum Einzug ermächtige. Bestellungen auf Rechnung können nicht berücksichtigt
werden.
Bei fehlerhaften oder unleserlichen Angaben, sowie einer Rücklastschrift
aufgrund Nichtdeckung meines Kontos wird der branchenübliche Schaden
in Rechnung gestellt. Der Kunde ist berechtigt, diesem Pauschalbetrag den
Nachweis entgegenzuhalten, dass nur ein geringerer Schaden entstanden
ist. Die Lieferung erfolgt unter Eigentumsvorbehalt.

Name: _____   Vorname: _____

Adresse: _____

Telefon: _____   e-mail-adresse: _____

Buchen Sie die Endsumme von meinem Konto ab:

Konto-Nr.: _____   Bankleitzahl: _____

Bank: _____   BIC: _____

IBAN: | | | | | | | | | | | | | | | | | | | | | |

Ort, Datum: _____   Unterschrift: _____

Juristischer **Einzelunterricht** und
Juristischer **Kleingruppenunterricht**

hemmer.individual